"十三五"国家重点图书出版规划项目

智能制造系列丛书

智慧工业互联网

李伯虎 柴旭东 侯宝存 等 著

SMART INDUSTRIAL
INTERNET

清华大学出版社
北京

本书封面贴有清华大学出版社防伪标签,无标签者不得销售。
版权所有,侵权必究。举报:010-62782989,beiqinquan@tup.tsinghua.edu.cn。

图书在版编目(CIP)数据

智慧工业互联网/李伯虎等著. —北京:清华大学出版社,2021.11(2024.8重印)
(智能制造系列丛书)
ISBN 978-7-302-59383-6

Ⅰ. ①智… Ⅱ. ①李… Ⅲ. ①互联网络-应用-工业发展-研究 Ⅳ. ①F403-39

中国版本图书馆 CIP 数据核字(2021)第 211606 号

责任编辑: 袁 琦 王 华
封面设计: 李召霞
责任校对: 赵丽敏
责任印制: 杨 艳

出版发行:	清华大学出版社
网　　址:	https://www.tup.com.cn,https://www.wqxuetang.com
地　　址:	北京清华大学学研大厦 A 座　　邮　编:100084
社 总 机:	010-83470000　　邮　购:010-62786544
投稿与读者服务:	010-62776969,c-service@tup.tsinghua.edu.cn
质量反馈:	010-62772015,zhiliang@tup.tsinghua.edu.cn

印 装 者:	涿州市般润文化传播有限公司				
经　　销:	全国新华书店				
开　　本:	170mm×240mm	印 张:	14	字 数:	280 千字
版　　次:	2021 年 12 月第 1 版			印 次:	2024 年 8 月第 3 次印刷
定　　价:	79.00 元				

产品编号:078519-01

智能制造系列丛书编委会名单

主　任：
　　周　济

副主任：
　　谭建荣　李培根

委　员（按姓氏笔画排序）：
　　王　雪　　王飞跃　　王立平　　王建民
　　尤　政　　尹周平　　田　锋　　史玉升
　　冯毅雄　　朱海平　　庄红权　　刘　宏
　　刘志峰　　刘洪伟　　齐二石　　江平宇
　　江志斌　　李　晖　　李伯虎　　李德群
　　宋天虎　　张　洁　　张代理　　张秋玲
　　张彦敏　　陆大明　　陈立平　　陈吉红
　　陈超志　　邵新宇　　周华民　　周彦东
　　郑　力　　宗俊峰　　赵　波　　赵　罡
　　钟诗胜　　袁　勇　　高　亮　　郭　楠
　　陶　飞　　霍艳芳　　戴　红

丛书编委会办公室

主　任：
　　陈超志　　张秋玲

成　员：
　　郭英玲　　冯　昕　　罗丹青　　赵范心
　　权淑静　　袁　琦　　许　龙　　钟永刚
　　刘　杨

Foreword 丛书序 1

制造业是国民经济的主体,是立国之本、兴国之器、强国之基。习近平总书记在党的十九大报告中号召:"加快建设制造强国,加快发展先进制造业。"他指出:"要以智能制造为主攻方向推动产业技术变革和优化升级,推动制造业产业模式和企业形态根本性转变,以'鼎新'带动'革故',以增量带动存量,促进我国产业迈向全球价值链中高端。"

智能制造——制造业数字化、网络化、智能化,是我国制造业创新发展的主要抓手,是我国制造业转型升级的主要路径,是加快建设制造强国的主攻方向。

当前,新一轮工业革命方兴未艾,其根本动力在于新一轮科技革命。21世纪以来,互联网、云计算、大数据等新一代信息技术飞速发展。这些历史性的技术进步,集中汇聚在新一代人工智能技术的战略性突破,新一代人工智能已经成为新一轮科技革命的核心技术。

新一代人工智能技术与先进制造技术的深度融合,形成了新一代智能制造技术,成为新一轮工业革命的核心驱动力。新一代智能制造的突破和广泛应用将重塑制造业的技术体系、生产模式、产业形态,实现第四次工业革命。

新一轮科技革命和产业变革与我国加快转变经济发展方式形成历史性交汇,智能制造是一个关键的交汇点。中国制造业要抓住这个历史机遇,创新引领高质量发展,实现向世界产业链中高端的跨越发展。

智能制造是一个"大系统",贯穿于产品、制造、服务全生命周期的各个环节,由智能产品、智能生产及智能服务三大功能系统以及工业智联网和智能制造云两大支撑系统集合而成。其中,智能产品是主体,智能生产是主线,以智能服务为中心的产业模式变革是主题,工业智联网和智能制造云是支撑,系统集成将智能制造各功能系统和支撑系统集成为新一代智能制造系统。

智能制造是一个"大概念",是信息技术与制造技术的深度融合。从20世纪中叶到90年代中期,以计算、感知、通信和控制为主要特征的信息化催生了数字化制造;从90年代中期开始,以互联网为主要特征的信息化催生了"互联网+制造";当前,以新一代人工智能为主要特征的信息化开创了新一代智能制造的新阶段。

这就形成了智能制造的三种基本范式,即:数字化制造(digital manufacturing)——第一代智能制造;数字化网络化制造(smart manufacturing)——"互联网+制造"或第二代智能制造,本质上是"互联网+数字化制造";数字化网络化智能化制造(intelligent manufacturing)——新一代智能制造,本质上是"智能+互联网+数字化制造"。这三个基本范式次第展开又相互交织,体现了智能制造的"大概念"特征。

对中国而言,不必走西方发达国家顺序发展的老路,应发挥后发优势,采取三个基本范式"并行推进、融合发展"的技术路线。一方面,我们必须实事求是,因企制宜、循序渐进地推进企业的技术改造、智能升级,我国制造企业特别是广大中小企业还远远没有实现"数字化制造",必须扎扎实实完成数字化"补课",打好数字化基础;另一方面,我们必须坚持"创新引领",可直接利用互联网、大数据、人工智能等先进技术,"以高打低",走出一条并行推进智能制造的新路。企业是推进智能制造的主体,每个企业要根据自身实际,总体规划、分步实施、重点突破、全面推进,产学研协调创新,实现企业的技术改造、智能升级。

未来20年,我国智能制造的发展总体将分成两个阶段。第一阶段:到2025年,"互联网+制造"——数字化网络化制造在全国得到大规模推广应用;同时,新一代智能制造试点示范取得显著成果。第二阶段:到2035年,新一代智能制造在全国制造业实现大规模推广应用,实现中国制造业的智能升级。

推进智能制造,最根本的要靠"人",动员千军万马、组织精兵强将,必须以人为本。智能制造技术的教育和培训,已经成为推进智能制造的当务之急,也是实现智能制造的最重要的保证。

为推动我国智能制造人才培养,中国机械工程学会和清华大学出版社组织国内知名专家,经过三年的扎实工作,编著了"智能制造系列丛书"。这套丛书是编著者多年研究成果与工作经验的总结,具有很高的学术前瞻性与工程实践性。丛书主要面向从事智能制造的工程技术人员,亦可作为研究生或本科生的教材。

在智能制造急需人才的关键时刻,及时出版这样一套丛书具有重要意义,为推动我国智能制造发展作出了突出贡献。我们衷心感谢各位作者付出的心血和劳动,感谢编委会全体同志的不懈努力,感谢中国机械工程学会与清华大学出版社的精心策划和鼎力投入。

衷心希望这套丛书在工程实践中不断进步、更精更好,衷心希望广大读者喜欢这套丛书、支持这套丛书。

让我们大家共同努力,为实现建设制造强国的中国梦而奋斗。

周济
2019年3月

Foreword | 丛书序 2

技术进展之快,市场竞争之烈,大国较劲之剧,在今天这个时代体现得淋漓尽致。

世界各国都在积极采取行动,美国的"先进制造伙伴计划"、德国的"工业 4.0 战略计划"、英国的"工业 2050 战略"、法国的"新工业法国计划"、日本的"超智能社会 5.0 战略"、韩国的"制造业创新 3.0 计划",都将发展智能制造作为本国构建制造业竞争优势的关键举措。

中国自然不能成为这个时代的旁观者,我们无意较劲,只想通过合作竞争实现国家崛起。大国崛起离不开制造业的强大,所以中国希望建成制造强国、以制造而强国,实乃情理之中。制造强国战略之主攻方向和关键举措是智能制造,这一点已经成为中国政府、工业界和学术界的共识。

制造企业普遍面临着提高质量、增加效率、降低成本和敏捷适应广大用户不断增长的个性化消费需求,同时还需要应对进一步加大的资源、能源和环境等约束之挑战。然而,现有制造体系和制造水平已经难以满足高端化、个性化、智能化产品与服务的需求,制造业进一步发展所面临的瓶颈和困难迫切需要制造业的技术创新和智能升级。

作为先进信息技术与先进制造技术的深度融合,智能制造的理念和技术贯穿于产品设计、制造、服务等全生命周期的各个环节及相应系统,旨在不断提升企业的产品质量、效益、服务水平,减少资源消耗,推动制造业创新、绿色、协调、开放、共享发展。总之,面临新一轮工业革命,中国要以信息技术与制造业深度融合为主线,以智能制造为主攻方向,推进制造业的高质量发展。

尽管智能制造的大潮在中国滚滚而来,尽管政府、工业界和学术界都认识到智能制造的重要性,但是不得不承认,关注智能制造的大多数人(本人自然也在其中)对智能制造的认识还是片面的、肤浅的。政府勾画的蓝图虽气势磅礴、宏伟壮观,但仍有很多实施者感到无从下手;学者们高谈阔论的宏观理念或基本概念虽至关重要,但如何见诸实践,许多人依然不得要领;企业的实践者们侃侃而谈的多是当年制造业信息化时代的陈年酒酿,尽管依旧散发清香,却还是少了一点智能制造的气息。有些人看到"百万工业企业上云,实施百万工业 APP 培育工程"时劲头十足,可真准备大干一场的时候,又仿佛云里雾里。常常听学者们言,CPS(cyber-physical systems,信息-物理系统)是工业 4.0 和智能制造的核心要素,CPS 万不能离开数字孪生体(digital twin)。可数字孪生体到底如何构建?学者也好,工程师也好,少有人能够清晰道来。又如,大数据之重要性日渐为人们所知,可有了数据后,又如何分析?如何从中提炼知识?企业人士鲜有知其个中究竟的。至于关键词"智能",什么样的制造真正是"智能"制造?未来制造将"智能"到何种程度?解读纷纷,莫衷一是。我的一位老师,也是真正的智者,他说:"智能制造有几分能说清楚?还有几分是糊里又糊涂。"

所以,今天中国散见的学者高论和专家见解还远不能满足智能制造相关的研究者和实践者们之所需。人们既需要微观的深刻认识,也需要宏观的系统把握;既需要实实在在的智能传感器、控制器,也需要看起来虚无缥缈的"云";既需要对理念和本质的体悟,也需要对可操作性的明晰;既需要互联的快捷,也需要互联的标准;既需要数据的通达,也需要数据的安全;既需要对未来的前瞻和追求,也需要对当下的实事求是……如此等等。满足多方位的需求,从多视角看智能制造,正是这套丛书的初衷。

为助力中国制造业高质量发展,推动我国走向新一代智能制造,中国机械工程学会和清华大学出版社组织国内知名的院士和专家编写了"智能制造系列丛书"。本丛书以智能制造为主线,考虑智能制造"新四基"[即"一硬"(自动控制和感知硬件)、"一软"(工业核心软件)、"一网"(工业互联网)、"一台"(工业云和智能服务平台)]的要求,由 30 个分册组成。除《智能制造:技术前沿与探索应用》《智能制造标准化》《智能制造实践》3 个分册外,其余包含了以下五大板块:智能制造模式、智能设计、智能传感与装备、智能制造使能技术以及智能制造管理技术。

本丛书编写者包括高校、工业界拔尖的带头人和奋战在一线的科研人员,有着丰富的智能制造相关技术的科研和实践经验。虽然每一位作者未必对智能制造有全面认识,但这个作者群体的知识对于试图全面认识智能制造或深刻理解某方面技术的人而言,无疑能有莫大的帮助。丛书面向从事智能制造工作的工程师、科研人员、教师和研究生,兼顾学术前瞻性和对企业的指导意义,既有对理论和方法的描述,也有实际应用案例。编写者经过反复研讨、修订和论证,终于完成了本丛书的编写工作。必须指出,这套丛书肯定不是完美的,或许完美本身就不存在,更何况智能制造大潮中学界和业界的急迫需求也不能等待对完美的寻求。当然,这也不能成为掩盖丛书存在缺陷的理由。我们深知,疏漏和错误在所难免,在这里也希望同行专家和读者对本丛书批评指正,不吝赐教。

在"智能制造系列丛书"编写的基础上,我们还开发了智能制造资源库及知识服务平台,该平台以用户需求为中心,以专业知识内容和互联网信息搜索查询为基础,为用户提供有用的信息和知识,打造智能制造领域"共创、共享、共赢"的学术生态圈和教育教学系统。

  我非常荣幸为本丛书写序,更乐意向全国广大读者推荐这套丛书。相信这套丛书的出版能够促进中国制造业高质量发展,对中国的制造强国战略能有特别的意义。丛书编写过程中,我有幸认识了很多朋友,向他们学到很多东西,在此向他们表示衷心感谢。

  需要特别指出,智能制造技术是不断发展的,因此,"智能制造系列丛书"今后还需要不断更新。衷心希望,此丛书的作者们及其他的智能制造研究者和实践者们贡献他们的才智,不断丰富这套丛书的内容,使其始终贴近智能制造实践的需求,始终跟随智能制造的发展趋势。

2019 年 3 月

Preface 前言

2012年,"工业互联网"这个名词及其初始理念由美国通用电气公司正式提出。随后各国因高度重视工业互联网,分别颁布了适用于本国发展工业互联网的战略规划。在我国的政府引导和市场主导下,在新一轮科技革命与产业变革的推动下,我国工业互联网的技术、产业和应用发展呈现出日趋成熟的良好态势。实践表明,工业互联网作为新一代信息通信技术与工业深度融合的产物,是我国新一轮工业革命的关键支撑。

必须指出,当前,我国正步入"智能+"时代与后疫情时代交叉影响的新时代;正面临多边主义与单边霸凌主义长期复杂竞争博弈的新形势;正逢开启全面建设社会主义现代化国家的新发展阶段,贯彻"创新、协调、绿色、开放、共享"的新发展理念,构建"以国内大循环为主体、国内国际双循环相互促进"的新发展格局。

制造业是国民经济的主体,是立国之本、兴国之器、强国之基。在"新时代/新形势/新需求"下,制造业发展的机遇与挑战并存,任重道远。

本书提出的智慧工业互联网是一种适应新时代、新形势、新需求的加快我国制造业向"数字化、网络化、云化、智能化"转型升级的新模式、新技术手段与新业态。

智慧工业互联网是一个复杂的大系统。它在新一代人工智能技术的引领下,由新制造产品/能力/资源体系、新网络/感知体系、新平台体系、新标准安全体系、新应用体系及新用户体系等六大新体系组成。

智慧工业互联网是一种新型工业互联网系统。宏观地讲,智慧工业互联网系统是在"创新、协调、绿色、开放、共享"新发展理念的指引下,在新一代人工智能技术引领下的"人、信息(赛博)空间与物理空间"融合的"新智慧制造资源/能力/产品"智慧互联协同服务的工业互联网系统。智慧工业互联网系统的"智慧"指在新一代人工智能技术引领下的,相互联系、层层递进的系统的"数字化、物联化、虚拟化、服务化、协同化、定制化、柔性化和智能化"。智慧工业互联网在新发展理念的指引下,将具备"新技术、新模式、新业态、新特征、新内容、新目标"。具体地讲,"新技术"的内涵是:基于泛在新互联网,在新一代智能科学技术引领下,借助新一代智能科学技术、新制造科学技术、新信息通信科学技术及新制造应用领域专业技术等四类新技术深度融合的数字化、网络化、云化、智能化技术新工具,构成以用户为中心的统一经营的多层新智慧制造资源/能力/产品的服务云(网),使用户通过新智慧终端及新智慧制造服务平台便能随时随地按需获取新智慧制造资源/能力/产品服务,进而优质、高效地完成制造全生命周期的各类活动的新技术手段。"新模式"的内涵是:一种"用户为中心,人/机/物/环境/信息优化融合""互联化(协同化)、服务化、社会化、个性化(定制化)、柔性化、智能化"的先进制造新模式。"新业态"的内涵是:"万物智联、智能引领、数/模驱动、共享服务、跨界融合、万众创新"的新业态。"新特征"的内涵是:对新制造全系统、全生命周期活动(产业链)中的人/机/物/环境/信息进行自主智慧地感知、互联、协同、学习、分析、认知、决策、控制与执行的新特征。"新内容"的内涵是:促使制造全系统及全生命周期活动中的人、技术/设备、管理、数据、材料、资金(六要素)及人流、技术流、管理流、数据流、物流、资金流(六流)集成优化的新内容。"新目标"的内涵是:高效、优质、节省、绿色、柔性、安全地制造产品和服务用户,提高企业(或集团)的市场竞争能力的新目标。

本书共分为理念篇、技术篇、实践篇及发展篇。

理念篇简述工业互联网的提出及国内外工业互联网现状与演进阶段,解读新时代、新形势与新需求,进而提出智慧工业互联网的内涵、概念模型、系统体系架构及其技术体系。

技术篇论述智慧工业互联网涉及的关键技术,主要包括在新一代人工智能技术引领下,借助新一代智能科学技术、新制造科学技术、新信息通信科学技术及工业领域专业技术等四类新技术深度融合而形成的智慧工业互联网系统的总体技术、资源技术、感知/接入/通信层技术、边缘处理平台技术、云端平台技术、云设计/生产/装备/管理/试验/服务技术及系统安全技术等。

实践篇论述中国航天科工集团的航天云网公司研发成功的智慧工业云雏形——航天云网2.0。称其为雏形是指其仅仅融合了部分的新一代人工智能技术/新制造科学技术/新信息通信科学技术及新制造应用领域专业技术。其内容主要包括航天云网2.0系统架构、关键技术、产品集及其应用情况。同时,实践篇还介绍了智慧工业互联网的实施、评估及基于航天云网2.0的智能工厂及行业云、区域云等实践。

发展篇主要从大系统的角度及智慧工业互联网技术与新技术融合的角度两个方面论述了作者对发展智慧工业互联网的建议。在时代需求的牵引和相关技术发展的推动下,工业互联网的技术、产业与应用必将持续地发展,进而为我国新一轮科技革命与产业变革做出更大的贡献。

本书的主要编写者有李伯虎、柴旭东、侯宝存,此外各章节参与编写人员名单如下。

第1章:刘阳、韦达茵、陈芊妤。

第 2 章：刘阳、韦达茵。

第 3 章：冯泽军、宿春慧、于文涛、王琳、潘亚南、张华。

第 4 章：王晨、宿春慧、林廷宇、郭丽琴、肖莹莹、刘哲、王艳广、樊晶晶、李艳东、王龙、张辰宇等。

第 5 章：卢晓涛、谷牧、陈晓双、王琪。

第 6 章：张华、邹萍、刘阳、韦达茵、刘莹、王冲、刘芳等。

第 7 章：陆小兵、甘乐、林林、遇超。

第 8 章：纪丰伟、姜海森、王琳、刘阳、韦达茵、陈芊妤、刘献等。

第 9 章：谷牧、陈晓双、杨灵运、潘亚南、李云鹏。

第 10 章：卢晓涛、谷牧、杨灵运、陈晓双、李云鹏、王琪等。

第 11 章：张华、王艳广。

感谢我们的团队及航天云网公司同仁们在智慧工业互联网系统的研究、实践和在本书的写作过程中付出的诸多辛勤劳动与努力。感谢中国航天科工集团的领导与机关长期的指导、关心和支持。感谢我国制造领域的领导与专家们多年来的指导、鼓励和帮助。同时，向在本书出版过程中为我们提供了必不可少的支持和帮助的众多朋友、同事以及本书的编辑表示诚挚的谢意，他们为书稿的统筹、编辑做了大量的工作，没有他们的共同努力，就没有本书的顺利付梓。

工业互联网还在持续发展中，由于编者的水平与实践不足，本书的缺点和谬误在所难免，请读者不吝指出，您的意见和建议是我们前进的动力，我们将不胜感激！

Contents 目录

理 念 篇

第1章 概述   003

  1.1 工业互联网的提出、现状与演进   003
      1.1.1 工业互联网的提出   003
      1.1.2 工业互联网的发展现状   004
      1.1.3 工业互联网的演进   014
  1.2 新时代、新形势、新需求解读   015
      1.2.1 "智能＋"与后疫情新时代   015
      1.2.2 多边主义与单边霸凌主义斗争的新形势   017
      1.2.3 制造业转型升级的新需求   017
  1.3 智慧工业互联网的内涵、概念模型   018
      1.3.1 智慧工业互联网的内涵   018
      1.3.2 智慧工业互联网概念模型   019
  参考文献   020

第2章 智慧工业互联网体系架构与技术体系框架   024

  2.1 智慧工业互联网体系架构   024
  2.2 智慧工业互联网技术体系框架   027
      2.2.1 智慧工业互联网整体架构子体系   027
      2.2.2 智慧工业互联网支撑技术子体系   029
      2.2.3 智慧工业互联网软件技术子体系   031
  2.3 智慧工业互联网是新时代云计算在工业制造领域的智慧化落地、延伸和拓展   032
  2.4 智慧工业互联网的中国特色   033

参考文献 034

技 术 篇

第 3 章　智慧工业互联网系统总体技术　037

3.1　智慧工业互联网商业模式　037
3.1.1　产品服务商业模式　037
3.1.2　细分客户商业模式　040
3.2　智慧工业互联网系统集成技术　041
3.2.1　系统集成技术的内涵　041
3.2.2　系统集成的关键技术　041
3.3　智慧工业互联网系统实施技术　043
3.3.1　实施内容　043
3.3.2　实施方法　046
3.4　智慧工业互联网系统评估技术　050
3.4.1　评估目的　050
3.4.2　评估体系　050
3.4.3　评估内容及要求　051
3.5　智慧工业互联网系统安全技术　053
3.5.1　系统安全技术的内涵　053
3.5.2　安全技术体系　055
3.5.3　系统安全新技术　059
参考文献　060

第 4 章　智慧工业互联网资源技术　062

4.1　智慧工业互联网软资源技术　062
4.1.1　工业软资源总体架构　062
4.1.2　数据资源技术　062
4.1.3　模型资源技术　064
4.1.4　知识资源技术　068
4.1.5　软件资源技术　069
4.2　智慧工业互联网硬资源/系统技术　070
4.2.1　智能机床系统　070
4.2.2　工业机器人系统　071
4.2.3　智能检测与运维系统　072
4.2.4　仿真试验系统技术　073
4.2.5　3D 打印系统　076

  4.3 智慧工业互联网引擎专件技术 076
    4.3.1 工业大数据引擎技术 076
    4.3.2 工业互联网仿真引擎技术 079
    4.3.3 工业互联网人工智能引擎技术 082
    4.3.4 工业互联网区块链引擎技术 084
  参考文献 087

第 5 章 智慧工业互联网感知/接入/通信层技术 088

  5.1 新感知单元 088
    5.1.1 微型化传感技术 088
    5.1.2 智能化传感技术 089
    5.1.3 多功能化传感技术 090
  5.2 传输网络技术 090
    5.2.1 专用无线网络通信技术 090
    5.2.2 移动互联/5G 通信网络技术 092
    5.2.3 天地一体化网络技术 093
    5.2.4 工业网络传输技术 094
    5.2.5 时间敏感网络 095
    5.2.6 软件定义网络 096
  参考文献 098

第 6 章 智慧工业互联网平台技术 099

  6.1 智慧工业互联网平台内涵与架构 099
    6.1.1 智慧工业互联网平台内涵 100
    6.1.2 智慧边缘处理平台架构 100
    6.1.3 云端服务平台架构 101
  6.2 虚拟化技术 103
    6.2.1 虚拟化技术内涵 103
    6.2.2 虚拟化关键技术 103
  6.3 服务化技术 104
    6.3.1 服务化技术内涵 104
    6.3.2 服务化关键技术 104
    6.3.3 网络服务化关键技术 105
  6.4 多租户技术 105
    6.4.1 多租户技术内涵 105
    6.4.2 多租户关键技术 105
  6.5 容器技术 106

  6.5.1 容器技术内涵 106
  6.5.2 容器关键技术 106
 6.6 微服务技术 107
  6.6.1 微服务技术内涵 107
  6.6.2 微服务关键技术 107
 6.7 工业APP全生命周期管理技术 108
  6.7.1 工业APP全生命周期管理技术内涵 108
  6.7.2 工业APP全生命周期管理关键技术 108
 6.8 工业互联网平台开放接口技术 109
  6.8.1 工业互联网平台开放接口架构模型 109
  6.8.2 工业数据采集开放接口 110
  6.8.3 工业应用开放接口 110
 6.9 工业互联网应用开发工具技术 111
  6.9.1 工业互联网应用开发工具技术内涵 111
  6.9.2 工业互联网应用开发工具关键技术 112
参考文献 112

第7章 智慧工业互联网的云设计/生产/装备/管理/试验/服务技术 113

 7.1 云设计技术 113
  7.1.1 应用场景 113
  7.1.2 技术内涵及相关技术 115
 7.2 云制造及装备技术 117
  7.2.1 应用场景 118
  7.2.2 技术内涵及相关技术 120
 7.3 云仿真试验技术 121
  7.3.1 应用场景 121
  7.3.2 技术内涵及相关技术 122
 7.4 云供应链管理技术 124
  7.4.1 应用场景 124
  7.4.2 技术内涵及相关技术 125
 7.5 云智慧经营管理技术 128
  7.5.1 应用场景 128
  7.5.2 技术内涵及相关技术 128
 7.6 云保障服务技术 130
  7.6.1 应用场景 131
  7.6.2 技术内涵及相关技术 132
参考文献 136

实 践 篇

第 8 章 智慧工业互联网雏形——航天云网 2.0   139

8.1 航天云网 2.0 系统架构及关键技术   139
- 8.1.1 航天云网系统架构   139
- 8.1.2 航天云网 2.0 主要关键技术   141

8.2 航天云网 2.0 产品集   142
- 8.2.1 工业互联网网关   142
- 8.2.2 物联网接入工具   143
- 8.2.3 云端应用开发工具   144
- 8.2.4 云端应用运行工具   145
- 8.2.5 云端应用工作室   147
- 8.2.6 工业 APP 应用商店   148
- 8.2.7 区域云   149
- 8.2.8 行业云   150
- 8.2.9 园区云   150
- 8.2.10 企业云   151

8.3 应用情况   153
- 8.3.1 企业上云解决方案   153
- 8.3.2 网络化协同解决方案   154
- 8.3.3 智能化生产解决方案   154
- 8.3.4 个性化定制解决方案   154
- 8.3.5 服务化延伸解决方案   155
- 8.3.6 数字化管理解决方案   155

参考文献   155

第 9 章 基于智慧工业互联网的智能工厂   156

9.1 基于智慧工业互联网的智能工厂运行模式   156
- 9.1.1 智能化生产   156
- 9.1.2 网络化协同   158
- 9.1.3 个性化定制   159
- 9.1.4 服务化延伸   160
- 9.1.5 数字化管理   161
- 9.1.6 基于智慧工业互联网的智能工厂应用价值   162

9.2 基于智慧工业互联网的智能工厂典型案例   163
- 9.2.1 智能化生产案例   163

9.2.2 网络化协同案例　　　167
9.2.3 个性化定制案例　　　170
9.2.4 服务化延伸案例　　　171
9.2.5 数字化管理案例　　　173
参考文献　　　175

第10章　基于智慧工业互联网的行业云/区域云　　　177

10.1 基于智慧工业互联网的行业云　　　177
　　10.1.1 行业云平台功能框架　　　177
　　10.1.2 行业云平台应用场景　　　178
　　10.1.3 行业云平台应用案例　　　179
10.2 基于智慧工业互联网的区域云　　　184
　　10.2.1 区域云平台功能框架　　　184
　　10.2.2 区域云平台应用场景　　　185
　　10.2.3 区域云平台应用案例　　　186
10.3 基于智慧工业互联网的园区云　　　191
　　10.3.1 园区云平台功能框架　　　191
　　10.3.2 园区云平台应用场景　　　192
　　10.3.3 园区云平台应用案例　　　193
参考文献　　　195

发 展 篇

第11章　智慧工业互联网发展展望　　　199

11.1 从大系统的角度发展智慧工业互联网　　　199
11.2 把握"数字经济"及"新基建"的历史性发展机遇,助力智慧工业互联网发展　　　200
11.3 云服务应用创新能力建设,将成为工业互联网未来的重点发展内容　　　200
11.4 智慧工业互联网与新技术　　　201
参考文献　　　201

理 念 篇

理念篇首先简述工业互联网的提出及国内外工业互联网现状与演进阶段，解读新时代、新形势与新需求，进而提出智慧工业互联网的内涵、概念模型、系统架构及其技术体系。

第1章 概述

一场以科技革命与产业变革为主要内容的新一轮工业革命已在全球快速展开。工业互联网作为新一代信息通信技术与工业深度融合的产物，是新一轮工业革命的关键支撑。当前，我们正步入"智能+"与后疫情交叉影响的新时代，正面临多边主义与单边霸凌主义斗争的新形势，正逢制造业转型升级发展产生新需求。在新时代、新形势、新需求中，机遇与挑战并存，任重道远。我们认为，智慧工业互联网是一种适应新时代、新形势和新需求的新模式、新技术手段与新业态。

本章将对工业互联网的发展进行概述，对新时代、新形势、新需求进行解读，进而基于我们的研究与实践，提出一种适应新时代、新形势、新需求的智慧工业互联网新内涵及其概念模型。

1.1 工业互联网的提出、现状与演进

1.1.1 工业互联网的提出

2006年，谷歌（Google）首席执行官（chief executive officer，CEO）埃里克·施密特（Eric Schmidt）在搜索引擎大会上首次提出了"云计算"（cloud computing）的概念[1]，立即引起了各界的广泛关注，催生了互联网的第三次革命[2]，世界各国对云计算投入了大量精力，试图抢占技术发展变革的最前沿，全球的信息技术企业也纷纷向云计算转型。依托于云计算，云服务应运而生，主要包括软件即服务（software as a service，SaaS）、平台即服务（platform as a service，PaaS）、基础设施即服务（infrastructure as a service，IaaS）三种服务模式，电信运营商、信息技术（information technology，IT）企业、互联网企业等纷纷推出云服务。目前，云计算已渗透到社会各行业、各领域的信息化应用中。

工业互联网正是起始于云计算在工业领域的落地、延伸和拓展，它丰富、扩展了云计算的资源共享内容、服务模式和支撑技术[3-4]。

2012年，"工业互联网"这个名词及其初始理念由美国通用电气公司（General Elect Company，GE）正式提出[5]。我们将其解读为工业互联网1.0："它将人、智

能机器、高级分析系统通过网络融合在一起,通过数据/信息、硬件、软件和智能分析/决策的交互,提高创新能力、优化资产运营、提高生产效率、降低成本和减少废物排放,进而带动整个工业经济发展。"

1.1.2 工业互联网的发展现状

1. 国外工业互联网的发展现状

1) 国外工业互联网相关的政策

近年来,工业互联网深受工业强国高度重视,各国分别颁布适用于本国发展工业互联网的战略规划,旨在推广和应用工业互联网,带动本国工业转型升级,发力高端制造业,促进经济繁荣发展。

其中,制造业先进国家(如美国)围绕云计算、数据传输网络、信息通信、大数据及人工智能等技术的快速发展及其稳定性和安全性等开展新一轮技术研究,支撑其构建市场化的工业互联网和未来智能制造系统;德国在产业政策上对工业互联网相关的技术和应用给予了大力的支持;英国认为云计算技术能极大地改变制造业的生产模式,推进产业的创新发展;日本高度重视以工业机器人和人工智能为核心的综合科技的发展。各国在工业互联网相关领域的战略布局及重点内容见表1-1。

表1-1　各国在工业互联网相关领域的战略布局及重点内容

国家	战略	发布时间	相关重点内容
美国	《数字战略2020—2024》	2020.4	美国国际开发署（Unite States Agency for International Development, USAID）发布该战略的目的之一是加强国家级数字生态系统的开放性、包容性和安全性,提出在2020—2024年需将国家互联网普及率平均提高30%,并"利用数字技术取得重大发展成果"[6]
	《美国制造业创新网络计划宪章》	2020.1	该计划将人、想法和科技联系起来,突破与先进制造业相关的各种挑战,从而提高工业竞争力,促进经济增长,并加强美国国家安全[7]
	《开放政府数据法》	2019.1	该法案将政府数据开放,同时规定联邦机构应及时了解用户如何评价和使用政府数据,并采取措施促进与非政府机构(包括企业)、研究人员以及公众的合作互动,为美国政府数据的开放与利用提供更有力的保障[8]
	《引领5G的国家频谱战略》	2018.10	该战略意在加速5G在全美的应用,确保国家安全;并提出在纽约等地试点启动"先进无线网络研究平台",资助可迅速推向市场的无线设备、技术、协议和服务的早期研究[9]

续表

国家	战　　略	发布时间	相关重点内容
美国	《构建未来：投资发现和创新战略规划（2018—2022）》	2018.2	该规划提出通过加强研究和驾驭复杂系统数据网络，如全球分布式互联网基础设施、下一代配电网络、智慧城市等，增强其稳定性和功能性[10]
	《工业互联网参考体系架构(IIRA)》	2015.6	该体系架构助力软硬件厂商开发与工业互联网兼容的产品，实现企业、云计算系统、网络等不同类型实体互联[11]
德国	《国家工业战略2030》	2019.11	该战略提出加强新科技，促进私有资本研发投入。如促进人工智能、数字化、生物科技、纳米技术，促进中、小科技企业，促进风险资本，打造欧洲自主的数据基础设施，以新科技促进减排，并提出工业中应用互联网技术成为标配，德国将聚焦电动汽车、自动驾驶、数字化、人工智能等基于云计算和云平台技术的开发和研究等工作[12]
	《高技术战略2025》	2018.9	该战略提出增加德国在人工智能、数字化互联的交通工具等方面的规划，明确了未来7年12项具体任务以及相应的行动计划和标志性里程碑[13]
英国	《国家数据战略》	2020.9	该战略旨在研究利用英国现有优势，研究释放经济中的数据价值、确保促进增长和可信的数据体制、确保数据所依赖的基础架构的安全性和强壮性以及倡导国际数据流动等任务，来支持英国对数据的使用[14]
	《移动未来：城市战略》	2019.3	该战略旨在利用数据和物联网，实现英国在零排放汽车、车联网、自动驾驶汽车等领域的设计和制造技术保持前沿[15]
	《英国数字化战略》	2017.3	该战略设定了明确途径以帮助英国在启动并推进数字化业务、实用新型技术或者实施先进技术研究方面占据优势地位，并将此作为政府计划的一部分以将英国建设为一个现代化、具备动态的全球性贸易大国，推进"数据经济"在云平台上打造数据共享环境的明确途径[16]
	《英国工业2050战略》	2013.10	该战略指出信息通信技术、新材料等科技将在未来与产品和生产网络相融合，极大改变产品的设计、制造、提供甚至使用方式[17]

续表

国家	战略	发布时间	相关重点内容
日本	《集成创新战略》	2018.7	该战略提出将把"综合"改为"集成",强调要推动跨领域、跨部门的合作创新,加强官民合作、完善不同领域之间的数据基础,加快推进大学改革,改善创新创业环境,加强AI人才培养等[18]
	"第五次能源基本计划"	2018.7	该计划提出日本能源转型战略将大量采用人工智能、物联网、大数据以及电力需求自动响应等技术[19]
	《日本制造业白皮书2018》	2018.6	该白皮书中提出要发展"互联工业",构建基于机器人、物联网和工业价值链的顶层体系[20]

2）国外工业互联网的发展现状分析

总的来看,全球工业互联网的发展呈现出关键技术加速突破、基础支撑日益完善、融合应用逐渐丰富、产业生态日趋成熟的良好态势[21]。美国、欧洲、亚太地区是工业互联网发展的重点区域,各国凭借各自的优势布局,推动了工业互联网的发展,出现了一些国际领先的工业互联网创新与实践。

（1）技术方面

国外龙头企业深化边缘计算、物联网、人工智能（artificial intelligence,AI）技术应用,全面提高工业互联网设备接入及大数据分析应用水平。它们将研发、构建与运行工业互联网平台作为工业互联网的发展重点,重视投入回报率,期望以最小的成本投入获得最大的市场收益。

例如,美国参数技术公司（Parametric Technology Corporation,PTC）发布了ThingWorx®平台,它是由快速应用开发平台、设备连接、机器学习功能、增强现实以及领先设备互联网等集成组成,能够提供全面的工业物联网（industrial internet of things,IIoT）技术堆栈,支持数据、流程、资源和人员的集成、统一和决策;在国际数据公司（International Data Corporation,IDC）发布的2019版《能源和制造业工业物联网供应商评估报告》中,在对11家供应商展开评估后,微软被评为制造业和能源行业工业物联网平台的"领导者"[22]。微软致力于推动人工智能与物联网、智能边缘的无缝衔接,其研发的Azure数字孪生（Azure digital twins）帮助开发者为现实的物理环境创建出完整的虚拟模型,Azure边缘计算平台可以让云端智能直接运行在独立的物联网设备上,Azure物联网中心（Azure IoT central）能够帮助开发者和合作伙伴快速搭建起一个物联网应用的框架,用几个小时进行定制设计,在一天之内就可以投入生产运行。此外,物联网相关技术已成为德国博世公司研发的主要聚焦点,近年来博世推出了物联网（internet of things,IoT）软件套件、Bosch IoT云等一系列解决方案,2018年博世物联网软件套件服务在华为云实现落地应用,加速了物联网在中国市场的发展。

在工业互联网的发展上,国外大多数国家依托创新技术加快发展技术密集型的先进制造,促使网络空间和物理世界高度融合,通过数据融合应用催生新价值和新服务,并通过逐步完善数字化转型计划,为企业提供良好的发展环境[23]。

(2) 产业方面

国外的工业互联网产业发展主要是龙头企业、信息与通信技术(information and communications technology,ICT)领先企业、互联网主导企业等,基于各自优势,从不同层面与角度搭建的面向部分行业与领域的工业互联网平台,并以联盟形式加快互联模式推广和市场布局。

美国在工业互联网领域产业的发展,主要通过 GE、AT&T、思科(Cisco)、IBM、英特尔(Intel)等 5 家企业联合成立美国工业互联网联盟(Industrial Internet Consortium,IIC),积极吸纳各类企业巨头和顶尖机构加盟,突出体系架构和测试床建设,加快互联模式推广和市场布局。美国 GE 公司作为制造业的巨头,率先意识到数字化转型的重要性,于 2013 年推出 Predix 工业互联网平台,大力推动工业互联网发展。随后 GE 投入大量资源,以 Predix 为核心成立新的业务部门 GE Digital,将其作为 GE 战略的关键部分。GE 还与英特尔、思科、IBM 等巨头建立合作关系,共同推动工业互联网发展,强化平台服务能力。2018 年 GE 正式宣布出售部分 GE Digital 业务,并成立新的工业互联网公司,独立运营 Predix 平台及相关数字化业务,在工业互联网发展道路上进行新一轮的尝试。

作为德国领军企业,2018 年 8 月,西门子公司发布的《愿景 2020＋》战略中[24],将"数字化工业"作为未来三大运营方向之一,并推出 Mind Sphere 平台 3.0 版本,联合库卡、Festo、艾森曼集团等 18 家合作伙伴公司共同创建 Mind Sphere World,打造围绕 Mind Sphere 平台的生态系统,并扩展其全球影响力。Mind Sphere 平台主要接入以西门子产品为主的各类工业设备,提供维修预警分析、售后数据管理、设备资源优化等跨领域工业应用,并使用产品生命周期管理(product lifecycle management,PLM)等系统实现设计仿真协同、生产订单监控等,帮助企业进行预防性维护、能源数据管理以及设备综合效率评估,重点关注在生产运行阶段的生产设备维护与工厂运营。

日本工业互联网产业发展主要是以发那科、三菱电机等为代表的日本制造企业进行布局,但它们的侧重点有所不同,分别从故障检测、智能服务、设备互联等角度推出智能工厂解决方案。发那科提出的"零停机"工厂解决方案,通过工业互联网将机器人连接,终端检测机器人状况,提前发现隐患、安排任务,避免工厂因设备故障而停工。三菱电机推出智能工厂方案"e-F@ctory",以"e-F@ctory"为基础架构形成先进的工业互联网平台,通过 IoT、AI 等领先科技技术,将开发和制造、物流、包装等领域的所有机器和设备联系起来,分析并灵活运用所收集的海量数据,实现"可视化、可分析、可改善",以降低供应链和工程链的成本,推动尖端制造。

国外许多龙头企业还通过收购、投资、跨行业合作打造工业互联网生态系统。

在收购和投资方面,美国软件服务提供商 Salesforce 通过收购和投资,不断增强其客户关系管理(customer relationship management,CRM)软件应用功能,同时向人力资源(human resource,HR)管理软件服务市场进军,并拓展了针对开发者的开放平台和企业交流平台 Chatter;德国西门子公司通过收购云原生低代码应用开发领域的先驱和领导者 Mendix 公司,并将 Mendix 平台集成至 MindSphere 平台上,实现基于互联网的应用程序的快速开发、部署和执行,加速工业互联网的落地速度。

在跨行业合作方面,思科和 GE 合作,推出了支持 Predix 的思科路由器,该路由器外部经过强化处理,能经受石油和燃气设施的恶劣环境考验[25];德国西门子、地区公用事业公司 AW、电网运营商 Allgu Netz 等合作开发了 Pebbles 电力交易平台,将区块链技术应用在平台上,使生产者、消费者和存储设备联结起来,从而优化当地能源交易方式,提升彼此间交易的灵活性。

目前大多数平台主要是服务于企业用户,以解决企业单点痛点为主;重视设备互联,在平台工具供给、工业模型沉淀等方面表现突出;通过打通产业链要素,提升上、下游协同与资源整合能力等[26]。

(3)应用方面

国外工业互联网主要应用在设备健康管理及生产过程管控、基于数据智能的服务等领域。

据艾瑞研究院统计,2018 年国外工业互联网应用场景中,设备管理服务分析占比为 49%,生产过程管控分析占比为 24%[27]。如美国硅谷公司 Litmus Automation 提供了一个端到端平台,依靠其设备边缘端的优势,通过工业互联网来部署物联网应用程序,在管理设备传感器的同时将数据发送到 CRM、企业资源计划(enterprise resource planning,ERP)等企业应用程序,华冠科技自动化的工业互联网平台 Loop 和边缘计算产品 Loop Edge,可支持从任何设备收集数据、进行数据操作和快速分析,并具有实时可视化功能。如德国联邦政府将智能数据计划作为数字化战略之一,将其加入整个工业 4.0 战略计划之内,其中的"智能数据研究计划"(Smart Data)的研究成果主要包括数据科学研究、数字经济、从大数据到人工智能、伦理与法律等方面。作为"智能数据研究计划"之一的高速工厂(speed factory)项目,利用用户在阿迪达斯体验店的跑步机采集到的身体数据,通过 3D 打印的方式定制出最适合用户的运动鞋,将 C 端和 B 端运作更紧密地结合起来,将制造阶段延伸到售后服务阶段。如日本电气公司(Nippon Electric Company,NEC)在日本甲府营业点所在的服务器制造工厂采用数据平台技术,利用客户提供的数据进行定制生产,同时将其自主研发的基于异构混合学习技术的人工智能预测功能运用到生产计划制订中,成功将生产成本降低了 45%[28]。

目前,国外工业互联网在协同研发、运营服务、供应链管理等领域的场景应用有待延伸丰富。

2. 国内工业互联网的发展现状

1) 国内工业互联网的相关政策

我国高度重视工业互联网的发展。近年来,国家出台了一系列政策鼓励工业互联网的发展,积极推进工业互联网的应用,见表1-2。

表1-2 国内工业互联网相关政策及重点内容

部委	政策	时间	相关重点内容
工信部	《工业互联网创新发展行动计划(2021—2023)》	2021.1	该计划明确提出要围绕智能化制造、网络化协同、个性化定制、服务化延伸、数字化管理等制造业新模式,重点开展新型模式培育行动。提出实施网络体系强基行动,推进工业互联网网络互联互通工程,推动IT与运营技术(operational technology,OT)网络深度融合;实施标识解析增强行动,推进工业互联网标识解析体系增强工程,完善标识体系构建;实施平台体系壮大行动,推进工业互联网平台体系化升级工程[29]
工信部	《工业和信息化部关于工业大数据发展的指导意见》	2020.4	该指导意见提出要在跨行业、跨领域的数据汇聚、推动数据共享、深化数据应用、完善数据治理、强化数据安全、促进产业发展等方面加快行动,以推动工业大数据的发展。并指出要面向中、小企业开放数据服务资源,发挥工业互联网平台跨行业、跨领域的优势,提升企业数据应用能力[30]
工信部	《工业和信息化部办公厅关于推动工业互联网加快发展的通知》	2020.3	该通知提出从加快新型基础设施建设、加快拓展融合创新应用、加快健全安全保障体系、加快壮大创新发展动能和加快完善产业生态布局等方面着力,加快推动工业互联网发展[31]
工信部、国标委	《工业互联网综合标准化体系建设指南》	2019.3	该指南提出到2020年,初步建立工业互联网标准体系,重点研制工厂内网、网络资源管理、边缘设备、异构标识互操作、工业大数据、工业微服务、工业APP开发部署、安全能力评估等产业发展急用标准。到2025年,制定100项以上的标准,重点推进支撑行业应用的标准化工作,基本建成统一、综合、开放的工业互联网11项标准体系,涵盖工业互联网关键技术、产品、管理及应用需求[32]

续表

部委	政策	时间	相关重点内容
工信部	《工业互联网发展行动计划(2018—2020年)》	2018.5	该计划提出3年内,中国将初步建成适用于工业互联网高可靠、广覆盖、大带宽、可定制的企业外网络基础设施,将初步构建工业互联网标识解析体系,并提出制定跨行业、跨领域工业互联网平台评价指南,在2020年前,遴选10个左右跨行业、跨领域工业互联网平台,培育一批独立经营的企业级工业互联网平台,建成工业互联网平台公共服务体系,推动30万家工业企业上云[33]
国务院	《国务院关于深化"互联网+先进制造业"发展工业互联网的指导意见》	2017.11	该意见明确指出要促进工业互联网与"中国制造2025"协同推进;设立工业互联网战略咨询专家委员会,开展工业互联网前瞻性、战略性重大问题研究,对工业互联网重大决策、政策实施提供咨询评估;制定发布工业互联网平台体系的发展目标,建立工业互联网发展情况动态监测和第三方评估机制,开展定期测评和滚动调整[34]
工信部	《云计算发展三年行动计划(2017—2019)》	2017.3	该计划强调深入推进工业云应用试点示范工作。支持骨干制造企业、云计算企业联合牵头搭建面向制造业特色领域的工业云平台,汇集模型库、知识库等资源,提供工业专用软件、工业数据分析、协同研发设计等类型的云服务,促进制造企业加快基于云计算的业务模式和商业模式创新,发展协同创新、个性化定制等业务形态,培育"云制造"模式,提升制造业快捷化、服务化、智能化水平,推动制造业转型升级和提质增效[35]
国务院	《国务院关于深化制造业与互联网融合发展的指导意见》	2016.5	该指导意见明确提出到2018年底,工业云企业用户相比2015年底翻一番;深化工业云、大数据等技术的集成应用,汇聚众智,加快构建新型研发、生产、管理和服务模式;加快构筑自动控制与感知、工业云与智能服务平台、工业互联网等制造新基础[36]

2)国内工业互联网发展现状分析

在国家相关政策的推动下,我国工业互联网的技术、产业、应用全面推进。在发展过程中涌现出一批丰硕成果,创新发展成效显著,工业互联网平台体系建设不断深入落实,以"平台+技术""平台+行业""平台+区域""平台+双链""平台+生态"等形成体系化推进,工业互联网已经成为加速制造业旧动能改造和新动能培育的重要载体。

(1) 技术方面

工业互联网积极与新兴前沿技术融合创新,体系建设全方位推进,初步培育形成一批"平台+5G""平台+AI""平台+区块链"等创新解决方案。

在工业互联网与5G融合发展方面,2020年是5G规模建设元年,5G与工业互联网融合创新发展提速,海尔、徐工信息、东方国信、浪潮、华为等企业均已在开展相关的技术研发和试点应用,如海尔从2018年4月开始对"5G+工业互联网"进行探索,开展了多个"5G+多技术多场景"跨界融合集成测试,目前海尔卡奥斯(COSMOPlat)工业互联网已实现"5G+机器视觉""5G+AR"等平台化管理。在工业互联网与AI技术融合发展方面,随着人工智能从感知向认知智能演进,AI在工业互联网平台设备层、感知层、边缘层、平台层、应用层等的应用极大提高了工业互联网的感知、集成、决策优化能力。目前国内主流的工业互联网平台均已部署了人工智能引擎,并开展了相关融合应用。例如,阿里云ET工业大脑基于阿里云大数据一体化计算平台,通过工业数据集成套件对企业系统数据、工厂设备数据、传感器数据、人员管理数据等多方工业企业数据进行汇集,借助语音交互、图像/视频识别、机器学习和人工智能算法,激活海量数据价值,为解决工业制造业的核心问题而打造数据智能产品。在工业互联网与区块链融合发展方面,区块链共享账本、机器共识、智能合约和权限隐私四大技术,可以实现工业数据互信、互联、共享,通过区块链技术介入工业互联网,可以形成核心企业内、企业间、工业互联网平台间的互信共享和价值交换。航天云网借助区块链技术,打造"云端营销"平台,建立了可信的工业品营销环境和信用体系,调动了全民参与大众创新、万众创业的热情,赋能云制造产业集群生态发展。

但多数工业互联网平台在工业机理模型和专业技术方面沉淀不足,工业APP的数量和质量不高;尚未形成统一的工业数据采集交换标准与工业控制系统通信协议,工业数据共享与应用安全技术有待突破,这些都制约着设备数据上云、工业互联网内系统间以及跨工业互联网的数据互通与共享等。

(2) 产业方面

初步培育了一批实力强、服务广的跨行业、跨领域的工业互联网平台,生态构建呈现多层次推进。

2019年工信部评选出十大跨行业、跨领域工业互联网平台,2020年遴选出15个跨行业、跨领域工业互联网平台,包括海尔COSMOPlat工业互联网平台、航天云网INDICS工业互联网平台、树根互联根云工业互联网平台等。这些平台经过多年发展,在平台架构、云服务能力和云生态建设、企业智能解决方案、产业链整合等方面,发挥了显著作用,具备了核心竞争力和创新能力,形成了多行业、多领域的初步融合。虽然这些跨行业、跨领域工业互联网平台都在拓展行业覆盖和应用领域的范围,但各平台的侧重点仍有不同。其中,航天云网通过打造自主可控工业互联网平台 INDICS+CMSS 体系,提供跨行业、跨领域、跨地区的覆盖产业链全过程和全要素的生产性服务,服务制造业转型升级国家战略,为我国大/中/小型企业提供各类制造全生命周期服务。同时航天云网申报并成为国家级工业互联网主平台之一,促进各中央企业工业互联网平台融通,加强央企资源共享和能力协同,深化工业互联网在企业生产经营中的应用。海尔 COSMOPlat 利用平台对接企业与用户,形成个性化定制服务能力,通过云平台打通需求、设计、生产等环节,实现个性化定制应用模式[37];树根互联等平台通过汇聚需求与供给双方而实现供需对接、资源共享的功能,借助平台打通产业链上、下游,进而优化资源配置[38];华为基于其公有云业务将产品及其运维和运营实现端到端打通,同时不断与业界顶尖的科研院校积极开展在公有云、AI、大数据、算法等领域的合作[39];富士康通过工业互联网、大数据、云计算等软件及工业机器人、传感器、交换机等硬件的相互整合,建立了端到端可控、可管的智慧云平台,将设备数据、生产数据和产业专业理论进行集成、处理、分析,形成开放、共享的工业级 APP,实现生产过程全记录、无线智慧定位、表面组装技术(surface mounted technology,SMT)数据整体呈现(产能/良率/物料损耗等),通过数据智能实现集中管理数据、基于大数据的智能能源管控等[38]。此外,阿里巴巴、华为、百度、腾讯、浪潮等公司纷纷建立开源社区,以开源模式整合资源,创建共享、协同的创新生态环境,支持开源工业互联网平台的构建[40]。

以"工业互联网平台+APP"赋能工业应用软件产业,发展形成了面向软件即服务的行业新业态。国内形成了一批面向特定行业、特定场景,基于新一代人工智能技术的"工业互联网平台+APP"服务新业态。国内主要以工业互联网平台为载体,依托开源模式推动工业 APP 发展,夯实工业技术软件化基础,创造基于工业互联网的应用软件服务生态。在抗击新冠肺炎疫情期间,通过帮助企业构建高效、便捷、远程协同的生产组织、制造流程、运营体系,降低了疫情对实体经济的影响。例如航天云网基于其"工业互联网云空间(industrial internet cloud space,INDICS)+云制造支持系统(cloud manufacturing support system,CMSS)架构"构建复工抗疫专区,提供企业复工复产工具集;百度基于"云+AI"技术构建的智能质检系统助力精研科技等数十家制造企业实现无人安全生产;阿里基于"阿里云+钉钉"帮助制造企业实现组织和管理模式的创新,支撑远程办公、网络视频、远程诊断等。

我国大多数的工业互联网平台通常对应用企业的关联生产要素互联互通、对行业的特定应用场景和需求重视不足;缺乏面向行业的公共服务平台,在平台服务赋能能力、跨行业应用服务等方面尚未形成成熟可复制的解决方案;部分企业的生产装备数字化程度低,业务系统间存在信息壁垒、有价值的数据资源获取困难等问题[41]。

(3)应用方面

工业互联网正成为我国各地政府振兴实体经济、推动制造业高质量发展的重要抓手。

全国各地方政府在国家政策的牵引下,纷纷进行工业互联网发展规划,积极推进工业互联网的发展。其中,广东、江苏、浙江等省份在工业互联网领域发展较好。2017年11月,广东省工业互联网产业联盟成立,为广东省工业互联网产业进行顶层设计,统筹广东省工业互联网的发展全局,国内重要工业互联网企业如华为、富士康、腾讯等也纷纷落户广东省。2018年,江苏省经济和信息化委员会(简称经信委)联合华为启动实施江苏省工业互联网创新发展"365"工程[42],充分发挥华为"云+联接"能力,重点围绕五星级上云企业、工业互联网标杆工厂、工业互联网平台等创新发展方向,聚焦新型电力(新能源)装备、工程机械、物联网、生物医药和新型医疗器械、核心信息技术、汽车及零配件等六个先进制造业集群,打造工业互联网创新发展标杆项目,助力江苏省工业互联网发展示范区和品牌企业建设。江苏省2017年有上云企业16万家左右,2018年新增上云企业超过5万家,而且核心业务上云的企业逐渐增多。浙江省工业互联网发展快速推进,制造业数字化转型步伐不断加快,2018年,浙江省在实施传统制造业智能化改造提升中,新建数字化车间60个、无人工厂6家,新增工业机器人1.6万台;在企业上云(云计算)中,2018年浙江省新增上云企业超12万家,累计达28万家,重点工业企业的上云普及率为65.81%,数字经济已成为浙江省经济高质量发展的动力支撑[43]。

在行业应用方面,工业互联网成为推进新技术与各行业融合应用落地的重要路径。主要聚焦信息通信技术、高档数控机床和机器人、航空航天装备、海洋工程装备及高技术船舶、轨道交通装备、节能与新能源汽车、电力装备、新材料、生物医药及高性能医疗设备、农业机械装备、家电等重点行业的特点和需求痛点,以工业互联网平台为载体,实现人工智能、5G、边缘计算、区块链、数字孪生等新一代信息技术与制造技术的深度集成融合,形成面向重点行业和典型工业场景的"工业互联网+垂直行业"的解决方案、实施路径和典型案例等。

在工业互联网赋能多行业企业数字化转型中,服务业、轻工、机械、电子信息、建筑业、建材、石化化工、汽车等行业位居前列。家电、采矿、有色金属等行业在工业互联网平台的活跃度最高[26]。

同时,新一代信息通信技术、工业互联网等与制造业的探索融合中,初步实现了丰富的应用场景。如"5G+工业互联网",企业在研发设计、生产制造、运维服务等环节探索出多项应用。如在研发设计环节,基于5G网络,结合虚拟现实(virtual reality,VR)技术/增强现实(augmented reality,AR)技术,实现虚拟、多方的远程协同,并可帮助解决实时的工业制造问题[44]。如"5G+边缘计算"在制造业的应用场景贯穿工业制造的全过程,覆盖自动导引运输车(automated guided vehicle,AGV)、生产过程控制、机器协作等各个环节,助力制造业实现质量效益提高、产业结构优化、发展方式转变、增长动力转换,为工业互联网提供有力保障[45]。

目前工业互联网在各行业的应用,场景相对丰富,但总体仍处于融合实践的探索期,中国的制造企业大多处在工业1.0/2.0/3.0/4.0并存的发展阶段,企业的数字化、智能化水平参差不齐,工业互联网应用的深度和广度不足,可规模化复制推广的场景相对较少,还需进一步在技术、应用模式等方面进行突破。

1.1.3 工业互联网的演进

通过研究与实践,我们认为工业互联网的演进经历了三个阶段。

第一阶段,"工业互联网"这个名词虽未提出,但是其类似的理念、模式、技术已经涌现。以我国的实践为例,本书的作者团队于2009年便提出并研发了基于云制造理念的制造云[46];2009年9月北京市计算中心已打造了工业云服务平台;2011年"工业云"已成为北京市"祥云计划"重点示范工程项目之一等。概括地讲,它们是一种基于网络的、面向服务的新技术手段、新模式和新业态。它融合发展了现代信息化制造(设计、生产、试验、仿真、管理、集成等)技术与云计算、物联网、服务计算、高性能计算等新兴信息通信技术。形成了"网络化、服务化"的新制造模式和"泛在互联、共享服务、跨界融合"的新业态。

第二阶段,2012年"工业互联网"这个名词正式提出[5],它在技术手段、模式和业态等方面得到进一步的发展。经过相关技术的发展和实践,在技术手段方面,工业互联网融合了大数据、云计算、移动互联网、仿真等新兴信息通信技术及部分人工智能技术(主要是部分大数据智能)与3D打印、智能机器人、智能制造装备等新兴的部分智能化制造技术。它是以互联化(协同化)、服务化、个性化(定制化)、柔性化、社会化为主要特征的智能制造新模式。在业态方面,进一步增加了"数据驱动、自主智慧、万众创新"的新特征,构成了"互联网+"时代的新产业业态。它是"互联网+"时代的一种制造模式、手段与业态。

第三阶段,随着新时代、新形势、新需求的到来,即正在发生重大变革的信息新环境、持续提高的人类社会发展的新目标,以及快速发展的新技术,特别是大数据的进一步涌现及其智能处理技术的发展、高性能计算能力大幅提升、以深度学习为代表的人工智能模型预算法的突破等推动了新一代人工智能技术的快速发展,因此工业互联网将在新一代人工智能技术的引领下进入崭新的阶段——"智慧工业互联网",它在技术手段、制造模式与业态等方面又有新的发展。在技术手段方面,进一步融合以大数据智能、人机混合智能、群体智能、跨媒体智能、无人自主智能为主要方向的新一代人工智能技术,建模与仿真/数字孪生、边缘计算、5G、区块链等新信息通信技术及新智能化制造技术。在制造模式方面,强化了更完善的智能化。工业互联网制造模式的发展正在迈向以互联化、服务化、协同化、个性化(定制化)、柔性化、自主智能化为主要特征的新阶段。在业态方面,进一步突出了"万物智联、智能引领、数/模驱动、共享服务、跨界融合、万众创新"的新业态。工业互联网的演进历程如图1-1所示。

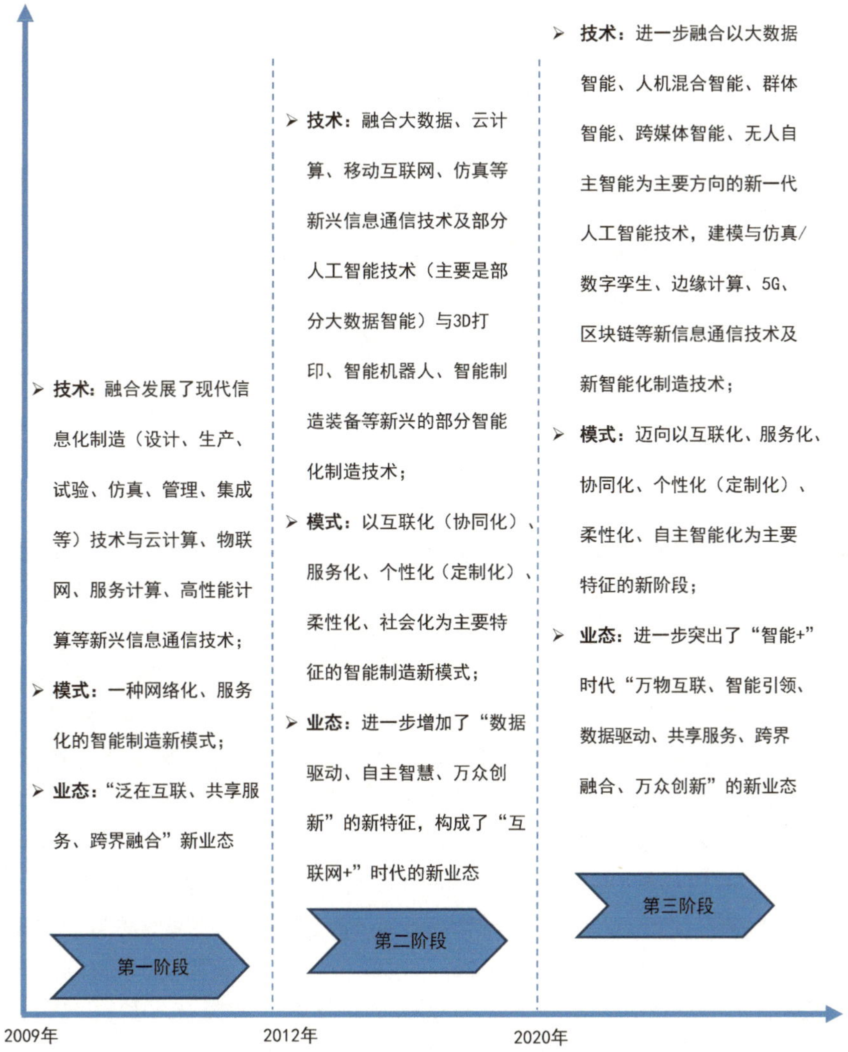

第1章 概述

工业互联网 2.0

图 1-1 工业互联网的演进历程

第一阶段（2009年）
- 技术：融合发展了现代信息化制造（设计、生产、试验、仿真、管理、集成等）技术与云计算、物联网、服务计算、高性能计算等新兴信息通信技术；
- 模式：一种网络化、服务化的智能制造新模式；
- 业态："泛在互联、共享服务、跨界融合"新业态

第二阶段（2012年）
- 技术：融合大数据、云计算、移动互联网、仿真等新兴信息通信技术及部分人工智能技术（主要是部分大数据智能）与3D打印、智能机器人、智能制造装备等新兴的部分智能化制造技术；
- 模式：以互联化（协同化）、服务化、个性化（定制化）、柔性化、社会化为主要特征的智能制造新模式；
- 业态：进一步增加了"数据驱动、自主智慧、万众创新"的新特征，构成了"互联网+"时代的新业态

第三阶段（2020年）
- 技术：进一步融合以大数据智能、人机混合智能、群体智能、跨媒体智能、无人自主智能为主要方向的新一代人工智能技术，建模与仿真/数字孪生、边缘计算、5G、区块链等新信息通信技术及新智能化制造技术；
- 模式：迈向以互联化、服务化、协同化、个性化（定制化）、柔性化、自主智能化为主要特征的新阶段；
- 业态：进一步突出了"智能+"时代"万物互联、智能引领、数据驱动、共享服务、跨界融合、万众创新"的新业态

1.2 新时代、新形势、新需求解读

1.2.1 "智能＋"与后疫情新时代

1. "智能＋"时代

在我国，《2019年国务院政府工作报告》首次提出"智能＋"的概念，指出"打造工业互联网平台，拓展'智能＋'，为制造业转型升级赋能"是2019年政府的主要工作之一。我们将其解读为"智能＋"时代正在到来。

"智能+"时代是由新互联网技术、新信息通信技术、新一代人工智能技术、新能源技术、新材料技术、新生物技术、新应用领域专业技术等七类新技术深度融合形成的综合性技术推动发展的,其中,特别是新互联网技术(物联网、车联网、移动互联网/5G、卫星网、天地一体化网、未来互联网等技术)、新信息通信技术(云计算、大数据、高性能计算、建模与仿真/数字孪生、区块链、量子计算等技术)、新一代人工智能技术(数据驱动下深度强化学习智能、基于网络的群体智能、人机和脑机交互的技术导向混合智能、跨媒体推理智能、自主智能无人系统等技术)的飞速发展及其与应用领域新专业技术的融合,正引发人类社会"国民经济、国计民生和国家安全"等各领域新模式、新手段和新业态向数字化、网络化、云化、智能化演进的重大变革,即"智能+"时代正在到来[47]。

"智能+"时代的发展理念是"创新、协调、绿色、开放、共享"[47]。它是我国新时代的战略性、纲领性、引领性发展理念。"创新"是解决发展动力问题。创新是"智能+"时代的第一发展动力,是国家发展全局的核心,创新驱动全要素生产率提高,增强自主发展能力,促进"智能+"的深入实施,促进国民经济高质量发展。"协调"是解决全局的发展不平衡问题。协调将优化"智能+"时代发展布局,促进经济社会和区域协调发展,促进新型工业化、信息化、城镇化、农业现代化同步发展,增强发展整体性。"绿色"是解决人与自然和谐问题。坚持"智能+"时代可持续发展,推动全球生态安全,促进经济社会持续健康发展。"开放"是解决发展内外联动问题。奉行"智能+"时代互利共赢的开放战略,构建广泛的国内外利益共同体。"共享"是解决社会公平正义问题。坚持"智能+"时代成果由各阶层人民共享,朝着共同富裕的方向稳步前进[48]。

"智能+"时代具有"万物互联、智能引领、数据驱动、共享服务、跨界融合、万众创新"的时代特征[47,49]。"智能+"时代可以实现人与人、人与物、物与物之间的泛在互联,实现"万物互联";基于新互联网,以新一代智能科学技术、新制造科学技术、新信息通信科学技术及新制造应用领域专业技术等四类技术深度融合的数字化、网络化、云化、智能化技术为新手段,实现"智能引领";进一步深化大数据等的研发应用,更好地发掘数据的价值,实现"数据驱动";进一步促进资源的整合与开放共享,拓展更丰富的应用场景,实现"共享服务";突破产业边界,促进新技术与原有产业的融合,促进产业结构重组,实现"跨界融合";以新技术推动创新,聚众智、汇众力,推动新旧动能转换和经济结构升级,拓展在智能制造等领域的应用,使"万众创新"向更大范围、更高层次和更深程度推进。

值得指出的是,新一代人工智能技术仍在起步阶段,它正在持续发展:向强人工智能发展,向通用人工智能发展,向超人工智能发展。

2. 后疫情时代

2020年是极不平凡的一年,新冠肺炎疫情催生了"后疫情时代"的来临。习近平在2021年1月25日世界经济论坛"达沃斯议程"对话会的特别致辞中指出[50]:

"过去一年,突如其来的新冠肺炎疫情肆虐全球,全球公共卫生面临严重威胁,世界经济陷入深度衰退,人类经历了史上罕见的多重危机。""现在,疫情还远未结束,抗疫仍在继续。"他进一步强调,"我们要解决好这个时代面临的四大课题:第一,加强宏观经济政策协调,共同推动世界经济强劲、可持续、平衡、包容增长。第二,摒弃意识形态偏见,共同走和平共处、互利共赢之路。第三,克服发达国家和发展中国家发展鸿沟,共同推动各国发展繁荣。第四,携手应对全球性挑战,共同缔造人类美好未来。"

1.2.2 多边主义与单边霸凌主义斗争的新形势

习近平在2021年1月25日世界经济论坛"达沃斯议程"对话会的特别致辞中还指出[50]:"世界上的问题错综复杂,解决问题的出路是维护和践行多边主义,推动构建人类命运共同体。""我们要坚持开放包容,不搞封闭排他。""我们要坚持协商合作,不搞冲突对抗。""我们要坚持与时俱进,不搞故步自封。""中国将继续积极参与国际抗疫合作。""中国将继续实施互利共赢的开放战略。""中国将继续促进可持续发展。""中国将继续推进科技创新。"习近平最后强调,"人类只有一个地球,人类也只有一个共同的未来。""让我们携起手来,让多边主义火炬照亮人类前行之路,向着构建人类命运共同体不断迈进!"

近年来,我国经济、科技、军事发展迅速。以美国右派政客为首的一股势力已将我国视为头号竞争对手,制造各种借口,极力推行单边霸凌主义,力图克制我国的发展,中美的战略竞争与博弈将长期存在。

1.2.3 制造业转型升级的新需求

面对新时代、新形势,我国"十四五规划与2035远景目标纲要"提出了国家的"新征程"——"三新":要开启全面建设社会主义现代化国家的新发展阶段;正贯彻"创新、协调、绿色、开放、共享"的新发展理念;正构建"以国内大循环为主体、国内国际双循环相互促进"的新发展格局。

制造业是国民经济的主体,是立国之本,兴国之器,强国之基。制造业发展的机遇与挑战并存,任重道远。

为适应新时代、新形势和国家新需求,制造业正面临着新征程:必须基于"创新、协调、绿色、开放、共享"的发展理念,在新一代人工智能技术的引领下,借助新信息通信技术与新制造业深度融合,加快制造业数字化、网络化、云化、智能化转型升级,加快实现自主的制造技术、产业、应用实施的一体化发展,加快实现为国家"十四五规划与2035远景目标纲要"提出的新发展阶段、新发展理念、新发展格局提供强有力的支撑,加快实现为我国从大国向强国转型的伟大战略目标和全球经济复苏与发展做出重要的贡献。

我们认为,新时代、新形势、新需求正催生一种新型的工业互联网——"智慧工业互联网"。

1.3 智慧工业互联网的内涵、概念模型

1.3.1 智慧工业互联网的内涵

智慧工业互联网

智慧工业互联网是一个复杂的大系统,是一种新型工业互联网系统。

1. 智慧工业互联网是一个复杂的大系统

智慧工业互联网在新一代人工智能技术引领下,由新制造产品/能力/资源体系、新网络/感知体系、新平台体系、新标准安全体系、新应用体系及新用户体系等六大新体系组成。

(1) 新制造产品/能力/资源体系提供工业互联网全系统与全生命周期活动中共享和服务的产品、能力和资源。

(2) 新网络/感知体系实现工业互联网全系统、全产业链、全价值链泛在深度互联与感知。

(3) 新平台体系是提供工业互联网中工业信息物理融合与智能化服务的核心载体,实现制造产品、能力、资源、接入网络和感知系统的虚拟化和服务化,提供用户进行各类数字化、网络化、云化、智能化工业应用的开发与运行。

(4) 新标准安全体系是工业互联网中工业数据与全系统应用安全可信和集成的保障。

(5) 新应用体系是面向行业、领域、场景的各类工业应用。

(6) 新用户体系是由服务提供者、工业互联网运营者及服务使用者组成的人/组织体系。

其中,"新"的含义是:体现了新时代技术与各子体系专业领域技术的新深度融合。

2. 智慧工业互联网是一种新型工业互联网系统

宏观地讲,智慧工业互联网系统是在"创新、协调、绿色、开放、共享"新发展理念的指引下,在新一代人工智能技术引领下的"人、信息(赛博)空间与物理空间"融合的"新智慧制造资源/能力/产品"智慧互联协同服务的工业互联网系统——一种新型工业互联网[47,49,51-52]。

智慧工业互联网系统的"智慧"是指在新一代人工智能技术引领下的,相互联系、层层递进的系统的"数字化、物联化、虚拟化、服务化、协同化、定制化、柔性化和智能化"(简称八化)。

智慧工业互联网在新发展理念的指引下,将具备"新技术、新模式、新业态、新特征、新内容、新目标"(简称六新)。

(1) 新技术。基于泛在新互联网,在新一代智能科学技术引领下,借助新一代智能科学技术、新制造科学技术、新信息通信科学技术及新制造应用领域专业技术

等四类新技术深度融合的数字化、网络化、云化、智能化技术新工具,构成以用户为中心的统一经营的多层新智慧制造资源/能力/产品的服务云(网),使用户通过新智慧终端及新智慧制造服务平台便能随时随地按需获取新智慧制造资源/能力/产品服务,进而优质、高效地完成制造全生命周期的各类活动。

(2)新模式。一种"用户为中心,人/机/物/环境/信息优化融合""互联化(协同化)、服务化、社会化、个性化(定制化)、柔性化、智能化"的先进制造新模式。

(3)新业态。"万物智联、智能引领、数/模驱动、共享服务、跨界融合、万众创新"的新业态。

(4)新特征。对新制造全系统、全生命周期活动(产业链)中的人/机/物/环境/信息进行自主智慧地感知、互联、协同、学习、分析、认知、决策、控制与执行的新特征。

(5)新内容。促使制造全系统及全生命周期活动中的人、技术/设备、管理、数据、材料、资金(六要素)及人流、技术流、管理流、数据流、物流、资金流(六流)集成优化的新内容。

(6)新目标。高效、优质、节省、绿色、柔性、安全地制造产品和服务用户,提高企业(或集团)的市场竞争能力的新目标。

1.3.2 智慧工业互联网概念模型

通过对工业互联网技术发展趋势的研究、总结及分析,初步勾画出智慧工业互联网的概念模型,如图1-2所示,其主要由三大实体、一个核心支持、两个过程及三类人员组成。其中,三大实体是指工业的智慧软硬资源/能力/产品、工业云池、工业全生命周期智能应用活动;一个核心支持是智慧工业互联网网络与平台,其中的网络是指适时、安全、感知、服务化、智能化的泛在网络,平台即智慧工业互联网平台;两个过程是指智慧工业资源/能力/产品的服务接入和取出过程;三类人员包括智慧工业互联网服务提供者、智慧工业互联网服务运营者、智慧工业互联网服务使用者[52]。

智慧工业互联网实质是基于云制造理念构建的智能制造系统,智慧工业互联网平台是工业互联网实现系统集成、建模和优化的重要支撑平台。基于泛在网络、智慧工业互联网,能够实现对通过智慧工业互联网平台开放接口、智慧工业互联网应用开发工具等获取的数据、信息、知识等资源的智慧感知、接入、互联与融合,并通过智慧工业互联网平台中提供的智慧工业互联网大数据/微服务/人工智能/建模仿真/数字孪生等引擎服务,实现智慧资源的合理动态优化与整合,从而实现能够打通产业链上、下游企业间、企业内外的协同化、服务化、柔性化、定制化、社会化和智能化的智慧制造与服务模式。

作者团队在文献[47]中提及的"云制造系统3.0"便是一种"智慧工业互联网"[52]。此处不再赘述。

云制造系统3.0

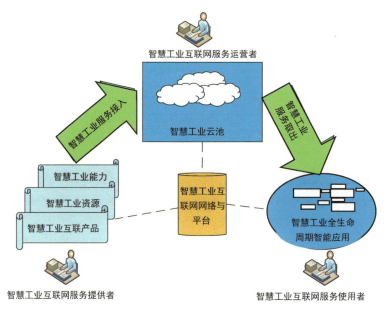

图 1-2　智慧工业互联网的概念模型

参考文献

[1] 许子明,田杨锋.云计算的发展历史及其应用[J].信息记录材料,2018,19(8):66-67.

[2] 罗晓慧.浅谈云计算的发展[J].电子世界,2019,8:104.

[3] 工业互联网产业联盟.工业互联网平台白皮书(2017)[R/OL].(2017-12-01)[2020-06-19]. http://www.aii-alliance.org/index.php?m=content&c=index&a=show&catid=23&id=186.

[4] 中国信息通信研究院.云计算发展白皮书(2018 年)[R/OL].(2018-08-13)[2021-04-09]. http://www.caict.ac.cn/kxyj/qwfb/bps/201808/t20180813_181718.htm.

[5] PETER C,EVANS,ANNUNZIATA M. Industrial internet:Pushing the boundaries of minds and machines[R/OL].(2012-12-26)[2021-01-19]. https://www.researchgate.net/publication/271524319.

[6] The U.S. Agency for International Development. Digital strategy (2020-2024) [EB/OL]. (2020-04)[2021-05-18]. https://www.usaid.gov/sites/default/files/documents/15396/USAID_Digital_Strategy.pdf.

[7] 赛迪工业和信息化研究院.美国制造业创新网络计划宪章[J].赛迪智库译丛,2020(32):1-14.

[8] 翟军,李昊然,孙小荃,等.美国《开放政府数据法》及实施研究[J].情报理论与实践,2020(8):202-207.

[9] 金晶.美国无线通信和互联网协会发布《引领 5G 的国家频谱战略》[J].电子产品世界,2019,26(6):15-19.

[10] National Science Foundation. Building the future:Investing in discovery and innovation

[EB/OL].（2018-02）[2021-05-15]. https://www.nsf.gov/pubs/2018/nsf18045/nsf18045.pdf.

[11] 全国信标委云计算标准工作组.工业云应用发展白皮书（2016）[R/OL].（2016-12-28）[2020-06-19]. http://icloudy.cechina.cn/17/0209/01/20170209013202.htm.

[12] Federal Minister for Economic Affairs and Energy Altmaier. National industrial strategy 2030 [EB/OL].（2019-11-29）[2021-05-20]. https://www.bmwi.de/Redaktion/DE/Publikationen/Industrie/industriestrategie-2030.html.

[13] 中国科学技术部.德国政府发布《高技术战略2025》[EB/OL].（2018-09）[2018-10-18]. http://www.most.gov.cn/gnwkjdt/201810/t20181018_142232.htm.

[14] Department for Digital, Culture, Media & Sport of the UK. National Data Strategy[EB/OL].（2020-09-09）[2021-05-20]. https://www.gov.uk/guidance/national-data-strategy.

[15] Department for Transport of the UK. Future of Mobility：Urban Strategy [EB/OL].（2019-03-19）[2021-05-20]. https://www.gov.uk/government/publications/future-of-mobility-urban-strategy.

[16] Department for Digital, Culture, Media & Sport of the UK, The Rt Hon Karen Bradley MP. UK Digital Strategy[EB/OL].（2017-03-01）[2021-05-20]. https://www.gov.uk/government/publications/uk-digital-strategy.

[17] The UK Government. Future of Manufacturing[EB/OL].（2013-10-30）[2021-05-11]. https://www.gov.uk/government/collections/future-of-manufacturing.

[18] 中国科学技术部.日本出台《集成创新战略》[EB/OL].（2018-06-15）[2021-05-13]. http://www.most.gov.cn/gnwkjdt/201807/t20180713_140557.htm.

[19] 中国地质编辑部.日本公布第五次能源基本计划[J].中国地质,2019,46(5):1251-1252.

[20] 日本经济产业省.2018年日本制造业白皮书[R/OL].（2018-06-13）[2021-05-13]. http://www.innovation4.cn/library/r27443.

[21] 苗圩.重点做好五方面工作,推动工业互联网快速健康有序发展：工业和信息化部长苗圩在2019工业互联网峰会上的致辞[J].装备制造与教育,2019,33(1):91-92.

[22] IDC.能源和制造业工业物联网供应商评估报告[R/OL].（2019-06）[2021-05-20]. http://www.199it.com/archives/898116.html.

[23] 中国电子学会.全球产业数字化转型趋势及方向研判[EB/OL].（2019-10-24）[2021-05-19]. https://www.cie-info.org.cn/site/term/54.html.

[24] Siemens. Siemens Sets Future Course with Vision 2020＋[EB/OL].（2018-08-01）[2021-05-20]. https://press.siemens.com/global/en/pressrelease/siemens-sets-future-course-vision-2020.

[25] 许亚情.从工业互联网平台标杆Predix的商业模式看我国工业互联网平台发展[EB/OL].（2018-08-29）[2021-05-20]. https://mp.weixin.qq.com/s/1P29kcu9K6t5jPmNo9yreQ.

[26] 中国电子信息产业发展研究院.工业互联网产业大脑平台(1.0)——工业互联网大数据白皮书[R/OL].（2021-04-25）[2021-05-20]. https://mp.weixin.qq.com/s/MvCmijiIaQNgObSOb5ZT4Q.

[27] 艾瑞咨询.中国工业互联网平台研究报告（2019年）[EB/OL].（2019-07-19）[2021-01-19]. http://report.iresearch.cn/report/201907/3416.shtml.

[28] 中国科协智能制造学会联合体.2018年日本工业物联网发展趋势[EB/OL].（2018-06-19）[2021-05-20]. https://mp.weixin.qq.com/s/W3vyMkh3ook7nb_CJL6prg.

[29] 工业和信息化部. 关于印发《工业互联网创新发展行动计划（2021—2023年)》的通知[EB/OL]. (2021-01-13)[2021-05-20]. https://www.miit.gov.cn/jgsj/xgj/gzdt/art/2021/art_ecb6ec1ddbf748eebe05ac69c086339d.html.

[30] 工业和信息化部. 工业和信息化部关于工业大数据发展的指导意见[EB/OL]. (2020-05-13)[2021-05-20]. https://www.miit.gov.cn/jgsj/xxjsfzs/wjfb/art/2020/art_7d47e435e41d45d8ac843b796470f512.html.

[31] 工业和信息化部. 工业和信息化部办公厅关于推动工业互联网加快发展的通知[EB/OL]. (2020-03-20)[2021-05-20]. https://www.miit.gov.cn/jgsj/xgj/wjfb/art/2020/art_56f2702b081743bfa6be118b6d2e336e.html.

[32] 工业和信息化部,国家标准化管理委员会. 两部门关于印发《工业互联网综合标准化体系建设指南》的通知[EB/OL]. (2019-03-08)[2021-05-20]. https://www.miit.gov.cn/zwgk/zcwj/wjfb/zh/art/2020/art_afadebda169c4a36a659144807208cb4.html.

[33] 工业和信息化部. 关于印发《工业互联网发展行动计划(2018-2020年)》和《工业互联网专项工作组2018年工作计划》的通知[EB/OL]. (2018-06-07)[2021-05-20]. https://www.miit.gov.cn/zwgk/zcwj/wjfb/zh/art/2020/art_3feeff24ae854421b06134a9efd73753.html.

[34] 国务院. 国务院关于深化"互联网＋先进制造业"发展工业互联网的指导意见[EB/OL]. (2017-11-27)[2021-05-20]. http://www.gov.cn/zhengce/content/2017-11/27/content_5242582.htm.

[35] 工业和信息化部. 工业和信息化部关于印发《云计算发展三年行动计划(2017－2019年)》的通知[EB/OL]. (2017-04-10)[2021-05-20]. https://www.miit.gov.cn/zwgk/zcwj/wjfb/rjy/art/2020/art_d727397c4e1244f4b800256143e856f3.html.

[36] 国务院. 国务院关于深化制造业与互联网融合发展的指导意见[EB/OL]. (2016-05-20)[2021-05-20]. http://www.gov.cn/zhengce/content/2016-05/20/content_5075099.htm.

[37] 财资一家. 海尔COSMOPlat平台：赋能全球3.5万家企业丨工业互联网平台案例汇编①[EB/OL]. (2018-05-23)[2020-06-19]. https://www.sohu.com/a/232567426_494793.

[38] 中国电子信息产业发展研究院. 工业互联网平台新模式新业态白皮书[R/OL]. (2020-08)[2021-05-20]. http://www.ccidwise.com/uploads/soft/200827/1-200RF93942.pdf.

[39] 赛迪顾问. 中国工业物联网云平台产业演进[J]. 中国工业和信息化,2018(7):58-66.

[40] 开源工业互联网联盟. 开源工业互联网跟踪报告[R/OL]. (2019-09-30)[2021-05-20]. http://www.openiiconsortium.com/library/30.

[41] 魏兴. 中国工业互联网的发展陷阱——谁来主导发展的进程[J]. 卫星与网络,2021(4).

[42] 江苏省经济和信息化委员会. 关于组织实施江苏省工业互联网创新发展"365"工程的通知[EB/OL]. (2018-07-02)[2021-05-20]. http://gxt.jiangsu.gov.cn/art/2018/7/2/art_6278_7725835.html.

[43] 张璇. 工业互联网夯实浙江数字经济[EB/OL]. (2019-09-03)[2021-05-20]. http://dz.jjckb.cn/www/pages/webpage2009/html/2019-09/03/content_56959.htm.

[44] 物联网智库. 5G＋工业互联网发展评估白皮书[R/OL]. (2021-01)[2021-05-20]. http://www.iot101.com/#/instituteDetail?uuid=1358684340833357825.

[45] 边缘计算产业联盟,工业互联网产业联盟,网络5.0产业和技术创新联盟. 5G时代工业互联网边缘计算网络白皮书[EB/OL]. (2020-12-17)[2021-5-18]. http://www.ecconsortium.org/Lists/show/id/523.html.

[46] 李伯虎,张霖,王时龙,等.云制造:面向服务的网络化制造新模式[J].计算机集成制造系统,2010,16(1):1-7,16.

[47] 李伯虎,柴旭东,侯宝存,等.云制造系统3.0:一种"智能+"时代的新智能制造系统[J].计算机集成制造统,2019,25(12):2997-3012.

[48] 习近平主持召开中央财经领导小组第十一次会议强调　全面贯彻党的十八届五中全会精神　落实发展理念推进经济结构性改革[J].理论导报,2015(10):1.

[49] 李伯虎,柴旭东,张霖,等.智慧云制造:工业云的智造模式和手段[J].中国工业评论,2016(Z1):58-66.

[50] 习近平.让多边主义的火炬照亮人类前行之路[N].人民日报,2021-01-26(002).

[51] 李伯虎,柴旭东,张霖,等.新一代人工智能技术引领下加快发展智能制造技术、产业与应用[J].中国工程科学,2018,20(4):73-78.

[52] 李伯虎,柴旭东,侯宝存,等.一种新型工业互联网:智慧工业互联网[EB/OL].(2021-02-02)[2021-02-19].http://www.aii-alliance.org/zjgd/20210202/4549.html.

第 2 章
智慧工业互联网体系架构与技术体系框架

作为实现工业 4.0 和智能制造的重要手段,工业互联网受到世界工业强国的高度重视,各国领先的工业企业也在积极地进行探索和实践,目前已经初步形成一些工业互联网的体系架构、技术体系和关键技术。随着新技术的发展和推进,工业互联网的体系架构、技术体系也必然会随之发生变化。本章主要从技术角度阐述在新一代人工智能技术引领下的智慧工业互联网的体系架构和技术体系框架,并从智慧工业互联网的技术体系总体架构、软件技术体系、标准技术体系、评估技术体系、安全技术体系和支撑技术体系渐次展开,以便读者对处于新时代、新形势、新需求下的智慧工业互联网的体系架构和技术体系有一个较清晰的了解。本章还简述智慧工业互联网是云计算理念、模式、技术在工业系统中的智慧化落地、延伸与拓展,并给出智慧工业互联网的中国特色。

2.1 智慧工业互联网体系架构

智慧工业互联网是在新一代人工智能技术引领下,由相互联系、层层递进的六大新体系组成。

具体地讲,智慧工业互联网的体系架构由智慧工业资源/能力/产品层、智慧感知/接入/通信层、智慧边缘处理平台层、智慧工业互联网云端服务平台层(工业云平台)、智慧工业互联网云服务应用层、人/组织层组成,各层均有其新标准及新安全管理(图 2-1)[1-4]。

(1) 智慧工业资源/能力/产品层:本层主要包括智慧工业资源、智慧工业能力和智慧工业产品。智慧工业资源包括软工业资源和硬工业资源/系统。软工业资源是指制造过程中的各种新的工业模型、数据、软件、信息和知识等;硬工业资源/系统包括新的智能机床/机器人/加工中心/计算设备/仿真试验设备、云端智能制造单元、新材料及能源、引擎等。智慧工业能力是指制造过程中有关的论证、设计、生产、仿真、实验、管理、销售、产品运营、产品维修和集成等专业能力,包括人力/知识、组织、资金、业绩、信誉、资源、流程和产品等。智慧工业产品是指数字化、网络化、云化、智能化的工业产品[1-3]。

(2) 智慧感知/接入/通信层:本层主要通过各种新感知单元(如二维码、视频

第 2 章 智慧工业互联网体系架构与技术体系框架

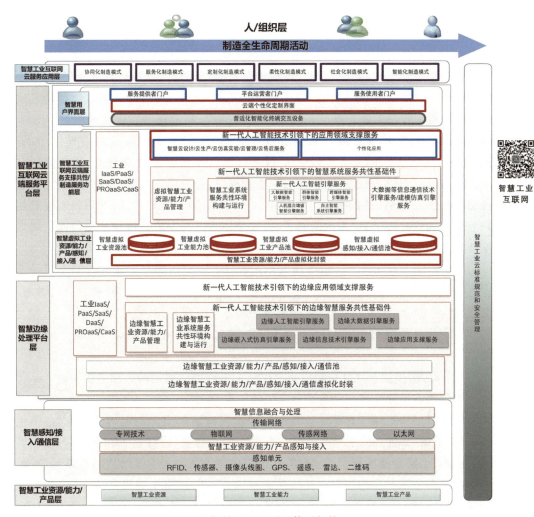

图 2-1 智慧工业互联网体系架构

识别技术（radio frequency identification，RFID）、传感器、摄像头线圈、全球定位系统（global positioning system，GPS）、遥感、雷达等）将智慧工业资源、能力、产品接入传输网络（包括专网技术、物联网、传感网络、以太网、移动互联网、卫星互联网、天地一体化互联网等），从而实现智慧资源/能力/产品等信息的智慧融合与处理[2-3]。

（3）智慧边缘处理平台层：本层主要通过对边缘侧的智慧工业资源/能力/产品/感知/接入/通信等进行虚拟化封装，形成边缘侧的智慧工业资源/能力/产品/感知/接入/通信池，并借助边缘侧智慧服务共性基础件（包括边缘智慧工业资源/能力/产品管理、边缘智慧工业系统服务共性环境构建与运行，以及边缘人工智能引擎服务/边缘大数据引擎服务/边缘嵌入式仿真引擎服务/边缘信息技术引擎服务/边缘应用支撑服务等),实现边缘侧的应用领域支撑服务能力[3]。

(4) 智慧工业互联网云端服务平台层:本层主要由智慧虚拟工业资源/能力/产品/感知/接入/通信层、智慧工业互联网云端服务支撑共性/制造服务功能层和智慧用户界面层组成。其中,智慧虚拟工业资源/能力/产品/感知/接入/通信层主要在云端实现对智慧工业资源/能力/产品/感知/接入/通信进行虚拟化封装形成的各类云池;智慧工业互联网云端服务支撑共性/制造服务功能层从共性基础支持服务和工业支撑服务两方面提供服务,在共性基础支持服务件中提供 IaaS/PaaS/SaaS/DaaS/PROaaS/CaaS① 等服务以及大数据智能引擎服务、群体智能引擎服务、建模仿真引擎服务等智能引擎服务模块,在应用支撑服务件中根据应用业务进行拓展与细化,提供智慧云设计/生产/仿真实验/管理/售后等服务;智慧用户界面层为服务提供者、平台运营者、服务使用者三类用户提供普适化智能化终端交互设备和云端个性化定制门户界面[1-4]。

(5) 智慧工业互联网云服务应用层:本层主要支持智慧工业互联网全系统及全生命周期活动中的人/机/物/环境/信息进行自主智能地感知、互联、协同、学习、分析、预测、决策、控制与执行,从而形成一种基于互联网络、以用户为中心、人/机/物/环境/信息相融合,协同化、服务化、定制化、柔性化、社会化、智能化的制造模式[1-4]。

(6) 人/组织层:由参与制造全系统及全生命周期活动的人和组织组成。

各层均有适用于本层的标准规范及安全管理要求。

该体系结构适用于智慧工业互联网的纵向范围和横向范围,系统纵向范围包括产品、设备、单元(线)、工厂(企业)、区域、城市、行业、跨行业所有层次,可以是区域、行业乃至跨行业的层次,也可以是工厂、企业的层次,还可以是制造单元、车间的层次及设备和产品的层次;系统横向范围包括制造全生命周期活动,即智慧工业互联网支持实现"智慧云论证/云设计/云生产/云仿真/云试验/云管理/云销售/云运营/云维修/云报废"等制造生命周期活动[3]。

该体系结构也适用于智慧工业互联网的端对端的连接场景。

在新一代人工智能技术引领下,智慧工业互联网体系架构具有的新特色包括:①边缘/云/端协同制造新架构;②以云计算/人工智能/大数据/新互联网/区块链/建模仿真等为代表的新信息通信技术与新制造技术融合;③感知/接入/通信层虚拟化、服务化,进而全系统实现虚拟化、服务化;④各层具有新时代"新"内涵及内容;⑤以用户为中心的新智慧制造资源/产品/能力智慧共享服务;⑥物联网体系架构在工业领域的智慧化拓展。

---

① IaaS(infrastructure as a service,基础设施即服务);PaaS(platform as a service,平台即服务);SaaS(software as a service,软件即服务);DaaS(data as a service,数据即服务);PROaaS(production as a service,产品即服务);CaaS(capability as a service,能力即服务)。

2.2 智慧工业互联网技术体系框架

智慧工业互联网的技术体系是多维的技术体系群,包括智慧工业互联网的整体架构子体系;智慧工业互联网的支撑技术子体系以及智慧工业互联网的工业软件子体系。

2.2.1 智慧工业互联网整体架构子体系

基于上述智慧工业互联网体系架构,在新一代人工智能技术引领下,智慧工业互联网的整体架构子体系涵盖系统总体技术、智慧产品专业技术、智慧感知/接入/通信层技术、智慧边缘处理平台技术、智慧云端服务平台技术、智慧产品设计技术、智慧生产/装备技术、智慧经营管理技术、智慧仿真与试验技术、智慧售前/售中/售后服务技术[3-5],如图 2-2 所示。

图 2-2　智慧工业互联网整体架构子体系

1. 总体技术

总体技术是指将智慧工业互联网作为系统工程进行研究与实施过程中涉及的总体性技术,包括在新一代人工智能技术引领下的智慧制造模式、商业模式、系统架构技术、系统集成方法论、标准化技术、安全技术、标识解析技术、系统开发与应用实施及评估技术等。其中,主要有研究支持智慧工业互联网实施的基础共性标准、总体标准、平台标准等标准化技术,研究物理安全防护技术、技术安全防护技术、管理安全防护技术等安全技术,研究面向智慧工业互联网的水平与能力评估、效能与效益评估等评估技术等[3-4]。

2. 智慧产品专业技术

智慧产品专业技术是指面向互联化、服务化、协同化、个性化（定制化）、柔性化、社会化、智能化等发展新需求，在新一代人工智能技术引领下，将新互联网技术、新一代人工智能技术、新信息通信科学技术、新制造应用领域专业技术等与工业领域的深度融合发展的智能产品专业技术。它为工业互联网相关的产业体系带来新思维和新模式，推动智慧产品向协同化、服务化、定制化、柔性化、社会化、智能化发展。其中，①协同化是指实现跨工厂、跨企业、跨供应链间的资源共享与协同。②服务化是指借助互联网、大数据、人工智能、物联网等技术推动向以服务为中心的制造方式的转化。③定制化是指根据个性化需求直接参与生产过程的方式，解决了与传统规模化、标准化生产方式之间的矛盾。④柔性化是指生产系统具有柔性能力，即在最小化无用损耗的前提下对市场需求变化做出快速的适应。⑤社会化是指在工厂、企业、供应链之间通过交互和通信共享信息、知识，相互协助完成问题求解。⑥智能化是指将产品生产制造的各环节和生产要素囊括在智能网络中，通过大数据、云计算、物联网等技术实现数据的采集、集成、分析、交互，从而支撑智能化生产管理[3-4]。智慧产品专业技术是智慧工业互联网体系架构中智慧工业资源/能力/产品层的重要支撑技术。

3. 智慧感知/接入/通信层技术

智慧感知/接入/通信层技术主要研究在新一代人工智能技术引领下的各类感知器技术、传感技术、物联技术，以及传统的互联网、物联网、车联网、移动互联网、卫星网、天地一体化网、未来互联网等感知/接入/通信技术。其中，智慧感知技术主要研究如何在多变环境、海量多态数据及多种感知方式共存的前提下，根据不同需求选择合理高效的感知技术；智慧接入技术主要研究在异构网络协同与协作下如何更好地实现资源的感知与接入；智慧通信技术主要研究在多种通信形式下如何为资源的获取、封装和调用提供良好的底层网络环境支持。

4. 智慧边缘处理平台技术

智慧边缘处理平台技术是指在云边缘，即能在产品、资源、能力边即时处理的一类平台技术，包括新一代人工智能技术引领下的边缘虚拟化/服务化技术，边缘人工智能引擎服务技术，边缘智慧制造大数据引擎服务/仿真引擎服务/区块链引擎服务技术，边缘制造技术等[3]。

5. 智慧云端服务平台技术

智慧云端服务平台技术指在云中心端做智慧服务处理的一类平台技术，包括新一代人工智能技术引领下的云端虚拟化/服务化技术；虚拟化制造服务云端环境的构建/管理/运行/评估技术,智慧虚拟化制造云可信服务技术,制造知识/模型/大数据管理、分析与挖掘服务技术;智慧制造云端智能引擎服务/仿真引擎服务技术,新一代人工智能引擎服务技术,普适人/机交互技术[4],平台标准技术[3,6],云端技术安全防护技术如拟态安全防御技术[7]等。

6. 智慧产品设计技术

智慧产品设计技术是指面向智能制造全生命周期活动的一类智能技术,如面向群体智能的设计技术,面向跨媒体推理的设计技术,物理与数字云端交互协同技术,基于数据驱动与知识指导的设计预测、分析和优化技术,云 CAX/DFX① 技术,智慧虚拟样机技术,云设计标准等。

7. 智慧生产/装备技术

智慧生产/装备技术是指智慧工业机器人、智慧柔性生产、智慧机床、智慧 3D 打印、面向跨媒体推理的智慧生产工艺、基于大数据的智慧云生产技术以及云生产标准等。

8. 智慧经营管理技术

智慧经营管理技术是指基于数据驱动与知识指导的智慧项目管理、企业管理、质量管理、电子商务,基于大数据的智慧云供应链管理、云物流管理、云资金流管理、云销售管理技术、云营销标准、云管理标准,商业安全、管理安全防护技术等。

9. 智慧仿真与试验技术

智慧仿真与试验技术是指基于数据驱动与知识指导的智慧建模与仿真技术、数字孪生技术、单件/组件/系统的智慧试验技术、基于大数据的仿真与试验技术、智慧仿真云技术,云仿真标准等。

10. 智慧售前/售中/售后服务技术

智慧售前/售中/售后服务技术是指基于大数据的智慧售前/售中/售后综合保障服务技术、智慧增值服务技术、智慧云装备故障诊断、预测和健康管理技术、云服务标准等[4]。

2.2.2 智慧工业互联网支撑技术子体系

智慧工业互联网的支撑技术子体系如图 2-3 所示,在新一代人工智能技术引

---

① CAX:CAX 是计算机辅助设计(computer aided design,CAD)、计算机辅助工程(computer aided engineering,CAE)、计算机辅助制造(computer aided manufacturing,CAM)、计算机辅助工艺计划(computer aided process planning,CAPP)、产品数据管理(product data management,PDM)的统称。DFX:design for x,基于 x 的设计。

领下,包括新制造技术、新信息通信技术、新智能科学技术与新制造应用领域专业技术[8]。

图 2-3　智慧工业互联网的支撑技术子体系

1. 新制造技术

新制造技术是指新一代人工智能技术引领下的先进工艺、元器件、材料、质量、3D打印、智能机器人、智能机床等为智慧工业互联网提供智能制造服务的基础技术[3]。

2. 新信息通信技术

新信息通信技术包括新一代人工智能技术引领下的云计算技术、物联网/物理信息系统(cyber physical systems,CPS)技术、服务计算技术、建模仿真技术/数字孪生技术、自动控制技术、高性能计算技术、大数据技术、电子商务技术、安全技术、网络技术(如 4G/5G/6G 技术)、边缘计算技术、区块链技术等,为智慧工业互联网提供了融合一体化、服务化、智能化、高效化、精确化等特点的使能技术。其中,云计算技术为智慧工业互联网提供信息、资源与能力的存取/共享/协同及智能计算使能技术;物联网/CPS 技术为智慧工业互联网提供"人/机/物/环境/信息"融合一体使能技术;服务计算技术为智慧工业互联网提供制造资源/能力的服务化使能技术;建模仿真技术/数字孪生技术为智慧工业互联网提供基于模型的高效智能研制与运行使能技术;自动控制技术为智慧工业互联网提供自动监控、运行、评估、服务使能技术;高性能计算技术为工业互联网求解复杂制造问题和开展大规模智能协同制造使能技术[9];大数据技术为智慧工业互联网提供全生命周期活动的精准化、高效化、智能化使能技术;电子商务技术为智慧工业互联网提供全生命周期中的商务活动使能技术;安全技术为智慧工业互联网提供系统安全使能技术;网络技术为智慧工业互联网提供随时随地按需获取信息传输使能技术;边缘计算技术为智慧工业互联网提供快速端计算使能技术;区块链技术为智慧工业互联网提供安全使能技术[3]。

3．新智能科学技术

智能科学技术是一门研究人类智能行为的基本理论和实现技术的交叉科学技术。智能科学不仅要进行功能仿真,而且要从机理上研究和探索智能的新概念、新理论、新方法。智能的研究不仅要运用推理,自顶向下,而且要通过学习,由底向上,两者并存。智能科学运用综合集成的方法,对开放系统的智能性质和行为进行研究。在智慧工业互联网的支撑技术体系中,新智能科学技术包括脑科学、认知科学、人工智能等科学技术,为智慧工业互联网提供人/机/物/环境/信息的智能感知、认知、学习、分析、融合、运算、监控和处理使能技术[3]。

4．新制造应用领域专业技术

新制造应用领域专业技术包括新一代人工智能技术引领下的信息通信技术产业、高档数控机床和机器人、航空航天装备、海洋工程装备及高技术船舶、轨道交通装备、节能与新能源汽车、电力装备、新材料、生物医药及高性能医疗设备、农业机械装备、家电等行业的专业技术,它们为智慧工业互联网提供应用领域需求及应用专业技术[3]。

2.2.3　智慧工业互联网软件技术子体系

智慧工业互联网软件技术子体系如图 2-4 所示,在新一代人工智能技术引领下,由系统软件技术、平台软件技术以及应用软件技术组成。

图 2-4　智慧工业互联网软件技术子体系

1．智慧工业互联网系统软件技术

智慧工业互联网系统软件技术主要研究操作系统软件技术、物联网与网络化协同技术等。面向移动互联网、物联网、数字化产品与智能化成套装备需求,重点研究高安全、高可信的终端操作系统与嵌入式操作系统,实现与主流控制设备、中央处理器(central processing unit,CPU)与总线协议的适配,并在此基础上研发出一套嵌入式软件接口、组态语言与集成开发环境,形成嵌入式操作系统的安全性及可信性测评软件和标准。包括智慧制造服务器操作系统技术、桌面操作系统技术、移动终端操作系统技术和嵌入式操作系统技术、面向新形态计算机的操作系统技术等多模态操作系统技术,以及智能芯片编译技术、制造业编程语言技术、低功耗实时计算技术、终端智能分析技术、终端人机交互技术等。面向物联网终端与云端智能协同需求,研究终端与云端数据的交换融合技术、环境自适应采样技术、分布式消息传输技术、智能化分析协同技术等[3]。

2. 智慧工业互联网平台软件技术

面向云端系统资源服务化的需求,智慧工业互联网平台软件技术主要研究架构即服务软件技术,突破软件定义网络、软件定义存储、软件定义计算等关键技术,从而实现资源的虚拟化与服务化。研究内容包括:新一代人工智能技术引领下的智慧工业资源/能力感知软件技术、物联软件技术;智慧制造资源/能力虚拟化/服务化软件技术;智慧虚拟化制造服务环境的构建/管理/运行/评估软件技术;智慧虚拟化制造系统可信服务软件技术;智慧制造知识/模型/异构多模态大数据管理、分析与挖掘软件技术;普适人/机交互软件技术[3,10];异构数据知识图谱构建及管理软件技术[11],等等。

3. 智慧工业互联网应用软件技术

智慧工业互联网应用软件技术主要根据智慧工业互联网平台的柔性化与快速定制化开发的需求,研究构建面向工业领域重点行业的软件资源库;面向领域应用共性需求,研究领域通用的应用中间件软件技术;面向工业互联网物联化、服务化、协同化、定制化、柔性化、智能化新模式的特点,研究基于数据驱动、知识驱动的智慧制造产品设计软件技术、生产软件技术、管理软件技术、仿真与试验软件技术及服务软件技术[3];工业可视化编程软件技术等。

2.3 智慧工业互联网是新时代云计算在工业制造领域的智慧化落地、延伸和拓展

在新一代人工智能技术引领下,智慧工业互联网在云计算提供的 IaaS、PaaS、SaaS 基础上,是云计算理念、模式、技术在工业制造领域的智慧化落地、延伸和拓展[10]。它延伸、拓展了云计算的共享内容、服务内涵、应用模式、支撑技术。如图 2-5 所示。

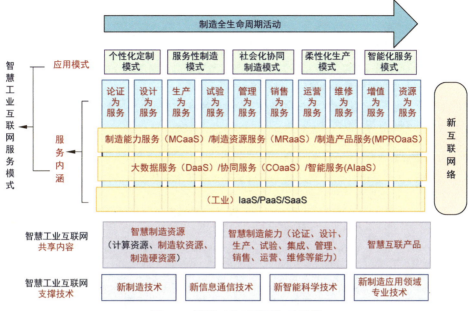

图 2-5　智慧工业互联网与云计算

注：MCaaS (manufacturing capability as a service)；MRaaS (manufacturing resource as a service)；MPROaaS (manufacturing production as a service)；COaaS (cooperation as a service)；AIaaS (artificial intelligence as a service)

2.4　智慧工业互联网的中国特色

围绕提高制造企业市场竞争力的目标，以两化融合为主线，智慧工业互联网的中国特色体现在以下四个方面。

（1）突出问题（制造大国向制造强国迈进）导向牵引智慧工业云建设，加快推进中国制造的五个转型升级（由要素驱动向创新驱动转型升级；由传统制造向数字化、网络化、智能化制造转型升级；由粗放型制造向质量效益型制造转型升级；由资源消耗型、环境污染型制造向绿色制造转型升级；由生产型制造向生产＋服务型制造转型升级）。

（2）突出在新一代智能科学技术引领下，建立智慧工业互联网新手段、新模式、新业态为核心的系统，实现"众智、众包、众扶、众筹"的"万众创新，大众创业"。

（3）突出工业 2.0/3.0/4.0 同步发展，即处于数字化、网络化、智能化不同阶段的制造企业皆能在智慧工业互联网中实现"信息互通、资源共享、能力协同、产品智造，互利共赢、万众创新"转型升级。

（4）突出发挥"政、产、学、研、金、用"的团队力量。

参考文献

[1] 李伯虎,柴旭东,张霖.智慧云制造:一种互联网与制造业深度融合的新模式、新手段和新业态[J].中兴通信技术,2016,22(5):2-6.

[2] 李伯虎,柴旭东,张霖,等.面向新型人工智能系统的建模与仿真技术初步研究[J].系统仿真学报,2018,30(2):349-362.

[3] 李伯虎,柴旭东,侯宝存,等.云制造系统3.0:一种"智能+"时代的新智能制造系统[J].计算机集成制造系统,2019,25(12):2997-3012.

[4] 李伯虎,柴旭东,张霖,等.新一代人工智能技术引领下加快发展智能制造技术、产业与应用[J].中国工程科学,2018,20(4):73-78.

[5] 李伯虎.新一代人工智能技术引领中国智能制造加速发展[J].网信军民融合,2018(12):9-11.

[6] 关鸿鹏,李琳,李鑫,等.工业互联网信息安全标准体系研究[J].自动化博览,2018(3):50-53.

[7] 邬江兴.网络空间拟态防御导论[M].北京:科学出版社,2017.

[8] 柴旭东.中国企业的工业互联网实践:以航天云网为例[J].中国工业和信息化,2018(7):48-57.

[9] 申玉文,李潭,郭丽琴.基于COSIM云仿真平台的建模方法研究[C]//中国自动化学会系统仿真专业委员会、中国系统仿真学会仿真技术应用专业委员会、中国系统仿真学会离散系统仿真专业委员会.系统仿真技术及其应用(第16卷).2015:422-425.

[10] 李伯虎,柴旭东,张霖,等.智慧云制造:工业云的智造模式和手段[J].中国工业评论,2016(Z1):58-66.

[11] 刘峤,李杨,段宏,等.知识图谱构建技术综述[J].计算机研究与发展,2016,53(3):582-600.

技　术　篇

  技术篇论述智慧工业互联网涉及的关键技术，主要包括在新一代人工智能技术引领下，借助新一代智能科学技术、新制造科学技术、新信息通信科学技术及工业领域专业技术等4类新技术深度融合而形成的智慧工业互联网资源技术、智慧工业互联网系统总体技术、感知/接入/通信层技术、边缘处理平台技术、云端平台技术、云设计/生产/装备/管理/试验/服务技术及系统安全技术等。

第3章 智慧工业互联网系统总体技术

本章主要论述智慧工业互联网商业模式、智慧工业互联网系统集成技术、智慧工业互联网系统实施技术、智慧工业互联网系统评估技术、智慧工业互联网系统安全技术。

3.1 智慧工业互联网商业模式

智慧工业互联网是新一代人工智能引领下新型信息通信技术与工业深度融合形成的新业态新模式,其产业发展趋势与商业模式比互联网更多样化,需要创新突破。智慧工业互联网商业模式聚焦用户价值主张,面向小微企业、中小企业、大型集团企业、政府等典型用户需求,为用户提供平台门户、云制造、大数据应用、创新创业、供需对接、产融结合等产品及服务。通过交易结构设计,促进工业互联网与用户之间开展广泛且可信的交易活动,建立起紧密、可信赖的交易关系,共同构建工业互联网产业生态系统,形成工业互联网商业模式总体结构[1],如图3-1所示。

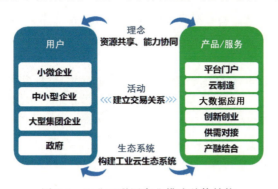

图 3-1 工业互联网商业模式总体结构

3.1.1 产品服务商业模式

围绕平台服务、开发者服务、智能制造、大数据应用等产品服务,联合各类用户,引进工业互联网金融服务,强化大数据技术服务、信息安全服务、数据中心服务及生态系统配套服务支撑能力,形成完善的商业生态。

1. 平台门户服务

平台门户作为工业互联网的核心窗口，是工业互联网平台的重点服务主体，其商业模式建立在海量用户和用户访问的基础上。通过良好的用户体验和高质量的用户服务，获取并留住用户，采用会员制度、套餐制度等模式，向不同规模、不同行业领域的企业用户提供差异性的高阶服务，形成活跃用户，实现工业互联网平台的用户价值。海量用户会带来海量的访问量，可以促成商家的信息有效传递，实现工业互联网平台的广告价值。海量用户又分为供应方和需求方，双方在平台上发布供应和需求信息，产生交易，实现工业互联网平台生态价值。

(1) 广告宣传服务。广告宣传服务包括工业互联网平台各层级页面上的固定广告位、专题/专栏推荐、软文推广等，还可进一步拓展站外广告投放和线下推介会等。

(2) 增值套餐服务。用户免费注册，享用平台提供的基本服务；将询盘优先权、商机资源推荐、店铺装修、展示优先级、企业身份认证、广告、竞价排名等增值的资源及功能打包形成套餐服务。

(3) 企业认证服务。工业互联网平台可依据一定规则条件，对入驻企业进行分级认证，分为企业身份实名认证、能力认证、特定行业合格供方认证、各行业标准认证等。获得不同认证等级资质的平台企业用户享受差异化的平台服务，在平台上开展差异化的业务。

(4) 搜索排名服务。工业互联网平台可面向平台用户提供搜索排名服务，包括固定搜索排名及竞价排名等。在平台检索页设计不同推广栏位，为部分用户提供优先展示商品、服务、能力的服务。

(5) 营销优化服务。基于对平台数据的分析挖掘为平台用户提供有助于其更好地开展业务的营销优化服务，包括精准营销、客户流量数据分析报表、营销优化等服务。

(6) 技术服务。为有需要的平台用户提供个性化店铺、定制化专区、代运营等技术服务。

(7) 政府集采服务。为政府集采业务提供技术支持、招投标等服务。

(8) 信息安全服务。免费提供平台信息安全基础服务，基于工业互联网平台的信息安全能力，为有定制需求的企业提供信息安全系统解决方案，输出项目建设实施服务。

(9) 基础设施公共服务。免费面向平台用户提供一定存储空间和计算能力的云存储及云计算等基础设施公共服务，对于超过限定能力的需求，提供弹性扩容等增值服务。

(10) 生态系统配套服务。工业互联网平台可引入物流、咨询、法律、审计等第三方服务商的服务，开展联合运营，为平台用户提供成熟、全面而多样的配套服务。

2. 云制造服务

（1）云协作交易服务。通过工业互联网平台促成交易，并结合金融服务，向用户提供商机对接、担保支付等服务。

（2）云资源使用服务。对于"云化"（可在线使用）的资源，可采取计时计费的方式向用户提供服务；对于非"云化"（不可在线使用）的资源，可按照短时租赁或永久使用的方式对外提供服务。

（3）诊断咨询服务。针对具有智能化改造需求的企业用户，通过工业互联网平台整合优秀供应商和智能化专家，为企业提供诊断评估服务，提供智能制造改造诊断说明、初步改造方案。

（4）智能产线设计实施服务。基于工业互联网平台，为企业提供自动化、智能化机械加工生产线、试验调试生产线的设计、仿真及实施服务。

（5）资源能力接入服务。基于工业互联网平台，提供设备数据采集与能力接入服务，在明确企业需要接入云平台的业务内容的基础上，制定云平台数据集成规范、制定软件层与设备层的相关技术标准，为企业提供 DaaS 平台服务及相关接口开发服务，实现企业设备上云、业务上云。

3. 大数据应用服务

（1）平台大数据产品。基于工业互联网平台进行数据分析挖掘，并整合外部数据资源，提供基于平台的大数据产品，以及衍生大数据分析产品，如行业分析报告、市场分析报告等。

（2）工业大数据集成平台。提供设备资产的标准安全接入、数据管理、数据分析等云服务。基于平台汇聚整合的数据形成行业的经验知识库，支撑经营决策与生产流程优化。结合智能制造业务提供定制化的工业大数据解决方案，提升企业用户综合竞争力。

4. 创新创业服务

（1）创业团队多元服务。工业互联网平台可与第三方进行商业合作，为创业团队提供多元化的线上服务，包括企业信息化服务、在线培训、咨询服务等。

（2）创业投资服务。联合第三方资产公司共同成立创投基金，为具有潜力的企业或团队提供创业投资服务。

5. 供需对接服务

（1）招标服务。为用户提供招标代理服务。

（2）商城服务。工业互联网平台的工业品商城可为供给侧用户提供线上销售服务，拓展渠道，促成交易。

（3）阳光采购服务。采取组织团购、众筹等活动，整合平台用户共性需求，通过淡季提前备货、供应商谈判等方式降低采购成本，为企业提供集采服务。

（4）定制产品（自营）服务。通过平台数据分析，挖掘市场稀缺资源或其他利润空间较大的产品资源,委托第三方制造,依托工业互联网平台品牌和质保体系,为企业提供高品质的产品。

(5) 产品认证/监制服务。工业互联网平台也可不介入产销,对符合一定条件、资质的产品以平台品牌的认证和监制,提升产品价值,服务供给侧用户。

6. 产融结合服务

(1) 产融结合云服务。免费面向金融机构开展基础服务,免费面向平台用户提供产融结合公共服务。面向重点金融机构提供定制化门户设计实施服务和运维服务。

(2) 金融产品和创新服务。提供支付结算、融资等金融配套服务。为需求侧企业用户提供信用证等中间业务增值服务。此外,还可提供代监管服务,通过对注册企业在平台上经营情况的分析,实时监控预测其贷款偿还能力,为银行等客户提供贷款企业的代监管服务;投资咨询服务,例如开展投资项目的在线路演、线下路演活动及投资顾问、优质项目推介等。

3.1.2 细分客户商业模式

1. 小微企业

针对小微企业用户群,工业互联网平台可免费或低价提供全方位的创新创业服务。采用会员制度、套餐等方式,为用户提供平台门户推广服务、信息安全服务、IT基础设施服务和供需对接服务;并可联合第三方法律、金融、审计等平台合作伙伴,提供在线培训、业务咨询等公共配套服务;还可通过按需租用的方式,提供基于工业互联网平台的研发设计、生产制造和经营管理等云化工业应用服务和产品。

2. 中小型企业

工业互联网平台可为中小型企业提供云制造、供需对接、平台门户等生态系统配套服务。提供在线诊断、线上云协作、云资源共享等云制造服务,以及线下企业智能化改造的建设运维服务。还可以采取平台门户增值服务套餐的形式,为中小型企业提供云制造系统解决方案。在中小型企业融资方面,结合中小型企业在工业互联网平台的行为分析,撮合金融机构与中小型企业开展融资。通过平台产品认证和监制,为中小型企业提供产品品牌背书服务,提升产品品牌价值及信誉度。

3. 大型集团企业

针对大型集团企业用户,工业互联网可提供的服务包括:搜索排名提升、营销优化、优先询盘、企业认证、专属店铺门户设计、广告推送等平台门户服务;智能产线设计实施、智能设备改造、设备上云等云制造服务;基于云平台的行业分析、市场分析、专属数据挖掘等大数据服务;招投标等供需对接服务。通过云平台整合社会资源,提升大型集团企业网络化协同能力,挖掘新动能。

4. 政府

针对政府、产业园区、行业协会等用户,工业互联网可重点提供以下服务:特定区域、特定行业的产业集群平台门户定制化服务;园区研发设计,企业经营管理的业务上云、设备上云、设备改造等云制造服务;舆情监控、产能预测等大数据分析服务;政府集采、招投标等供需对接服务;还可调动区域金融机构,依托工业互联网制定针对性的产融政策,为政府扶持政策落地提供有力支撑。

3.2 智慧工业互联网系统集成技术

3.2.1 系统集成技术的内涵

工业互联网系统集成技术包括基于智能制造要素之间的横向、纵向以及端到端的3类集成。其中,横向集成实现产品设计/生产/管理/销售/运营等制造全生命周期活动的集成,构建智能集成制造系统价值链上的生态系统;纵向集成实现不同层级各系统之间的集成,打造从原材料到产品销售的智慧化产业链;端到端集成是数字世界和现实世界在整个产品全生命周期及不同企业间的集成,使各种不同信息终端和数字化的物理终端联通,实现制造资源、能力、产品基于工业互联网和工业互联网平台的动态集成、最优配置和智能协同。

3.2.2 系统集成的关键技术

工业互联网通过系统集成技术,支持生产关键要素模型、制造资源、制造产品、制造能力、专业知识等进行集成,并实现数据分发管理、时间同步管理,形成跨部门、跨企业、跨地域的协同设计、管理与决策,促使制造系统中各类活动中的信息流、控制流和知识流集成优化运行,进而提供智慧研制与运行使能技术,改善企业的时间(T)、质量(Q)、成本(C)、服务(S)和知识(K)等生产管理要素。

1. **横向集成技术**

工业互联网系统横向集成从全产业链出发,主要解决企业之间的信息共享、资源整合和社会化协作等问题,构建工业互联网系统价值链上的生态系统。横向集成旨在实现论证/设计/生产/仿真/实验/管理/销售/运营/维修/报废等制造全生命周期活动的集成,进行不同环节之间的协调,消除企业各环节或产业链上各企业之间的交互的冗余和非增值过程,提高产业链上、下游企业之间包括需求分析定义、概念设计、详细设计、加工生产、训练使用、维护和报废等各环节的合作效率,从而产生更大的社会经济效益。

横向集成将原先集中于企业内部的价值创造活动拓宽到企业之间,使不同企业的系统之间实现数据、信息的共享和业务流程的协同,提供包括方案论证、产品设计、生产资源调度、柔性排产、生产制造执行和质量保障服务等在内的智能化应用服务,实现产品全生命周期的业务和数据集成,进而实现企业与企业、企业与产品之间的生态化协作,在社会范围内实现技术流、管理流、数据流、物流和资金流的共享集成和优化应用。

2. 纵向集成技术

工业互联网系统纵向集成技术主要解决企业内部的信息孤岛,实现不同层级各系统之间的集成,使企业内部所有环节的信息实现无缝对接,打造从原材料到产品销售的智慧化产业链,提高企业生产的柔性和企业的生产效益。在工厂内部,通过纵向集成将传感器等制造装备、各层次智能生产单元、工业机器人、生产车间、产品和管理等有机地整合在一起,实现模型、数据、信息和算法等信息在企业决策层、管理层、计划层、执行层以及设备层等各层级之间的下达、执行、反馈。此外,通过模块化的工业互联网系统集成方法,可以在不同层级上根据需求对企业的生产要素和网络拓扑进行快速调整,更好地满足个性化产品生产的需求。

工业互联网系统纵向集成可以分为装备和产品集成、车间集成、企业/工厂集成、行业集成几个层级。

1) 装备和产品集成

装备和产品集成可实现如工业机器人、智能机床、3D打印设备和CAE软件等智能集成制造装备的互联、集成和管控,实现汽车产品、航空航天产品、智能家居产品等不同领域的智能集成制造软硬件产品的集成。

2) 车间集成

车间集成是指在生产装备和产品集成的基础上,基于车间级的运营中心,实现装备与生产线、仓储与物流、制造执行管理、车间生产决策等环节的集成和统一管理,提高生产车间的生产效率和管理透明度。

3) 企业/工厂集成

企业/工厂集成可实现企业内跨部门的协作,实现智能设计、智能试验、智能生产、智能保障和智能管理等部门数据、业务、流程等集成、共享和协同,使企业/工厂的数据/信息可以自上而下或自下而上地流动和有效利用,提升企业的生产效益和价值。

4) 行业集成

行业集成旨在实现同行业内各企业的设计研发、生产制造、服务保障等资源的集成和优化配置,实现行业知识、数据、信息等在一定规模上的共享。行业集成实现了制造研发组织、生产工厂、物流公司、产品经销、金融服务、行业管理等部门之间的协作和行业内纵向一体化管理。

3. 端到端集成技术

工业互联网系统端到端集成是数字系统和物理系统在整个产品全生命周期及不同企业间的集成,使各种不同信息终端和数字化的物理终端联通,打破信息孤岛,实现制造资源、能力、产品基于平台的动态集成、最优配置和智能协同,构建产业链生态。

端到端的集成是以工业互联网平台为核心,通过制造资源、能力和产品接入云平台,在平台上形成制造业数据服务能力,通过数据中台、制造中台、业务中台形成数据服务枢纽以及可共享和复用的工业服务能力。企业能够快速搭建研发设计、生产制造、运维监测以及经营管理的业务管理流程,快速聚合数据与业务,打通整合内外新旧业务系统,实现跨环境、跨应用系统之间的互通集成和管控,为企业解决效率问题,降低创新成本,满足推动定制化和个性化的业务,适应企业产品快速创新。

3.3　智慧工业互联网系统实施技术

智慧工业互联网在新一代信息技术与制造业深度融合的背景下,为加快企业转型升级提供了切实有效的手段。我国制造业高质量发展需求迫切,十分重视工业互联网实施和落地应用。工业和信息化部印发《推动企业上云实施指南(2018—2020年)》,推动企业上云,加速智慧工业互联网应用普及。

在政府统一引导下,立足各地资源优势,工业互联网实施从工业企业、产业以及区域的实际需求与问题出发,按照"总体规划、有限目标、注重实效、构建生态"的原则,统一规划、总体设计,依据政策、资源的分配要求,按照优先级和条件成熟度,逐步实施、分步投入,推动企业能力上云、设备上云,以及管理和业务上云。基于工业互联网平台的应用,打造"信息互通、资源共享、能力协同、开放合作、互利共赢"的新工业生态,提升制造业整体的智能化水平。

3.3.1　实施内容

智慧工业互联网系统面向大/中/小企业的痛点及需求,按照企业登云、企业数字化转型、企业智慧化提升3个阶段,实施企业上云服务,持续推进大/中/小企业数字化、智能化转型。其中,企业登云是基础,实现企业能力上云;企业数字化转型是核心,实现企业业务、设备、产线上云;企业智慧化提升是终极目标,助力企业智慧化运营,实现企业上云价值最大化(图3-2)。

以航天云网INDICS平台提供企业上云,构建工业互联网生态系统为例,针对不同行业、领域和地区企业的应用问题,积极探索企业上云、上平台的典型场景及实施路径,如图3-3所示。

在设备层,企业基于航天云网自主研发的工业物联网网关产品采集、转换、处理生产设备数据,并借助物接入工具将设备运行状态及设备能力数据等(包含工业机器人、数控机床、PLC辅助机床等工业设备产品及PLC/传感器)上传至工业互联网平台。基于工业互联网平台提供的装备资产管理等工具,进行设备远程运维

图 3-2　企业上云阶段

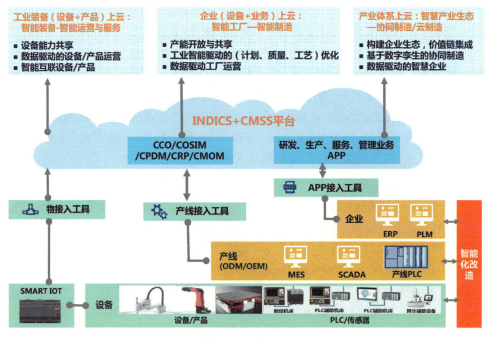

图 3-3　企业上云

监控及预测性维护，支撑设备能力共享、数据驱动设备运营，实现产品的智能化和智能服务。

在企业层，通过智能化改造，借助产线接入工具将线下系统，包含制造执行系统（manufacturing execution system，MES）、数据采集与监视控制系统（supervisory control and data acquisition，SCADA）、可编程控制系统（programmable logic controller，PLC)等接入工业互联网,运行状态、产能数据等相关产线数据上传至工业互联网平台,借助工业互联网的协同设计、协同生产等云工具,支撑企业产能开放与共享,基于有限能力的云端排产,工业智能驱动的计划、质量、能耗等方面优化,以数据驱动生产线运营,实现产线上云。

在产业层,借助 APP 接入工具将线下的企业资源计划(ERP)系统、产品生命周期管理(PLM)等业务系统与 INDICS 平台集成,通过基于云平台的协同设计应用支撑基于外部生态链的设计工艺协同,包括:和客户的研发设计工艺协同,和外协配套厂商的研发设计工艺协同;通过基于云平台的协同生产应用支撑基于外部生态链的多用户订单协同,跨企业跨地域以订单为核心的运营协同;通过企业整体业务上云支撑构建企业全价值链生态圈、基于模型的企业(model based enterprise,MBE)的协同制造、数据驱动的智慧企业。

1. 企业登云阶段

登云阶段是企业了解、使用工业互联网平台的初级阶段,是实现企业上云的基础,主要实现企业能力上云。在企业登云阶段,企业通过平台支撑,发布企业需求与能力,通过在线订单的处理和产业链资源的共享等来拓展商机、完成资源配套。

在登云阶段,针对中小型企业以及信息化基础较为薄弱的企业,基于工业互联网平台,提供云端存储、计算、网络和安全服务。企业按需分类使用云存储资源,提高数据存储的经济性、安全性和可靠性。按照企业业务需求,弹性快速地使用工业互联网平台云服务器资源,实现计算资源集中管理和动态分配。

2. 企业数字化转型阶段

数字化转型是实施企业上云的核心,其目标是实现企业产品、技术、质量的提升和成本控制,通过云端服务支持企业智能化改造,实现企业信息化、数字化转型。通过智能化改造,实现工业设备的接入,获取设备运行数据,并通过大数据分析实现针对设备的运营。在设备大数据、运营大数据基础上实现企业管理功能的优化和决策的支撑。

在数字化转型阶段,通过对企业的智能化改造实施,实现企业的设备、产线、业务接入云端,通过应用工业互联网平台上的产品和服务,全方面优化企业产能、质量、成本及能耗。主要包括工业设备(设备+产品)上云、企业业务(设备+业务)上云、企业产线(设备+产线)上云三个部分。

(1) 工业设备(设备+产品)上云。通过智能网关实现生产设备和智能产品接入云平台,对设备/产品运行数据进行实时监控,支撑设备远程运维、能力共享,其中典型的解决方案有企业工业装备上云解决方案。

(2) 企业业务(设备+业务)上云。企业借助 APP 接入工具将线下的业务系统与工业互联网平台集成,通过业务上云和设备上云,支撑企业研发设计、生产制造、采购营销和运行管控等业务协同的解决方案,其中典型的解决方案有云端业务工作室、云端营销和云集采购等。

(3) 企业产线(设备＋产线)上云。通过自动化输送线、智能传感器等集成应用,实现设备和产线自动化升级、在制品与设备间信息互通,以适应个性化定制生产模式下的智能生产。通过智能化的改造升级,借助产线接入工具实现产线接入工业互联网系统,通过系统信息管理和数据交换,实现企业研发、设计、经营、生产的业务相关数据能够在不同的业务系统、不同的生产单元进行互通,消除信息孤岛。

3. 企业智慧化提升阶段

在智慧化提升阶段,实现数据驱动的商业模式创新发展,构建智慧工业互联网生态,实现企业整体上云,重塑企业核心竞争力。通过企业的整体上云,构建企业完善的平台产品和服务体系,支撑企业智能制造、云制造和协同制造模式,通过对企业各类运行数据的获得、分析和应用,来驱动智慧企业的运营,提升企业智能化水平。

智慧化提升是企业上云的最终目标,在前两个阶段的基础上,基于工业互联网平台形成的云制造产业生态实现社会化协同制造和协同创新创业,通过对平台上企业各类运行数据的获取、分析和应用,支撑企业在数据驱动下智慧化运行。通过智慧化提升,将工业思维与产业整合能力融合创新,对企业资源进行网络化动态配置,推动工业体系由封闭走向开放,通过产业体系上云,促进制造业发展模式转变,构建新的产业生态。其中典型的解决方案有企业智能化评估诊断、质量认证服务、基于工业共联网的创新创业等。

通过实施企业上云,中小型企业能以最低的成本快速聚集需要的制造资源,实现数字化、网络化、智能化产品的研制;大规模企业可以灵活地整合企业内部资源,同时接入社会化制造资源,盘活竞争机制,实现工业制造资源/能力的优化配置,提升产品研制全产业链数字化、网络化、智能化水平,提高企业运行效率,促进转型升级。

实施企业上云,有利于更好地促进各类信息技术在企业中的普及应用,加速企业IT基础设施的更新发展,从而降低企业IT总体成本。企业以工业互联网平台为基础,应用线上、线下相结合的工业互联网服务,实现企业信息流带动技术流、资金流、人才流、物资流,有效整合优化设计、生产和市场资源,实现产业链上、下游的高效对接与协同创新,重塑生产组织方式和创新机制,支撑企业实现智能化生产、网络化协同、个性化定制、服务化延伸和数字化管理,最终实现智慧企业运营模式。

3.3.2 实施方法

通过对企业进行基于工业互联网的智能化改造实施,实现企业的设备、产线、业务接入云端,通过应用工业互联网平台上的产品和服务,全方面优化企业产能、质量、成本及能耗。企业实施智能化改造主要有以下五步,如图3-4所示。

(1) 企业智能云制造能力成熟度评估诊断。基于工业互联网平台的智能云制

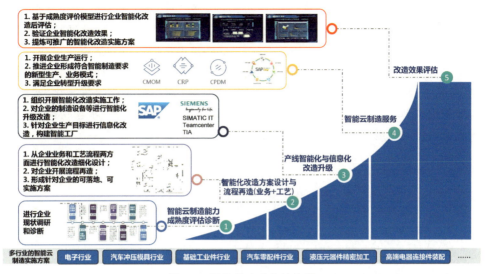

图 3-4　智能化改造实施步骤

造成熟度评估是基于工业互联网平台智能工厂的载体,对企业实现智能制造、云制造实践过程的展现。评估方案从企业的系统层级和产品生命周期两个维度出发,衡量企业的数字化、互联化、智能化和云化特征,对企业的智能化整体水平进行评估。

(2) 企业智能化改造方案设计与流程再造。从企业业务和工艺流程两方面进行智能化改造细化设计和流程再造,形成针对企业的可落地、可实施方案,实现企业信息分析、业务管理的流程化和体系化,实现信息高度集成和互联互通。

(3) 企业产线智能化与信息化改造升级。一方面,通过自动化输送线、智能传感器的集成应用,实现设备和产线自动化升级,并采用信息化手段,实现在制品与设备间信息互通,适应个性化定制生产模式下的智能生产;另一方面,通过系统信息管理和数据交换,实现企业研发、设计、经营、生产的业务相关数据能够在不同的业务系统、不同的生产单元进行互通,消除信息孤岛。

(4) 智能云制造服务。以云服务形式支持企业智能化改造,实现企业信息化、数字化,基于模型的产品全生命周期应用,数据驱动的产品与企业运营,实现企业设备、产线、业务上云。

(5) 改造效果评估。基于企业智能化成熟度评估模型,在企业智能化改造进行后评估,验证企业智能化改造效果,评价企业上云价值效应,提炼可推广的智能化改造实施和企业上云实施方案。

1. 企业制造能力成熟度评估诊断

基于工业互联网平台的企业智能化水平成熟度评估模型是基于工业互联网平台的智能化工厂的实际载体,对企业实现智能制造实践过程的展现。数字化、互联化和智能化是企业实现智能制造核心层次的展开,生命周期维度是对智能制造核心能力的分解，系统层级维度或业务流程维度则分别从基于云平台的智能制造系统架构或企业的生产运营业务流程划分评价层次。通过对每个环节进行分级，每一级别划分相应的要求，构成智能制造能力成熟度模型。通过评估企业对数字化、信息化等智能制造技术的应用水平，衡量企业制造资源与能力的服务化和云化程度，考量企业制造资源与能力的共享和协同情况，全面把握企业的数字化、互联化和智能化水平，为企业的智能化改造建设提供参考依据。基于工业互联网的企业智能化水平成熟度评估模型架构如图3-5所示。

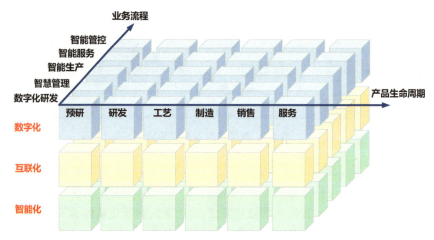

图3-5 基于工业互联网的企业智能化水平成熟度评估模型架构

从企业的业务流程和产品生命周期两个维度出发，结合数字化、互联化和智能化3个层次，对企业的智能化水平进行评估。业务流程维度包括数字化研发、智慧管理、智能生产、智能服务和智能管控5个要素，从企业生产运营业务的角度衡量企业的智能化水平；生产周期维度从产品的预研、研发、工艺、制造、销售和服务的各个环节出发，通过衡量每个环节的智能化水平，综合体现企业的智能化成熟度。

针对企业在开展智能制造过程中，对智能制造的理解不统一，对自身智能制造的定位、现状和发展路径不明确，缺少系统的方法论来指导实施，缺少行业内实施智能制造的经验和做法案例等问题，根据标准化的企业智能化咨询评估流程和方案，针对传统制造企业存在的共性问题，以线上调研问卷与线下现场诊断相结合的方式，从产品全生命周期和企业系统层级两个维度综合分析企业现状，为企业提供咨询评估服务，帮助企业明确智能制造演进路径、定位技术成熟等级、识别智能化水平差距、确立阶段化升级目标、实施科学化改进手段。

2. 企业智能化改造设计

根据企业咨询评估结果和用户需求，依托丰富的技术资源和制造企业智能化改造经验，基于智能制造整体规划和系统集成方案，通过体系化的规划实施方法和手段，依托协同设计平台、试验验证平台，综合统筹应用智能制造产品体系、行业知识库和专家库、系统集成能力等,从管理维度、运营维度以及 IT 信息化维度,按照智能工厂、智能车间和智能产线的层级关系,建立顶层框架,形成智能化改造规划方案。

3. 企业产线智能化与信息化改造升级

基于工业互联网系统的企业产线智能化与信息化改造升级,是企业智能化、动态化和柔性化生产的基础。

1) 企业产线智能化改造升级

通过搭建柔性、混线生产线,快速响应不同的生产工艺及生产线变化,提高不同种类产品的生产效率,大幅提高设备利用率,能够自主地判断、调节产线的生产节拍、进度,实时采集生产数据进行学习分析,对优化产线性能做出指导分析,同时在生产过程中自主判断并绕开发生故障的生产设备,以保证稳定的生产能力。

2) 企业信息化改造升级

企业信息化改造升级是通过 ERP、PLM、MES、供应链管理、客户关系管理、办公自动化(office automation,OA)等现有信息系统和人工智能新技术的集成融合,整合企业信息资源,优化管理流程,提供基于工业互联网的精益生产、全生命周期管理、透明管控等管理体系。

企业信息化改造通过建设企业工业互联网系统,建立以 PLM 为核心的并行设计研发体系、以 ERP 为核心的经营管理顶层体系、以 MES 为核心的生产管控体系等生产信息化标准体系,达成与工业互联网系统的协同交互。通过系统间的数据交互和资源优化,实现企业内部信息流的透明化,并形成企业外部信息、资源与企业内部生产联动的模式。

以航天云网工业互联网平台为例,依托线上云平台的应用,基于新一代信息技术,提供制造业的全产业链云服务,实施企业信息化改造升级,建设数字化、网络化、智能化企业,实现企业上云。

(1) 工业互联网平台通过协同产品定义管理(collaborative product definition management,CPDM)与企业 PLM 系统的集成,帮助企业管理基于网络平台开展的所有项目,实现众包设计、协同工艺、协同签审等业务的协同。

(2) 工业互联网平台通过能力需求计划(capacity requirements planning,CRP)与企业 ERP 的集成,实现基于云端的协同销售售后、协同生产计划以及云商务适配器,使客户通过在线下单缩短生产交易的时间,使外协外购供应商在线匹配缩短供应商选择周期,从而提高管理效率,降低运营成本。

(3) 工业互联网平台的敏捷制造执行系统(celerity manufacturing execution system,CMES)为企业提供轻量级 MES 的应用云服务,立足于企业间协同生产的业务需求,提供企业生产现场的远程监控、生产可视、计划跨企业调度的功能,实现生产执行的过程管控。

(4) 工业互联网平台通过数据采集工具获取制造现场的设备、设施、产品等数据,基于云端的智能诊断服务,形成服务知识库和诊断规则,从而进行设备或产品的实时状态分析,优化设备使用方法,进行设备预防性维护。

4. 工业互联网服务应用

在企业实现能力、设备、业务、产线、管理等方面的上云基础上,针对企业智能化生产的不同需求,提供不同的工业互联网服务,包括基于工业互联网平台的云设计、云协作、云供应链、云生产、云营销、云售后等服务[2]。

5. 智能化改造实施效果评估

基于企业智能化能力成熟度评估模型,进行企业智能化改造后评估,验证企业智能化改造实施方案的效果,对规划方案进行优化,提炼可复制推广的智能化改造实施方案。

在智能化改造实施效果后评估中,对实施方案设计的合理性进行验证,对工业互联网系统的基础建设、单向应用、协同应用、业态建设、竞争力和社会经济效益进行评估。同时,需要对智能工厂的布局、生产过程、工艺流程等进行仿真分析;对车间布局进行优化;对产品柔性化生产线的布局建设等进行验证分析,提供方案优化建议,提升实施方案的合理性和科学性;为智能生产线的物流规划、工艺流程等设计提供基础和支撑,建立企业上云效果评估机制。

3.4 智慧工业互联网系统评估技术

3.4.1 评估目的

通过智慧工业互联网系统评估,可深入推进企业数字化转型。在工业企业"上云"等工作基础上,促进企业研发设计、生产加工、经营管理、销售服务等业务数字化转型[2],企业通过应用工业互联网,可提供多层次、多样化服务,减成本、降门槛、缩周期,提高转型成功率。

通过智慧工业互联网系统评估,可构建数字化产业链。企业通过应用工业互联网,可打通产业链上、下游企业数据通道,促进全渠道、全链路供需调配和精准对接,以供应链引领物资链,促进产业链高效协同。

通过智慧工业互联网系统评估,可培育数字化生态。企业通过应用工业互联网系统,可打破传统商业模式,以工业互联网平台为依托,与金融、物流、交易市场、社交网络等生产性服务业跨界融合,构建"生产服务+商业模式+金融服务"数字化生态。

3.4.2 评估体系

智慧工业互联网系统的评估从水平与能力评估维度出发,可评估企业上云的效果和程度,包括工业互联网系统的基础建设、单项应用、协同应用、业态建设等方面。

智慧工业互联网系统的评估从效能和效益维度出发,可评估企业上云的绩效,包括应用工业互联网系统后的竞争力和社会与经济效益两个方面。

智慧工业互联网系统评估体系如图 3-6 所示。

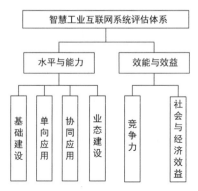

图 3-6　智慧工业互联网系统评估体系

3.4.3　评估内容及要求

1. 基础建设

1) 评估内容

基础建设评估主要是从基础设施、条件建设、技术水平情况等方面对工业互联网系统进行评估,衡量工业互联网系统基本资源和技术保障的水平与能力。

2) 评估要求

建设为工业提供云存储、云计算和云安全等基础云服务的安全可控的云数据中心;提供包含 IaaS、DaaS 和 PaaS 等全层次的工业互联网平台服务,并涵盖智能研发、精益制造、智能服务、智慧企业、生态应用等产品全生命周期的工业应用能力;提供开放的云服务框架、标准化的工业应用运行环境以及先进工业大数据引擎的工业互联网平台技术能力;实现为用户提供与生产设备、自动化系统、智能产品、边缘网关以及外部数据源的连接能力,并可在边缘侧进行数据分析及处理的边缘处理能力;构建涵盖设备层、物联接入层、云平台层、应用层全方位的安全保障防护能力。

2. 单向应用

1) 评估内容

单项应用的评估以单/多主体独立完成某阶段制造任务为对象,评估工业互联网中的各个系统在制造资源/能力共享方面的水平和能力以及和业务结合的深度和广度。

2) 评估要求

提供围绕研发设计、生产制造的在线工具软件(如云 CAD、云 CAE、云 CAPP、云 ERP、云 MES 等)的调用或单项应用;提供仿真与分析、工艺设计、研发设计任务、生产制造任务的在线跟踪、查询以及数据管理等单项应用;实现基于销售预测和库存量动态分析的云端物料需求、生产计划、采购计划生成;实现基于生产、质量、运营等工业大数据的云端全三维设计、云端工艺创新、云端设计仿真优化和云端生产过程优化;提供云端智能生产经营管理单项应用,如车间生产管理与故障诊断维护、制造过程的可视化实时分析与管理、生产作业过程的实时自动预警和异常自动修正等;实现建立云端数字化试验验证系统,到支撑部件级、分系统级的云端试验验证应用;实现基于知识库的云端产品检验、质量监督、试验数据处理与分析;实现云端自动优化调度物流作业、订单云端精益化管理、路径优化和实时定位跟踪;实现产品售后的在线检测、实时监控、故障预警、远程诊断、在线维护、预测性维护、质量优化和位置服务等。

3. 协同应用

1) 评估内容

协同应用评估是以多主体协同完成单阶段制造任务和跨阶段制造任务为对象,评估工业互联网中各系统在集成协同方面的水平和能力以及和业务结合的深度和广度。

2) 评估要求

实现云端研发设计任务分发或众包,分工协作,实时跟踪任务进度;实现跨企业的设计文件、工艺文件的云端会签流转和模型管理功能;实现云端设计工艺制造一体化;实现基于三维模型的设计、工艺、制造、检测、运维等产品全生命周期业务云端协同;实现工艺设计与产品设计的云端信息交互、并行协同;实现工艺设计与生产制造的云端协同;实现跨企业、跨区域、跨领域的云端工艺协同;实现基于虚拟样机的云端建模仿真验证、总体与分系统的云端并行协同试验验证;实现采购业务与生产、物流、计划和财务等业务过程的云端集成与协同;实现计划调度与设计、物流、服务等业务过程的云端集成与协同;实现跨企业、跨地区的云端协同排产与调度;实现供应链各环节的云端协同;实现物流管理与生产、服务等业务的云端集成与协同;实现运营服务与设计、生产等业务环节的云端集成与协同。

4. 业态建设

1) 评估内容

业态建设评估是从"泛在互联、数据驱动、共享服务、跨界融合、自主智慧、万众创新"角度,评估智能制造系统生成的业态的特征覆盖度和成熟程度。

2) 评估要求

实现大规模工业设备接入云端进行互联互通与运营,帮助企业远程监控、分析设备运行状态,结合相应 APP 进行设备的远程维护或状态预测;实现企业业务上云,围绕产业链全环节的生产经营活动(如研发设计、生产制造、供应链管理、物流管理、产品运维等)开展数据和服务的供需对接和交易;实现平台用户之间、企业内部以及不同企业间的信息共享和服务协同；实现整合行业上下游资源，满足政府建设需求，为行业协会进行深度垂直化服务；实现牵引更多专业服务商入驻，为企业提供多元化服务，丰富平台服务生态，实现多方协作共赢；实现为不同规模、行业企业提供通用/定制化服务，助力企业扩展商机，转型升级；实现为技术人员、企业提供在线开发环境和接口，帮助对方在平台上开发第三方系统和软件，丰富平台生态。

5．竞争力

1）评估内容

竞争力评估是指企业应用工业互联网在研发能力、业务效率、产品质量和服务水平等方面竞争力的提升情况，衡量工业互联网直接或间接带来的能力提升效果。

2）评估要求

实现研发能力提升，如产品研发周期缩短；实现业务效率提升，如设备产能利用率提升、物流或者产品库存周转率提高等；实现产品质量提升，如产品良品率提高；实现服务水平提升，如客户满意度提高、服务响应时间缩短、准时交付率提升等。

6．社会与经济效益

1）评估内容

社会与经济效益评估是指企业应用工业互联网在成本降低、效益增长、节能减排等方面的经济和社会效益水平变化情况，衡量工业互联网直接或间接带来的效益提升作用。

2）评估要求

实现成本降低，如工业设备运维成本降低、企业运营成本降低等；实现效益增长，如全员劳动生产率提升、净利润增长等；实现节能减排，如单位产值综合能耗降低。

3.5 智慧工业互联网系统安全技术

3.5.1 系统安全技术的内涵

1．智慧工业互联网的安全背景

工业互联网为工业转型升级、产业创新发展提供重要支持，通过构建安全、稳定、知识共享及高度适应且可扩展的云端能力资源集，为"互联网+"与工业实践相结合的"中国制造2025"提供保障[3]。通过构建涵盖工业互联网系统的安全防护体系，打造满足工业互联网安全需求的安全技术体系和相应管理机制，使得工业互联网系统能够识别和抵御来自外部的安全威胁，化解各种安全风险。安全体系为工业互联网运行提供安全可信环境，并为工业智能化发展提供安全可信保障，实现工业互联网安全系统的保密性、完整性、可用性、可靠性、弹性以及隐私安全六大目标[4]。

2. 智慧工业互联网安全面临的威胁

安全问题是阻碍工业互联网发展的重要因素[5]。由于工业系统的重要性，工业互联网可能会面临更多的威胁[6]。与互联网安全相比，工业互联网安全主要面临三个挑战：一是防护对象范围扩大，安全场景更复杂；二是连接范围更广，威胁延伸至物理环境；三是网络安全和生产安全交织，安全事件危害更严重[7]。工业互联网产业联盟发布的《工业云防护参考方案》中指出，工业互联网可能会面临数据泄露、篡改、丢失，权限控制出现异常，API 安全，系统漏洞利用，账户劫持，恶意内部人员，APT 攻击，拒绝服务攻击，共享技术漏洞和设备接入安全等方面的安全威胁。

对于工业互联网安全来说，如何对系统中存储、传输及使用的工业数据进行防护是工业互联网安全面临的任务之一。工业互联网对下连接到所有的生产系统，生产过程中的数据、生产销售的数据、生产流通的数据、生产过程控制的数据都可能存储到工业互联网系统中[8]。工业互联网中存储的数据具有较高的敏感性，涉及工业企业知识产权和商业机密，是其核心财产的重要组成部分，有些数据资料甚至关系到国家安全，因此对数据的破坏和窃取将造成严重经济损失、社会影响甚至威胁国家安全。由于工业互联网系统中集中了大量有价值的工业数据，工业互联网系统成为更容易被攻击的对象，这也是其区别于传统云安全的原因之一。

3. 智慧工业互联网安全新业态

安全即服务（security-as-a-service，SECaaS）是安全服务云解决方案的新概念。在这种概念下，安全作为一种服务形式通过云服务供应商提供给企业。通常情况下，SECaaS 的实现形式为不需要应用本地硬件的纯软件安全组件。通过此种方式交付的安全服务可避免在本地实施和管理安全防护方案以及采购硬件的成本和开销。SECaaS 的安全组件可包括各种安全产品，包括身份认证、授权、安全审计、防病毒、防恶意软件/间谍软件、入侵检测、合规性和漏洞扫描、渗透测试和安全事件管理等。

企业传统安全解决方案是自购网络安全软硬件解决方案，在花费大量资金之后，依然需要不断更新软硬件系统。随着互联网规模的爆炸式发展，网络安全威胁也大幅增长，各类企业每天不得不处理大量威胁警报，耗费了大量资源。SECaaS 可以作为企业应对外部威胁的高性价比工具。企业只需购买安全服务，由云服务提供商为企业提供最先进的网络安全技术服务，为企业节省大量时间。企业在网络安全上的成本将能够用在收益率更高的地方，例如提高核心竞争力等。

随着物联网的覆盖范围逐步扩大，工业互联网的覆盖范围在扩大，深入程度也在增加。工业企业传统的 OT 网络较为封闭，在网络安全层面多依靠物理隔离或网络隔离来实现,但是要接入工业互联网,必将与传统互联网产生交集,再依靠传统安全策略将拖慢接入的效率。因此,SECaaS 将成为工业互联网安全的新趋势。

3.5.2 安全技术体系

工业互联网安全体系主要是建立在基于工业互联网平台构建的智能制造系统基础上的安全体系架构,目的是保障工业互联网制造全生命周期的各类活动的安全,工业互联网安全体系主要涵盖工业云体系架构各层的安全,包括:智能工业资源/能力/产品层、智能感知/接入/通信层、智能边缘处理平台层、智能工业云端服务平台层(工业云平台)、智能工业云服务应用层、人/组织层。工业技术包括:物理安全、技术安全、管理安全、商业安全等方面的防护技术和管理手段。智慧工业互联网安全技术体系架构如图 3-7 所示。

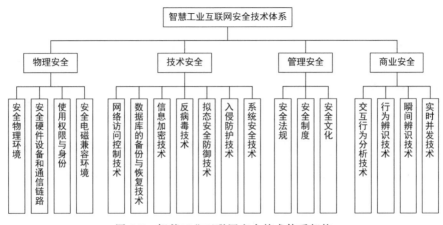

图 3-7 智慧工业互联网安全技术体系架构

1. 物理安全

物理安全技术主要涉及工业互联网安全体系中的制造资源和制造能力物理环境的安全,包括:制造设备、工控系统、数据中心、技术文档、服务器、软件及其他设备和设施的安全。物理安全具体划分为安全物理环境、安全硬件设备和通信链路、使用权限与身份及安全电磁兼容环境。

1)安全物理环境

提供工业互联网系统中的工厂内单点智能器件、成套智能终端等工业设备、工控系统、数据中心等基础设施及文档、人员等资产的物理环境的安全防护,如设施出入控制,电力、温度、湿度控制,消防、防盗及存储设备的废弃处理等。

由于工控系统的重要性及缺少安全防护等问题,极其容易成为攻击者的首选目标,因此应重视工控系统的物理安全防护。物理安全防护具体手段包括根据安全等级划分不同区域,并在区域间设置安全隔离和访问控制策略,采用第三方软件和设备来加强工控系统的安全防护等。

2) 安全硬件设备和通信链路

工业互联网系统中的硬件设备(如单点智能器件、成套智能终端等)及工控系统[如分布式控制系统(distributed control system,DCS)、PLC 以及 SCADA]提供安全及通信链路防护,具体安全及通信链路防护的技术包括设备接入认证、设备统一标识、工控系统防护、异常监测、通信链路加密等。

3) 使用权限与身份

为每个用户按身份授予对工业资源的访问权限,并确定可对其执行的操作,具体包括创建、读取、编辑或删除等权限。当用户试图访问或操作工业互联网系统中的资源时,应根据用户的身份对其进行工业资源尤其是工业设备访问及使用权限的限制,防止未授权访问及违规操作。其主要技术包括策略配置、使用第三方安全设备及软件等。

4) 安全电磁兼容环境

工厂、机房等工业现场设备的运作离不开电力系统,电流流经这些设备时,根据电磁感应和电磁场理论,会产生空间电磁场,从而会对工业现场的其他系统(设备)造成电磁干扰[9]。电磁干扰可造成严重的意外事故,例如对电子设备造成干扰,影响其稳定工作,甚至引起火灾[10]。需要提高设备的电磁兼容性(electro magnetic compatibility,EMC),使设备在外界空间的干扰磁场中能正常工作,且限制设备或系统自身向外界辐射电磁干扰的强度,确保通信系统(设备)的信息安全,减少对环境的电磁污染[11]。具体的安全防护措施包括设施的规划设计、电磁屏蔽、线缆摆放等。

2. 技术安全

技术安全技术主要是指使用技术手段保护工业互联网安全体系中的制造资源和制造能力的安全,具体划分为网络访问控制技术、数据库的备份与恢复技术、信息加密技术、反病毒技术、拟态安全防御技术、入侵防护技术和系统安全技术。

1) 网络访问控制技术

网络访问控制技术是通过按用户身份及其所归属的某项定义组来限制用户对服务器、目录和文件等网络资源的访问。将网络划分成不同区域,配合访问控制列表(access control list,ACL)列出授权访问该客体资源的所有用户和(或)组以及授予每个用户和(或)组的特定访问权限,对组和主机及设备下发基于白名单的 IP 信息包过滤规则及互联网安全协议(internet protocol security,IPsec)策略来实现对工业互联网设备的访问控制和安全隔离,使得租户在访问或使用云主机及设备时,需通过特定访问地址、特定访问规则、特定认证手段进行访问,因而从流程上控制其他人员对设备的操作。

2) 数据库的备份与恢复技术

为保障工业互联网系统业务的连续性,应重视数据库安全和灾备。重点保障数据的存储安全和备份恢复。制定相应的工业数据备份策略,详细规定备份周期和范围,从而实现数据备份。支持数据定期备份转储,定期清理旧数据。通过数据灾备技术,来实现同城或两地数据中心的双活容灾,并定期对数据库的恢复流程进行测试,确保流程熟悉且备份可用。

3) 信息加密技术

为保证工业数据在传输过程中的机密性和完整性,除了需要对传输链路进行加密以外,还需要将传输中的数据进行一定的加密处理,防止数据在传输过程中被抓包监听和篡改。当 IoT 网关在与工业互联网平台对接时,使用 SSL/TLS 安全协议进行通信,为加强平台数据和租户数据安全,各工业互联网网关及租户人员均需通过 VPN、HTTPS 等加密安全隧道向云平台发送数据,对静态数据或存储数据使用安全加密算法(如 AES、3DES、BlowFish 等)进行加密,防止攻击者读取明文格式的数据。

4) 反病毒技术

考虑到租户使用平台的数量,在工业互联网系统中相应的关键设备中部署反病毒软件,以防止病毒入侵整个云平台乃至系统并在系统内进行传播和破坏。在云主机端部署防病毒软件,查杀主机层病毒及木马;利用虚机化防病毒手段,查杀针对虚拟化发起的病毒、木马等攻击。

5) 拟态安全防御技术

拟态安全防御技术源自邬江兴院士于 2014 年提出的一种网络空间安全防御理论,具体指:在主动和被动出发条件下动态地、伪随机地选择执行各种硬件变体以及相应的软件变体,使得内外部观察者观察到的硬件执行环境和软件工作状态不确定,无法或很难构建起基于漏洞或后门的攻击链,以达到增强系统安全的目的[12]。拟态防御不再追求建立一种无漏洞、无后门、无缺陷的防御系统来对抗网络空间的安全威胁,而是采取不断变化、多样的评价和部署机制,形成内生的防御机理,解决利用未知漏洞、未知后门的未知攻击防御问题。目前拟态防御理论体系已初具形态,但还需进一步完善,应对拟态防御技术做进一步的工业互联网系统中的应用研究。

6) 入侵防护技术

在工业互联网平台层外网边界部署入侵检测系统(intrusion detection system,IDS)/防御系统(intrusion prevention system,IPS),当发现异常的流量时,可根据配置的安全策略对其进行检测,IPS 还可对其进行拦截,从而在其到达目标系统前进行主动的防御,同时也可记录下活动并向管理员发出通知。

7) 系统安全技术

使用态势感知技术强化工业互联网平台层安全态势,实时了解正在发生的攻击。使用综合安全管理技术,全面掌控云平台、各主机、虚机的实时状况,巩固强化事件管理、运维管理和安全管理等。实施多租户隔离技术,通过在工业互联网系统设计上对数据和配置进行分区,实现在多用户环境下共用相同的系统或程序组件以确保各用户间数据的隔离性以及个性化配置。

3. 管理安全

工业互联网管理安全技术主要是指使用行政或管理手段保护工业互联网安全体系中的制造资源和制造能力的安全,具体划分为安全法制、安全制度和安全文化。

1) 安全法制

安全法制是指受到法律条款如用户和租户隐私保护条款等的约束。需要符合系统等级保护相关要求,经公安部认证的具有资质的测评机构依据信息安全等级保护规范规定,经过系统定级、等级评审、定级备案、评估和整改建设、等级测评、监督检查 6 个阶段开展对工业互联网系统的等级保护测评工作[13]。

2) 安全制度

安全制度是指制定相关的人员管理、流程管理、应急处理、变更流程等安全类规范,并进行相关人员的知识普及与培训。制定切实可行的应急预案与应急响应机制,定期开展工业互联网的风险评估及应急演练。

3) 安全文化

安全文化是指对人员进行安全意识培训,首先建立人员的安全意识,使其认识自身的安全责任和义务,意识到安全策略、事故处理计划、业务连续性和灾难恢复程序相关的角色与知识;其次对人员普及常见的安全攻击方式知识,尤其是具备敏感信息访问权的人员,以增强其对社会工程攻击方式的熟悉程度,避免敏感信息泄露。

4. 商业安全

工业互联网安全技术体系中的商业安全是指工业互联网体系中面向用户的智能用户界面层和应用层的安全防护技术,具体包括交互行为分析技术、行为辨识技术、瞬间辨识技术及实时并发技术。

1) 交互行为分析技术

交互行为分析技术是指对系统日志中的用户界面层和应用层的交互行为,如用户登录、数据上传及服务调用等分析,发现可能存在的异常事件。这些异常用户行为可被视作入侵特征,可对不同类型的异常用户行为进行识别。

2) 行为辨识技术

行为辨识技术是指使用人工智能机器学习技术,从日志的数据集中发现知识,开发用户界面的恶意活动算法模型并进行训练,用于对恶意用户行为,如密码暴力破解、访问控制绕过和恶意注入等行为的辨识。

3) 瞬间辨识技术

瞬间辨识技术是指对于恶意人员身份、产品缺陷等传统安全解决方案难以执行的部分做到瞬间辨识。如对产品的质量,可辨识出现实缺陷位于何处。瞬间辨识技术还包括生物学特性快速辨识用户身份的技术,用于在重要基础设施的维护、管理与警备方面等。

4)实时并发技术

对于工业互联网平台来说,如何高速处理大量用户请求,海量异构的数据如何存储,以及如何实现数据的快速访问等数据一致性安全问题都是高并发实时后台服务设计的需求。具体的防护技术包括：流量控制、负载均衡、内容分发网络(content delivery network,CDN)、缓存和集群等。

3.5.3 系统安全新技术

1. 区块链技术

随着信息技术不断向工业领域的渗透,网络攻击带来的威胁也越来越大。工业互联网中传统的工控安全策略采用中心化的管理模式,单个节点或少数几个节点就可以对接入的设备进行认证,虽然管理起来较为便捷,但是中心节点一旦遭受攻击,很可能导致工控系统的崩溃,进而使整个工业互联网停止运转[14]。传统工业数据的互通在各个节点的传递过程中缺乏数据上、下游信息及交易记录,会出现信息伪造及交易信息篡改等风险。区块链技术的去中心化、时间戳、共识机制和哈希函数等特性使工业数据具备了不可篡改性、机密性、完整性及可用性等。

区块链技术最大的特征是去中心化,应用于工控系统中可将设备安全信息存放于多个网络节点,由多个节点共同维护,一方面降低了节点的特权；另一方面攻击单个节点无法控制或破坏整个网络[15],提高了网络的可用性。

区块链中采用了哈希函数进行信息的完整性校验,同时使用非对称加密算法,对传输中的信息和数据进行数字签名,防止数据被截获后攻击者篡改信息。

区块链的时间戳机制还可为工业数据提供可溯源的安全保障。通过区块链的时间戳,形成区块按照时间顺序依次连接的链条,辅助数据交易问题溯源查询和追责[16]。

区块链的共识机制可为工业信息化提供安全可信保障。区块链采用共识机制,网络中的节点数据事先需通过大部分节点的认证,有效防御恶意节点的侵害。工业网络规模越大,安全性越高[17]。

2. 零信任模式

传统网络分区架构下,企业的网络安全管理部门通常认为内网属于"安全可信"的网络,这种固有思维导致企业在安全建设方面投入很多精力和资源在边界防护上,而用户在内网权限过大,即使管理人员根据人员角色设置访问权限,但用户依然能够与非授权的业务系统建立网络连接。一旦安全边界被突破,攻击者在内网"如入无人之境",造成云安全系统风险隐患[18-19]。随着移动办公和企业业务上云,内务员工、业务合作伙伴甚至供应商都可以访问企业数据,传统的安全边界变得模糊,甚至不再存在固定的边界,而高度虚拟化和聚合的工作任务及拥有动态属性的公有云等,都使问题变得更复杂[20]。

在这样的背景和架构下,弗雷斯特市场咨询公司(Forrester Research)在2013年提出"零信任"(zero trust)安全框架,其核心原则是默认不再区分内外网,认为内网也是不安全的,所有的访问都需要经过认证和授权。这种模式对网络和应用层进行分段,尽可能地将边界迁移到内部,尽最大可能靠近特权应用和受保护的范围。实施零信任云安全需要遵循的要素包括以下4点。

(1) 以身份为中心:不再基于网络位置作为网络安全访问授权的依据,而是默认在任何网络环境中以身份信息作为鉴权依据,经过"预验证""预授权"才能获得访问系统的单次通道。

(2) 最小特权原则:每次仅赋予用户所能完成工作的最小访问权限。

(3) 持续信任评估:在零信任模型中,无论用户处在云安全系统内部或外部,都需要持续的信任等级评估,根据用户所处的网络环境、工具、访问时间等条件,动态扩展对网络功能的最小访问权限。

(4) 业务安全访问:在零信任模型中,所有业务系统都隐藏在安全网络后面,安全网关支持单包授权(single packet authorization,SPA)功能,默认丢弃所有未验证及未授权的用户发来的访问请求,并且所有建立的访问通道都是单次的,数据会受到加密保护。

参考文献

[1] 李伯虎,柴旭东,张霖,等. 智慧制造云[M]. 北京:化学工业出版社,2020.
[2] 国家发展改革委、中央网信办印发《关于推进"上云用数赋智"行动 培育新经济发展实施方案》的通知 发改高技〔2020〕552号
[3] 工业互联网产业联盟. 工业云安全防护参考方案[EB/OL]. (2017-02)[2020-06-06]. http://www.aii-alliance.org/index.php?m=content&c=index&a=show&catid=23&id=112.
[4] 工业互联网产业联盟. 工业互联网安全框架[EB/OL]. (2018-11)[2020-06-06]. http://www.aii-alliance.org/static/upload/202002/0228_140108_424.pdf.
[5] 刘晓曼,李艺,杜霖,等. 工业云安全威胁及相关安全标准的研究[J]. 电信网技术,2017(10):68-71.
[6] 董菁. 专访余晓晖:大力推进工业互联网建设 赋能智造业转型升级[EB/OL]. (2019-03-10)[2020-06-06]. http://industry.people.com.cn/n1/2019/0310/c413883-30967422-2.html.
[7] 左英男. 工业主机和工业大数据是安全防护的两大重点[EB/OL]. (2019-5-28)[2020-06-06]. http://news.eastday.com/eastday/13news/auto/news/china/20190528/u7ai8594800.html.
[8] 两化融合咨询服务平台. 尹丽波:工业云安全比过去传统的云安全更为重要[EB/OL]. (2019-08-27)[2020-06-06]. https://www.sohu.com/a/336707938_286727.
[9] 王杰,李丽,宋宝生. 电磁兼容及安全认证[J]. 科技传播,2011(12):204-205.

[10] 陆跃明.环境保护与电磁兼容性标准[J].环境保护科学,1987(2):4-7.
[11] 深信服科技.网络安全等级保护2.0,等保合规5件事[EB/OL].(2019-05-28)[2020-06-06]https://www.sohu.com/a/316948863_244641.
[12] 邬江兴.拟态防御技术构建国家信息网络空间内生安全[J].信息通信技术,2019,13(6):4-6.
[13] 浙江省电力学会.拟态安全主动防御技术简介[EB/OL].(2018-06-26)[2020-06-06].http://www.zjsee.org/detail/id-783-typeid-13.html.
[14] 程刚,韩卫平,邹贵祥,等.区块链在工业互联网的应用研究[J].信息通信技术,2020-03:19-24.
[15] 佚名.解读区块链:保障医疗数据完整性与安全性[EB/OL].[2015-04-09],https://www.jiaheu.com/topic/9797.html.
[16] 佚名.区块链提升工业互联网数据安全性[EB/OL].[2020-09-25],https://www.sohu.com/a/420702245_120060925.
[17] 刘永丹.基于区块链的网络空间安全技术[J].电子技术与软件工程,2017(20):215-217.
[18] 杨正权,靳明星,张晓东."零信任"在云化业务中的安全技术研究[J].信息安全与通信保密,2020(3):91-98.
[19] 赵长林,郭晓昆.如何实施零信任的云安全[J].网络安全和信息化,2020(5):106-107.
[20] 联软科技.RSA 2020云安全成最大热点!一同探讨零信任技术该如何运用其中?[EB/OL].(2020-03-03)[2020-06-06],https://www.leagsoft.com/doc/article/102622.html.

第4章
智慧工业互联网资源技术

本章论述的智慧工业互联网资源技术主要包括工业互联网全系统与全生命周期活动中共享和服务的软资源技术、硬资源/系统技术及引擎专件技术。

4.1 智慧工业互联网软资源技术

工业软资源是指制造过程中的各种新模型、数据、软件、信息、知识等。

4.1.1 工业软资源总体架构

1. 工业软资源概念

工业软资源贯穿产品全生命周期,随着数字化和工业云平台在产品研制应用中越来越深入,大量蕴含在生产制造过程、经营管理、客户行为、全生命周期服务的数据被采集、汇聚、加工,形成工业云软资源。企业利用这些数据,形成有用的工业数据、模型、知识,提升新品开发、研发组织、供应链、交付周期、库存管理、排产计划等各阶段的质量和效率。

2. 软资源系统架构

软资源系统架构由下至上分为数据、模型和知识、软件等层次,如图4-1所示。应用开发工具将数据和模型构建为供用户直接使用的软件。在产品研制的全生命周期过程中,数据被采集和汇聚,结合模型和知识进行开发,以软件的方式将资源进行封装,提供给用户使用。数据接入和管理可支撑模型和知识的开发,也可直接应用于开发工具的建设。

4.1.2 数据资源技术

1. 数据资源概念及分类

数据资源是指从客户需求到销售、订单、计划、研发、设计、工艺、制造、采购、供应、库存、发货和交付、售后服务、运维、报废或回收再制造等整个产品全生命周期各环节所产生的各类数据。数据资源与工业云结合,可实现物理设备与虚拟网络融合的数据采集、传输、协同处理和应用集成。从"数据即服务""产品即服务""制

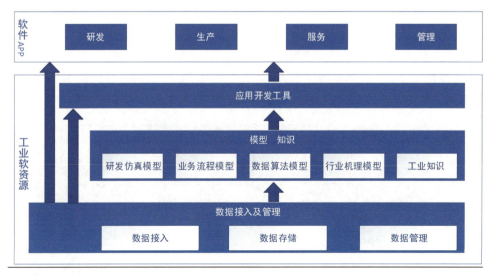

图 4-1 软资源系统架构

造即服务"三个角度出发,帮助企业用户扩展产品数据价值空间,实现以产品为核心的经营模式向"制造+服务"的模式转变。

参考中国电子技术标准化研究院主编的《工业大数据白皮书(2017版)》,数据资源可以分为生产经营相关业务数据、设备物联数据和外部数据三类。

(1) 生产经营相关业务数据。生产经营相关业务数据主要来自传统企业信息化范围,被收集存储在企业信息系统内部,包括传统工业设计和制造类软件、企业资源计划、产品生命周期管理、供应链管理(supply chain management, SCM)、客户关系管理和环境管理系统(environmental management system, EMS)等。通过这些企业信息系统已累计的大量产品研发数据、生产性数据、经营性数据、客户信息数据、物流供应数据及环境数据。此类数据是工业领域传统的数据资产,在移动互联网等新技术应用环境下正在逐步扩大范围。

(2) 设备物联数据。设备物联数据主要指工业生产设备和目标产品在物联网运行模式下,实时产生收集的涵盖操作和运行情况、工况状态、环境参数等体现设备和产品运行状态的数据。此类数据是工业大数据新的、增长最快的来源。狭义的工业大数据即指该类数据,即工业设备和产品快速产生的并且存在时间序列差异的大量数据。

(3) 外部数据。外部数据指与工业企业生产活动和产品相关的企业外部互联网来源数据,例如,评价企业环境绩效的环境法规、预测产品市场的宏观社会经济数据等。

2. 数据资源接入及管理架构

数据资源接入及管理架构提供数据全生命周期管理服务,涵盖工业设备和产品、工业信息系统和第三方平台三类数据源,支持多源异构统一的数据采集与交换,满足制造数据、业务数据、基础数据、主数据、数据标准化、数据质量等数据存储及管理的要求,提供实时或离线数据分析计算,满足数据模型、服务、工具等应用开发,支撑研发类、设计类、服务类、管理类工业应用 APP 的开发,并提供相应的数据标准规范和完善的数据安全保障体系,总体架构如图 4-2 所示。

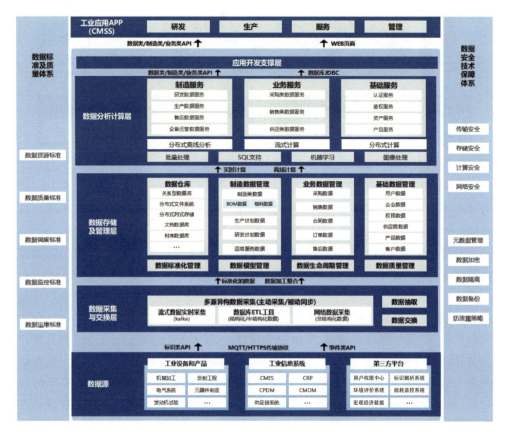

图 4-2 数据资源接入及管理架构图

4.1.3 模型资源技术

1. 模型资源内涵及分类

模型是指对于某个实际问题或客观事物、规律进行抽象后的一种形式化表达方式,是人们依据研究的特定目的,在一定的假设条件下,再现原型客体的结构、功能、属性、关系、过程等本质特征的物质形式或思维形式。从应用角度分类,工业过程中的模型资源可分为研发仿真模型、业务流程模型、行业机理模型和数据算法模型四类。

1) 研发仿真模型

(1) 单学科仿真模型

单学科仿真模型应用在航空/航天、汽车、轻工等行业设计阶段部件级产品设计中,通常包括结构仿真、流体仿真、热仿真和控制算法等单学科仿真模型,满足产品结构设计中的强度校核、可靠性分析、产品造型中的内/外流场仿真、热载荷仿真以及控制模型仿真分析,支撑企业设计阶段数字化仿真能力建设。

(2) 多学科协同设计与仿真模型

多学科协同设计与仿真模型针对航空/航天、汽车等行业复杂产品的专业学科技术广、配套的研制单位多、知识含量高、新技术多学科交叉突出等问题,提供跨学科、跨地域的多学科设计优化,解决结构动力学、流体、控制等复杂产品多学科协同仿真问题,实现产品研发设计多学科模型和生产制造业务应用的系统级仿真。

2) 业务流程模型

业务流程模型是在企业业务流程梳理集成上,将业务过程进行分析和抽象,构建业务流程的数字化、结构化模型,提供企业管控数字化服务,帮助企业实现业务规范化及快速上云,有利于资源的社会化集成、配置和协同,助力制造企业进行战略转型。

3) 行业机理模型

机理模型本质上是各种经验知识和方法的固化,它更多是从业务逻辑原理出发,强调的是因果关系。机理关系可以很清楚地展示内在结构和联系,能较详细地反映出生产设备内部的工作过程的机理,并可以在较大的变动范围内对过程的行为进行研究。在很多情况下,只要建立起合理可靠的机理模型,对象系统的行为预测、模拟控制和结构优化等问题就可以比较容易地得到解决,不需要很多的过程数据。

4) 数据算法模型

工业应用构建过程存在多源异构知识,数据难以模型化、软件化和复用性的问题,数据算法模型集数据接入、数据处理、数据挖掘、数据可视化、数据应用于一体,提供大数据和人工智能开发支撑能力,实现工业业务场景下数据分析和工业智能分析应用。

2. 模型资源构建

1) 研发仿真模型构建

使用设计模型开发工具,支撑产品设计过程的二维/三维部件模型构建;使用仿真模型开发工具,支撑面向产品性能的结构、控制、流体、噪声、热以及电磁等多学科耦合的系统级仿真。

(1) 设计模型开发工具

针对产品/产线设计模型开发需求,设计模型开发工具包括机械设计二维/三维模型 CAD 工具、虚拟工厂生产要素模型构建等工具。

(2) 单学科仿真模型开发工具

针对产品研发仿真需求，单学科仿真模型开发工具包括结构仿真工具、动力学仿真工具、热仿真工具、电磁仿真工具、流体仿真工具等。

(3) 系统级仿真模型开发工具

在复杂产品的概念设计阶段对全系统基于抽象模型进行机理建模与仿真分析，较常使用系统级仿真模型开发工具。在复杂产品的系统总体设计、分系统总体设计阶段使用系统物理原型仿真模型开发工具对系统实体的结构、功能、运行机理进行建模分析，以验证总体功能和性能。

2) 业务流程模型构建

采用与计算机程序流程图相类似的图形和原理，建立表示实体产生、流动、消失等过程的流程。该方法能表示事件、状态变化及实体间相互逻辑关系。根据生产过程中的实体创建不同的矩形框，按照业务流或数据流用菱形或逻辑关系进行连接，直至该业务完结。具体方法如下。

(1) 活动循环图(activity cycle diagram，ACD)建模方法

对生产管理系统中某些本质属性和行为的描述。当无法建立精确的解析模型时，建立系统逻辑模型便成为一种重要研究手段。ACD 是用于表示系统内各要求间逻辑关系的一种方法。

在此类建模方法中，实体状态被划分为静止状态和激活状态两大类，采用不同符号表示。空心圆表示实体的静止状态，矩形表示实体的激活状态，通过有向线段表示静止与活动状态之间的转换。

(2) 其他建模方式

还有很多建模方式，以 Petri 网建模方法为例，它是一种描述事件和条件关系的网络结构的信息流模型。该建模方法主要应用于生产系统和决策系统等众多领域。该方法适合于描述系统组织、结构和状态的变化，可以在不同概念级别上表明系统的性质，能有效模拟异步并发系统，直接分析出模型实体中死锁、无限循环等异常。

3) 数据算法模型构建

目前成熟方法主要有基于解析模型和基于经验知识的方法。解析模型是通过参数估计的方法获取系统的统计学特征，建立故障诊断模型。基于经验知识的方法则利用启发式的知识，通过专家系统、定性仿真和逻辑推理建立系统的故障模型。以上两种方法在处理关联性较强的多变量复杂系统时，存在已有经验知识局限的缺点。

工业云平台通过与基于大数据的机器学习、粗糙集以及统计分析等方法相结合，挖掘隐藏模式、辨识特征信息，快速、准确地建立数据算法模型，其典型开发工具见表 4-1。

表 4-1 数据算法模型的典型开发工具

算法模型	典型开发工具	应用场景
数据分类	ID3 分类工具、CART 分类工具等	数据分类、数据清洗等
数据关联	典型相关性分析工具、偏相关性分析工具等	数据治理、数据分析、数据挖掘等
数据预测	曲线回归分析工具、时序回归分析工具等	数据预测、趋势分析等
机器学习	随机森林回归开发工具、SVM 分类开发工具、BP 神经网络开发工具	特征提取、人脸检测及识别等
深度学习	DNN 神经网络开发工具、RNN 神经网络开发工具、LSTM 时序开发工具	语音识别及图像识别、数字化车间工业数据解决等
集成学习	bagging 分析工具、vote 回归工具、XGBoost 分类分析工具	云端营销决策、产品质量检测等

4) 行业机理模型构建

行业机理模型构建是根据系统的工作原理,运用一些已知的定理、定律和原理推导出描述系统的物理和数学模型,例如自然界遵循的基本定理:质量守恒定理、能量守恒定理、动量守恒定理、热力学定理、化学反应速率方程等。

3. 模型资源云化使用

1) 技术实现

模型资源云化使用主要依托云生(云端应用开发、封装)技术实现。云生技术即结合云平台的模型建模、动态组合调度、模型驱动的工业 APP 开发与容器化运行等方法,形成工业应用组件和开发工具,实现工业 APP 的细粒度、低耦合、低代码的服务化开发,屏蔽工业应用对操作系统、应用服务器的依赖,以即插即用的方式组装成适合用户特定工业环境需求的工业 APP。

在云化的基础上通过工业云平台中的模型托管平台为企业用户提供模型分类搜索、模型下载、模型维护等一站式托管服务。模型托管平台汇聚了研发仿真模型、业务流程模型、数据算法模型和行业机理模型,同时,通过对模型的统一管理和调度,支持模型上传、下载、发布、审核、监控、检索、查阅和在线使用,实现各种模型资源的高效管理,可有效解决工业模型存在标准不统一、难以覆盖产品全生命周期、异构集成困难等问题。

2) 应用场景

模型资源云化使用的应用场景主要涉及产品研发设计、生产工艺管控以及数据分析等服务场景。

(1) 产品研发设计

在产品研发设计场景中,通过封装产品关键部件设计仿真等工业机理模型,如仿真调度模型、参数化建模模型、产品虚拟样机设计优化模型、耦合信息传递模型、多学科优化模型等,提供基于工业互联网平台的多专业协同设计和优化迭代、跨单位协同研发、产品整体性能优化等产品研发模型应用服务。

(2) 生产工艺管控

针对产品生产过程工艺模型服务场景,从工厂(企业)、生产线到制造单元/设备多个层面开展服务效能提升应用,形成装备保障、计划调度与资源优化、设备利用率、综合统计分析、计量检测结果统计分析等覆盖产业链多个环节的工艺机理模型,实现管理过程中对人员、设备、材料、进度、成本的把控与合理调配。

(3) 数据分析

在多品种单件小批量生产过程中,通过接入产品配套生产企业的机器人、AGV、数控机床(computerized numerical control, CNC)加工等设备,采集工业现场的仓储、物流和生产执行数据,基于数据集成与分析服务形成设备实时监控模型、产线仿真优化模型和有限产能排产模型等机理模型,结合 CPDM、CRP 和 CMOM 等产品,开展基于 MBD 的生产协同、柔性敏捷生产、产线效率优化等应用。

(4) 其他

在产品研制过程中,通过异构试验数据集成和深度挖掘分析,形成产品质量控制等多类工业机理模型,如制造资源/能力精准协同模型、跨企业协同设计模型、跨企业柔性排产模型、智能生产装配模型、试验或测试运行状态可视化模型、试车试验工况识别及故障诊断等工业机理模型,结合产品设计、试验、生产、运行和服务等全生命周期的数据采集和集成,形成产品研制全流程的数据协同能力。

4.1.4　知识资源技术

1. 知识资源概念

工业领域的知识资源是人类长时间在工业发展过程中积累下的丰富的知识和实践经验,涉及生产的各个方面,包括事实、信息的描述或在教育和实践中获得的技能。知识资源对于工业过程的发展和进步起到了非常重要的作用,并且随着科技的进一步发展,对于现在及未来的工业发展将起到更关键的作用。

2. 知识资源构建和云化使用

知识资源中能够以书面文字、图表和数学公式加以表述的,我们称之为显性知识,这方面知识的构建主要通过系统化工作,转化为模型或者软件形式。与显性知识相对,隐性知识一般不能通过语言、文字、图表或符号明确表达和逻辑说明。这类知识资源的构建,首先要进行由隐性知识到显性知识的转化,将其转化为可表达的形式,当前的一些智能技术,如知识挖掘系统、商业智能和专家系统等,为实现隐性知识的显性化提供了手段。制造领域知识有异构多源、互联知识数据急剧增长等特点,存在难以统一描述、高效利用和快速推理等问题,通常采用知识图谱技术作为解决手段,用以描述知识资源及其载体,挖掘、分析、构建、绘制和显示知识及载体之间的相互联系。

知识资源云化主要是通过工业知识封装 APP 实现,主要面向工业知识拥有者和工业知识需求者两类用户,将工业知识模块化封装,将散落在各工业领域、闭锁在工程师头脑中无法显性和重用的核心技术、工艺模型等封装成为工业 APP,解决研发设计、生产制造、经营管理中存在的问题。

如图 4-3 所示,工业知识封装面向生产方、使用方、服务方提供完整的知识服务。工业知识封装基于工业互联网平台,为平台开发者提供代码封装、程序封装等服务,并支持用户通过平台在线使用已完成封装的工业知识产品。

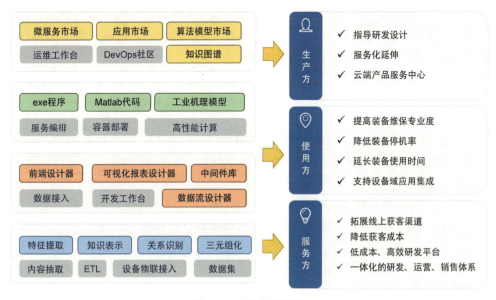

图 4-3　工业知识封装

工业知识封装提供数据特征提取、知识表示、关系识别等知识处理手段,支持各类工业知识数据源的结构化整合;支持用户对算法模型代码、报表模块、业务流进行组合与连接并封装形成特定功能的工业 APP 与工业微服务;为用户提供容器化运行环境与容器编排工具,降低应用服务的部署难度与成本。

4.1.5　软件资源技术

1. 软件资源概念、分类及发展趋势

软件资源是一种提供制造全系统与全生命周期活动中共享和服务的软件产品、能力和资源,为制造全过程提供智能云设计/云生产/云仿真实验/云管理/云售后服务和个性化应用的制造应用支撑服务能力。

随着全球制造业数字化转型和工业互联网、新一代人工智能技术的发展,智能工业软件资源将向着高质量、个性化、平台化和生态化等方面发展。高质量即通过共性经验知识沉淀提炼,发展普适性强、复用率高的基础共性工业软件;个性化即构建面向特定领域、特定场景个性化需求的企业专用工业软件；平台化即推动基础工艺、控制方法、运行机理等工业知识的软件化，并加速已有工业软件云化迁移，形成覆盖工业全流程的微服务资源池；生态化即构建和涵养一个基于工业云的全面开放、使用便捷的创新丰富的软件应用产业集群生态，运用大数据和人工智能技术，实现软件资源的关联互动，服务于智能制造、协同制造和云制造三种现代制造形态，推动企业转型产业升级。

2. 软件资源云化应用

随着企业数字化转型的升级，工业软件资源在智慧研发、精益制造、智能服务、智慧企业和生态应用等企业全生命周期的云化应用不断加深，促进了智能制造、协同制造和云制造三种制造模式的落地发展。

智慧研发应用包括个性化智能研发、协同研发、社会化双创三种研发应用模式，以企业研发生产及其协作配套为核心内容，实现产业链各环节业务的云端作业平台及应用服务。

精益制造应用包含柔性化生产、基于 MBD 的协同制造、社会化协同制造三种应用模式，实现生产过程智能管控、基于 MBD 的工艺仿真、生产资源协同、基于 AR/VR 虚拟工厂等应用服务。

智能服务应用包括设备智能管理与运维、智能工厂运营服务和敏捷产品智能三种模式。实现智能资产管控、基于大数据的质量分析和动态产能预测、基于 AR 的协同售后等服务。

智慧企业应用包括云端企业管理、智慧企业管理、生态企业管理三种模式，实现价值链协同经营管理、流程与规则智慧管理、全球化经营管理和自适应优化管理等应用服务。

生态应用包括企业智能化改造应用、企业云端协作应用、生态应用三种模式，实现制造企业综合认证、基于大数据智能的投资分险评估、基于第三方物流的社会化物流链智能构建等应用服务。

4.2 智慧工业互联网硬资源/系统技术

4.2.1 智能机床系统

随着工业云的不断发展，机床作为制造业的"工业母机"、最为重要的制造业智能硬工业资源之一，其智能化、网络化程度决定了一个国家的工业基础能力，提升机床智能化水平、提高设备利用率，不仅是机床行业转型升级的需求，也是打造制造强国的关键和基础[1]。

1. 智能机床系统的发展概述

通过将新一代人工智能、物联网等技术融入机床，利用加装温度传感器、振动传感器等手段使得机床具备感知、采集、联网等能力,实现智能机床与云平台互联、互通和应用。

2. 智能机床系统的关键技术

1) 智能机床大数据采集技术

随着工业互联网平台、大数据分析技术的蓬勃发展,对智能机床进行数据采集以提升信息化管理水平、实现车间透明化生产监控等需求日益增长。在工业现场,针对不同厂商、不同品牌数控系统及不同通信接口的机床数据采集问题。通过机床控制系统数据通信接口程序、编写动态数据交换(dynamic data exchange,DDE)通信程序,实现对数控系统数据的采集,远程采集数控系统的相关坐标位置、轴负载参数和刀具等信息,并利用数采工具实现数据的实时稳定存储,为后续借助工业互联网平台实现工业大数据分析提供数据支撑[2]。

2) 智能机床数控系统标识解析技术

数控系统是智能机床的控制核心,通过标识解析技术赋予数控系统产品或产品部件的身份信息,构建零部件生产标识码、产品生产标识码和标识码应用,对标识解析实现产品唯一性定位和信息查询,依托工业互联网平台实现标识统一管理,可对智能机床数控系统进行全生命周期管理、信息追溯和供应链管理,实现运行维护效率提升[3]。

3. 智能机床系统应用

应用智能机床大数据采集技术,目前已经可实现机加制造车间的 50 台数控机床数据采集,实现大数据实时监控以及数据稳定存储,为基于工业互联网平台的机床刀具大数据分析、机床监控以及刀具成本核算提供了重要的数据依据[4];依托智能机床数控系统标识解析技术,除可实现智能机床数控系统标识的申请、注册、分配、备案外,可在智能机床数控系统云端升级系统或获取服务时,提供产品的核心信息描述,与平台服务器进行认证,匹配产品类型,获取相应的授权服务,进行相应的操作[5]。

4.2.2 工业机器人系统

工业机器人系统是用于工业领域的多关节机械手或多自由度的机器装置,广泛应用于电子、物流和化工等各个工业领域之中[6],随着工业云的发展,工业机器人系统正朝着智能监控、智能运维等方向发展。

1. 工业机器人系统的发展概述

工业互联网、新一代信息技术的快速融合应用显著提升了机器人感知、交互功能,将大幅度提升数据传输的实时性、完整性及吞吐量,极大地增强了机器人智能化、柔性化和精准控制能力,提升机器人的应用潜力,推动机器人系统步入发展的快车道。

2. 工业机器人系统的关键技术

1) 工业机器人数据采集与应用技术

工业机器人数据采集与应用技术是指网关或数据接口采集工业机器人运行过程中的各种状态信息和环境信息的数据，包括各轴位置、力矩和电流等，对状态信息和环境信息进行边缘处理，并传输至工业互联网平台。通过平台工业 APP 实现智能监控与远程运维，实现机器人分布情况管控、机器人工况监控、机器人管理和机器人维护维修，有效提升设备利用率，减少设备维护时间。

2) 基于工业云控制的机器人休眠技术

随着制造业工业机器人的大批量应用，机器人的能耗逐渐成为生产的主要能耗单元。为了减少启动故障，避免机器人丢失零点等情况，工业机器人大多保持待机状态。基于工业云控制的机器人休眠技术，例如基于 PROFINET 工业互联网、PROFIenergy 技术，可实现对工业机器人进行驱动关断模式和批量休眠控制，降低工业机器人的待机能耗，通过 MES 和现场 PLC 实现机器人休眠的一键控制功能，从而实现自动化生产降低能耗、节能减排的目的[7]。

3. 工业机器人系统的应用

应用工业机器数据采集与应用技术，华数机器人结合工业云平台服务，接入 700 余台工业机器人，平均提升了设备利用率 18% 以上，有效减少 30%～40% 的设备维护时间；应用基于工业云控制的机器人节能技术，北汽株洲二工厂焊装车间相关设备可以实现驱动关断模式节能 20%～30%，休眠模式节能 80%～85%，该技术在机器人自动化生产线具备很大的应用潜力，能够节约能耗、延长设备寿命，有助于低碳绿色生产。

4.2.3 智能检测与运维系统

智能检测与运维系统在工业生产中扮演着重要角色，应用新技术对生产过程的质量和状态进行实时监测，可以有效降低在制品的残次品率，缩短保全维护时间。

1. 智能检测与系统的发展概述

随着工业视觉、5G、VR 等技术的不断发展，智能检测与运维系统的测量效率、准确度不断提升，通过 5G 等先进通信技术与工业互联网平台建立实时交互处理数据，大幅提高制造业生产效率。

2. 智能检测系统的关键技术

1) 5G＋工业互联网视觉检测技术

通过高清摄像头或 3D 工业相机等工业视觉设备进行数据采集，利用 5G 网络提供工业级的可靠性和实时性数据传输，依托工业互联网进行数据分析，可实现预测设备故障，做出决策支持，检测库存中可用的原材料或零部件缺陷，并替代仪器仪表的部分功能,更精确地进行工业测量以及在恶劣环境下有效收集数据和应用[8]。

2)"5G+VR+数字孪生"运维技术

依托数字孪生技术实现对工厂的内部环境进行3D模型制作,通过数据采集位和5G模组,实现海量设备数据实时采集与传输,通过"5G+数字孪生"融合技术进行工厂全貌三维模型展示,实现生产制造状态实时透明化;依托"5G+VR"融合技术,实现技术人员无须到达工厂现场,便可对工厂环境、设备运行状态进行远程、实时地安全巡检。

3. 智能检测系统的应用

依托5G+工业云视觉检测技术,利用5G网络访问平台大量实时、高质量的数据,捷普公司可在电路板制造的早期阶段发现潜在的错误,检测故障的准确率达80%,节省了约17%的人工成本和约10%的能源消耗[3];利用"5G+VR+数字孪生"运维技术,重庆新兴通用传动的热处理工厂让作业人员能远程、实时地对设备进行点检及维护,有效地缩短了人员作业时间,提高了25%的设备运维效率;通过对工艺数据可视化展现及对产品质量实时分析预测报警,使作业人员能精准控制热处理过程的工艺,提升了5%的产品合格率。

4.2.4 仿真试验系统技术

1. 仿真试验系统概念及分类

仿真试验系统是复杂产品研制的重要支撑手段,通过提供实装(L)、模拟(V)、构造(C)仿真的基础设施和集成手段,支持模型在环(model in the loop, miL)、软件在环(software-in-the-loop, siL)、硬件在环(hardware-in-the-loop, hiL)的仿真试验,并在更复杂的场景构设等方面,支持对复杂产品功能、性能、可靠性等进行充分验证以及开展各类决策支持。对于"智能+"时代的工业系统而言,仿真试验系统已经不仅是一类只局限于支持开展复杂产品试验验证的系统,而是快速发展成为面向论证、研发、试验、生产、培训、运行和维护等全生命周期各个环节进行仿真赋能的系统,如图4-4所示。

2. 仿真试验系统接入技术[9,11]

典型仿真试验系统(如高效能仿真计算机系统、LVC仿真系统等)的接入技术主要包括仿真试验系统封装、虚拟化、服务化等内容,具体如图4-5所示。

1)仿真试验系统封装

高效能仿真计算机系统、LVC仿真系统的数字化条件通常比较好,有相应的资源管理系统或者计算机控制系统,通过增加一台双网卡的网关服务器,即可实现其内部局域网/工控网与外部工业云网络的连接。

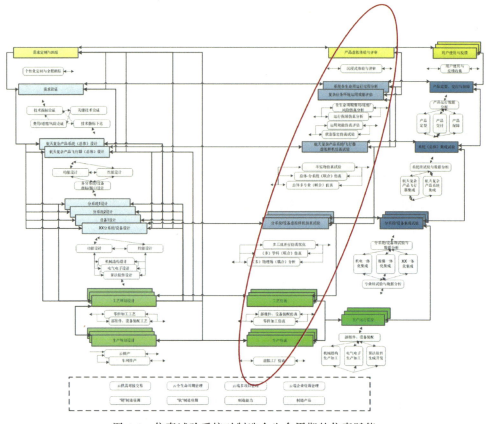

图 4-4 仿真试验系统对制造全生命周期的仿真赋能

2) 仿真试验系统虚拟化

仿真试验系统虚拟化主要是将异构异类的仿真试验系统进行有效分类,用于资源的查找、匹配,在此基础之上,将同类仿真试验系统进行统一抽象,基于元数据描述模板,定义其功能、性能以及多任务特性等,以便于资源的统一管理与分配。

3) 仿真试验系统服务化

瞄准在线应用仿真试验系统开展各类任务,提供基于 Web 的作业提交与管理服务、基于虚拟界面的资源操作与交互服务以及基于三维视景的状态监控与可视化服务,支持将仿真试验系统封装成工业云中的 APP 共享使用。

3. 仿真试验系统云化使用[12-14]

基于高效能仿真计算机系统、LVC 仿真系统的接入,在工业云中开展以用户为中心,人/机/物/环境/信息融合,互联化(协同化)、服务化、个性化(定制化)、柔性化、社会化和智能化的仿真试验系统应用。仿真试验系统云化使用如图 4-6 所示。

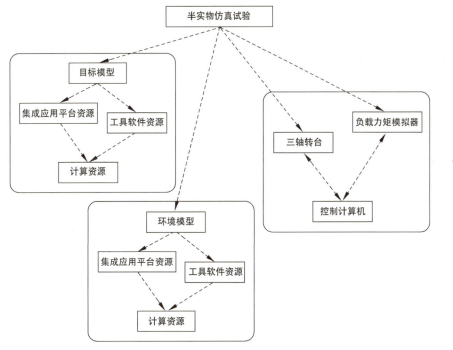

图 4-5 典型仿真试验系统的构成及接入技术

图 4-6 仿真试验系统云化使用图示

1) 高效能仿真计算机系统云化使用

面向二类仿真用户(复杂系统高端建模仿真及按需提供高性能仿真云服务)、三类仿真(数学、人在回路、硬件在回路/嵌入式仿真),根据仿真任务的需求,动态构建虚拟化的仿真应用,支持开展多级并行仿真,高效进行多工况的仿真试验。

2) LVC 仿真系统云化使用

针对复杂任务和复杂环境开展高端装备效能评估和决策支持,基于实物/半实物、模拟器和物理效应设备,开展复杂 LVC 仿真试验系统的联合按需构建,并在广域网范围内和工业云内进行分布式联合仿真应用。

4.2.5 3D 打印系统

1. 3D 打印技术概述

增材制造(additive manufacturing,AM)俗称 3D 打印是一种基于离散堆积原理成形实体物品的新型制造方式。自 1983 年美国科学家查理斯·赫尔(Charles Hull)发明第一台商业打印机以来,3D 打印经过多年的发展已逐步融入各行各业中,广泛应用于航空航天、汽车制造、军事和医疗等领域。

3D 打印技术带来的创新正演变成一种潮流,打破了传统思维方式和制造模式,为制造业发展开辟了崭新的广阔天地。如今随着信息技术和工业互联网技术的发展,3D 打印也不再是单一的制造形式,正逐步往高度集成化、智能化方向发展。

2. 3D 打印技术

3D 打印技术自问世以来就依靠着信息技术发展,可以说 3D 打印技术与信息技术密不可分,人工智能、AI、大数据、云计算和物联网等新一代信息技术的发展,为 3D 打印技术二次赋能,不论技术工艺还是生产模式都给其带来了颠覆性的改变。基于工业云的 3D 打印服务模式,正逐步被传统制造企业所接受,以高度集成化、网络化为核心,把单一的 3D 打印制造云化,通过工业云平台统一管控。同时提供标准化数据接口及硬件接口,为用户提供数据准备、远程切片、任务管理、数据安全、文件传输和分配制造等 3D 打印全流程协同制造服务。

4.3 智慧工业互联网引擎专件技术

4.3.1 工业大数据引擎技术

工业云的工业大数据引擎是实现工业大数据采集、存储、计算、挖掘和管理的重要工具,在多源异构数据的关联与整合基础上,利用大数据、人工智能等技术挖掘发现数据内在价值,为用户提供各种服务。

1. 工业大数据引擎技术的内涵

工业大数据引擎(图 4-7)是工业大数据进行收集、存储、计算、挖掘和管理的重要工具,通过融合数据建模和人工智能等技术,结合通用算法模型与行业算法模型等,为开发者提供大数据分布式计算框架、流式计算框架及流程式大数据分析建模的功能,提供可视化的操作界面;提供数据源添加、格式转换、数据清洗、离线分析作业、基于 Spark 的机器学习作业、流式作业、关系型分析查询作业和数据结果输出等大数据分析操作。

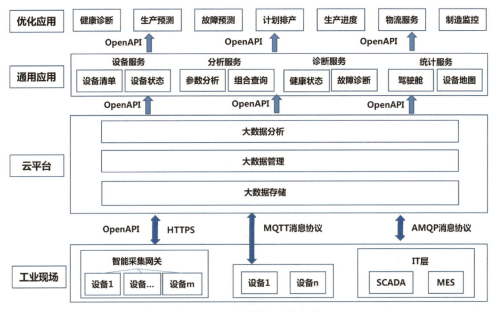

图 4-7　工业大数据引擎架构

工业大数据引擎技术的核心是解决工业大数据开发者缺乏开发环境与工具等问题，面向大数据开发者，提供可视化的操作界面；提供数据源添加、格式转换、数据清洗、离线分析作业、基于 Spark 的机器学习作业、流式作业、关系型分析查询作业和数据结果输出等大数据分析操作；与工业云平台的大数据存储、中间件服务等深度整合，可以作为大数据分析引擎的输入源或输出目的地。

工业大数据引擎包括数据计算、数据分析和平台服务三个层次，数据安全、数据管理和管理配置三个保障功能，提供数据存储、计算、分析、展现能力，支撑业务应用建设。

2. 工业大数据引擎技术的关键技术

工业大数据引擎技术包括数据采集与交换、数据存储与管理、数据分析与挖掘等方面的关键技术，而且不同于传统大数据技术，工业大数据关键技术有其独有的特点，主要体现在大数据采集与感知、大数据集成与清洗、大数据存储与管理、大数据智能分析与挖掘、大数据可视化、大数据标准与质量体系和大数据安全等方面。

1）数据采集与交换

数据采集与交换是实现统一的数据采集、数据抽取和数据交换的能力。其中，数据采集涵盖主动采集和被动同步，提供流式数据采集、数据库 ETL、网络数据采集等功能，支持实现百万工业设备、服务、产品的数据采集和标准化处理；支持海量工业设备、服务、产品数据的实时采集、数据库数据采集以及网络数据采集。

流式数据采集主要提供对工业系统的网络监控、日志、工业设备传感器等的流式实时数据采集功能,支持百万设备的数据并发采集,支持数据格式的解析、转换等。

数据库 ETL 主要提供对工业服务系统或产品的采集功能,支持 MySQL、Oracle、SQL Server、PostgreSQL 等结构化数据库采集;支持 Json、XML、CSV 等半结构化数据采集;支持大数据量、高并发、完善的异常处理以及 Java 扩展;支持 ETL 流程设计;支持批量运行 ETL 任务。

网络数据采集主要提供工业服务系统或产品中非结构化数据的采集功能,支持 Office、PDF、文本、图片、视频等非结构化数据采集。

2) 数据存储与管理

数据存储主要实现百万工业设备、服务、产品数据的存储,满足相关制造数据、业务数据和基础数据等主数据 TB/PB 级的存储,同时提供配套的数据治理功能。数据存储包含大数据中心、业务数据、主数据和元数据等的数据存储与管理。

(1) 大数据中心,主要实现异构数据源存储,提供关系型数据库(航天紫光分布式数据库、MySQL、PostgreSQL)、分布式列式数据库(HBase、Cassandra)、时序数据库(InfluxDB)、文档数据库(MongoDB)、分布式文件存储(HDFS)、对象存储和图数据库等多种数据存储方式;提供实时数据存储、离线数据存储,支持 TB/PB 级别数据存储需求,支持主从设备,实现故障自动秒级切换,支持自动备份,支持弹性扩展,支持数据加密;提供标准的 RESTful API 接口用于数据查询;提供 JDBC 数据库连接;提供数据管理监控工具,实现各类数据存储服务的动态扩容和资源监控,保证存储服务的可靠性[9]。

(2) 业务数据,主要实现丰富业务场景下的业务数据存储。支持包括研发设计数据、生产制造数据、设备工况数据、服务维修数据及管理数据的存储,实现数据和业务的深度融合。

(3) 主数据,主要实现各主数据之间的数据共享,统一数据编码,加速应用开发。支持包括用户数据、设备数据、供应商数据和服务商数据等静态数据存储,将全部数据划分成一些可以管理的单位,能在较长时间内为 INDICS 平台信息资源提供稳定的服务。

(4) 元数据,主要实现各元数据的管理维护。支持包括业务元数据、技术元数据、设备元数据和流程元数据的存储。

3) 数据分析与挖掘

数据分析与挖掘是指主要实现工业设备、服务、产品的数据实时计算、离线分析或分布式计算,满足对企业数据资产统计分析或挖掘潜在数据价值,支持用户更快速地构建涵盖研发、生产、服务、管理的四大类工业应用。

(1) 流式实时计算,主要实现对设备在线时长、设备统计监控等实时数据进行分析。提供 Storm、Spark Streaming 分析引擎,支持批处理,支持 Java、SQL 编程语言。

(2) 分布式离线分析,主要是对设备生产数据、产线的过程数据等历史数据的离线分析,实现设备故障分析、生产过程优化等。提供 Map Reduce、Hive、Pig 分析引擎,支持海量数据批处理,支持 Java、SQL 编程语言。

(3) 内存计算,主要实现对服务、产品、交易行为等历史数据的离线分析。提供高于分布式离线分析 100 倍速度的离线分析,支持 Java、Python、Scala、SQL 多种编程语言,支持超过 80 种机器学习算法,支持批量处理、交互式查询、图像处理等。

4) 数据应用开发支撑

在数据接入、存储、分析的基础上,提供应用开发工具,包含数据可视化、算法建模工具等。

(1) 数据可视化,支持可视化数据分析,支持交互化图表,支持海量数据处理,可以快速构建工业应用。

(2) 算法建模工具,支持源数据管理,提供拖拽式设计数据分析流程,提供多种预处理、特征工程、自然语言处理、统计分析、机器学习和深度学习算法,提供丰富的图表,可以快速建立工业模型。

4.3.2 工业互联网仿真引擎技术

1. 工业互联网仿真引擎技术内涵

工业互联网仿真引擎技术以应用领域的需求为背景,基于云计算理念,综合应用各类技术,包括复杂系统模型技术、高性能计算技术、先进分布仿真技术/VR 技术、现代网络技术、虚拟化技术、普适化技术、人工智能技术、产品全生命周期管理技术、管理技术、系统工程技术及其应用领域有关的专业技术等,实现系统/联邦中各类资源(包括系统/项目参与单位有关的模型资源、计算资源、存储资源、网络资源、数据资源、信息资源、知识资源、软件资源,与应用相关的物理效应设备及仿真器等)安全地按需共享与重用,实现网上资源多用户按需协同互操作,实现系统/联邦动态优化调度运行,进而支持工程与非工程领域内已有或设想的复杂系统/项目进行论证、研究、分析、设计、加工生产、试验、运行、评估、维护和报废等全生命周期的活动仿真。

工业云仿真引擎通过对产品全生命周期过程建模和仿真支撑,优化产品的设计质量和制造过程,优化生产管理和资源规划,使产品的开发周期和成本最小化,促进企业提高生产力、缩短产品上市时间、采取更灵活的生产模式以及提高资源和能源利用效率。

工业云仿真引擎是一种层次化的服务,在计算资源、模型资源和软件资源等基础上,提供中间层包括 HLA、GRID、XML 等,用于资源间的互操作;在中间层之上是支撑服务层,提供模型调度和时间管理等核心服务;最上层是建模与仿真工具集,它是直接面向用户的应用。此外,工业云仿真引擎可以和虚拟样机全生命周期活动中的其他部分紧密集成,实现虚拟样机全生命周期活动的管理。

2. 工业互联网仿真引擎关键技术

1) 构建跨领域、多尺度知识模型的多层次模型库

目前,构建工业云仿真应用中多领域建模常用的四种方法为基于各领域商用仿真软件接口的建模方法、基于高层体系结构的建模方法、基于统一建模语言的多领域建模方法和基于云制造环境下的多领域建模方法。

四种方法中,由于各领域仿真软件间接口的封闭性,基于商用仿真软件接口的方法较难处理涉及多个仿真软件耦合的系统建模问题。基于高层体系结构的建模方法虽然解决了商用仿真软件与高层体系结构标准集成的通用性问题,但仿真系统设计实现过于复杂,同时受到商业软件不同程度的限制。基于统一建模语言的多领域建模仿真方法具有与领域无关的通用模型描述能力,对于任何使用微分方程或者代数仿真描述的系统,基于统一建模语言,以组件连接机制来建造模型并进行集成,实现不同领域子系统模型间的无缝集成;基于云制造环境下多领域建模的方法以工业云平台体系结构和开发环境为载体,结合软件资源的虚拟化和服务化以及统一建模语言,实现仿真系统模型的云端快速集成与运行。

目前,基于云制造环境下多领域建模方法的相关研究已逐步展开,其中构建跨领域、多尺度、多层次模型库也成为面向工业云仿真技术不可或缺的关键技术。

(1) 基于云架构的跨领域、多尺度、多层次模型仿真模型微服务抽象与封装

在轻量级虚拟化云架构基础之上,通过仿真系统建模"微服务"的理念,支持系统仿真建模资源更细粒度的共享。基于轻量级虚拟化的仿真建模资源描述框架,支持基于多领域系统仿真模型构建相关微服务的功能、性能、接口到微服务组合的逐层抽象与封装。

(2) 基于仿真工具容器化的仿真微服务互操作、重用与组合

借助容器可积木化灵活组合的优势,基于容器实现系统仿真建模所涉及的微服务互操作、重用与组合。基于互操作、可重用接口的分类和定义,通过典型仿真支撑工具的容器化封装,在容器系统中支持面向复杂仿真系统的组合。

(3) 基于容器镜像仓库的多中心仿真模型资源整合与共享

在多中心联邦式集成云环境下,采用容器镜像仓库对封装成微服务的仿真建模资源进行有效组织和管理。对基于容器镜像仓库的资源整合与共享服务,重点考虑仿真模型构建任务的特性,实现基于多智能代理的资源全局优化配置。

2) 大数据驱动的智能虚拟样机技术

智能虚拟样机

传统虚拟样机技术往往较多地关注产品全生命周期中的设计阶段的建模与仿真,而产品设计阶段虚拟样机缺少与生产制造、服务等阶段实际运行数据的双向交互。就系统建模仿真全生命周期完整性而言,虚拟样机的迭代更新与优化过程未形成闭环。目前,基于工业云仿真引擎,结合云计算、边缘计算和大数据分析等技术,使得产品全生命周期各阶段数据的深度融合成为可能,制造行业基于大数据驱动的智能虚拟样机技术实践已逐步展开。大数据驱动的智能虚拟样机技术拓展了

虚拟样机的应用领域,体现了数字孪生对产品设计阶段虚拟样机的需求。大数据驱动的智能虚拟样机技术涵盖以下关键技术。

(1) 面向产品全生命周期的数据治理与质量评估技术

利用云制造边缘侧的海量现场数据与终端计算能力,配合工业云的大规模仿真计算能力,可有效突破传统工业互联网平台中网络化仿真数据实时性弱、工业云中心仿真能力及高并发数据处理能力不足等瓶颈。应用多源数据融合方法进行关键缺失数据值清洗、动态插补等技术,实现产品虚拟样机构建所需跨阶段数据源接口集成,形成数据提取、数据治理与质量评估流程。

(2) 智能虚拟样机构建与自修正优化技术

在打通产品全生命周期各阶段数据流转过程后,基于随机场、贝叶斯等模型修正方法,通过条件概率模型、先验/后验等概率分析方法,实现智能虚拟样机的参数预修正,并基于特征支持向量机回归等模型,利用实时数据进行产品性能的优化和预测。

3) 多学科虚拟样机协同设计与仿真

基于多领域统一建模语言及产线仿真与服务模型构建,通过软件定义的流程建模工具,串联产品设计、制造、服务等阶段的产品数据管理(product data management,PDM)、MES、故障预测和健康管理(prognostics health management,PHM)等业务,实现基于统一数据源的产品智能虚拟样机的协同设计与仿真。

4) 离散制造生产系统仿真技术

新一代人工智能和数字孪生技术的融合,正逐步推动复杂制造系统环境下,基于虚实融合系统的企业资源与服务的动态调度及运行优化的应用实现。基于OPC UA 信息模型技术,构建数字孪生虚拟仿真系统与生产线物理系统虚实融合模型,实现离散生产系统中虚拟系统和物理实体系统的充分融合;基于生产系统的实时感知、动态控制、实时协同和离散事件仿真技术解决离散生产系统在多扰动因素下对资源与服务的实时动态调度与运行同步优化,最终实现生产智能化和精准化。

(1) 基于 OPC UA 的生产系统虚实互联信息模型建模技术

面对离散制造生产系统的自动化集成和信息化系统复杂性的日益提高及规模的日益庞大,集成系统中存在大量的过程数据如何传输和如何建模等问题,而OPC UA 技术不仅在数据传输,而且在数据建模方面都将是未来应用发展的趋势。

基于 OPC UA 技术的信息模型技术,对离散生产系统要素进行建模,实现生产线虚拟信息模型的搭建,基于 OPC UA 统一通信协议实现生产线虚拟与物理系统的虚实映射。通过分析生产线虚拟系统与物理系统,明确系统在各个维度上的组成,采用 OPC UA 与 XML 技术相结合的方法,对各基本要素进行信息模型构建、编译和实例化;根据生产线功能系统间的联系,利用基本要素信息模型组建各功能系统,通过横向和纵向集成,构建生产系统信息模型。

(2) 基于大数据和人工智能的离散生产系统虚实融合技术

基于快速建模技术、三维模型直接建模技术、模型优化技术和组态化仿真技术,实现虚拟生产系统的搭建与仿真运行;基于工业互联技术实现物理离散生产系统与基于 OPC UA 的生产系统虚实互联信息模型的编译和实例化,实现离散生产系统在质量/工艺数据、设备/产线运行数据、企业业务数据的虚实映射融合。

利用智能大数据分析技术和模式识别技术,应用具有感知器结构的神经网络模型或联想记忆等算法模型实现征兆集到故障集之间的非线性特征映射关系,建立异常诊断预测系统,支撑针对生产方案不满足产能或周期要求、生产过程等出现异常的情况进行仿真分析,获取产品生产最优资源调度和配置方案,并将这些优化参数回传给物理系统和设备进行动态资源调度和运行优化配置,实现产线信息物理数字孪生体双向动态联动融合。

数字孪生

(3)融合新一代人工智能和数字孪生的制造过程资源动态调度及运行优化机制

生产制造过程资源调度需要优化算法的支持,这是离散生产制造系统运行需要解决的核心问题。仿真优化方法在解决在制品(work-in-process,WIP)数量、交货期、设备故障等调度问题上具有功能可伸缩、过程透明可控等特点。

4.3.3 工业互联网人工智能引擎技术

工业互联网人工智能引擎是面向工业大数据提供人工智能算法以及模型开发、运行的基础环境,并提供配套算法、模型的管理和训练能力等的服务引擎。利用机器学习和深度学习的基础算法,建立面向应用场景的工业设备、生产、决策模型,并提供开源项目托管服务,逐步实现工业知识、工业资产和工业数据的智能化运行和智慧企业。

1. 工业互联网人工智能引擎技术内涵

工业互联网人工智能引擎技术以核心算法突破、计算能力提升、海量数据为支撑,推动各领域从数字化、网络化向智能化加速跃升。它通过大数据、人工智能与工业知识相融合等技术,实现工业知识抽取、机理模型快速构建、知识图谱挖掘等功能,满足快速开发工业模型或算法,灵活构建工业应用的需求。

工业互联网人工智能引擎是基于 CPU、GPU 构建基础计算能力,并利用网络计算和存储资源等作为底层硬件基础资源支撑,面向工业大数据提供人工智能算法、模型开发、运行环境及配套管理和训练能力等服务。工业互联网人工智能引擎架构如图 4-8 所示。

(1)统一的人工智能算法运行环境,兼容 Tensor Flow、Caffe、Paddle Paddle 等主流人工智能计算框架,支持多种计算运行库、容器化与虚拟化环境,以及分布式计算、图式计算、CPU+GPU 混合计算等图形计算集群,利用分布式计算和 GPU 运算的优势,提高模型训练效率,实现为人工智能开发者提供快速可靠的开发运行环境。

(2)通用算法库和行业算法库,支持神经网络、向量机、蚁群等通用算法,以及

图 4-8 工业互联网人工智能引擎架构

结合人工智能技术的信号分析、缺陷识别、故障诊断等应用在各行业具体场景的行业算法。

（3）工业智能训练环境，提供代码构建和图形化构建两种模型构建工具，提供创建模型训练环境和训练模型任务，支持数据清洗、特征工程、模型训练、模型验证、模型评估等功能，并可对训练完成的任务进行模型部署和模型版本管理。

（4）工业机理模型库，用于统一管理工业和大数据应用模型，将训练完成的模型在云平台发布至模型库，通过上传、下载、授权等方式进行管理和调用，实现模型在云平台的沉淀和用户服务能力的共享，支撑具体应用场景。

2. 工业互联网人工智能引擎关键技术

1) 海量数据分析处理

工业互联网人工智能引擎实现对工业数据资源统一调度与监控，中间件的统一接入与管理；采用 Hadoop＋Docker 的镜像模式为应用提供高效、稳定和弹性的服务运行环境，支持对模型与算法多源训练数据进行存储和管理；通过 Spring MVC 技术，支持数据以 RESTFUL API 接口方式接入，兼容 JSON、XML、CSV、JPG、PNG 等多种数据格式。

2）支持多源异构计算框架

跨平台工业互联网人工智能引擎服务采用容器化技术、GPU 虚拟化技术，提供统一的人工智能算法和模型的训练环境和运行环境，支持 Tensor Flow、Caffe、Paddle Paddle 等开源人工智能框架，提供模型训练、模型部署和模型版本管理全套模型管理服务，提供人工智能开发环境与开发框架以及可视化建模工具，支撑工业人工智能模型的快速搭建与应用的便捷开发。

3）模型与算法服务开放式接入

基于机器学习、深度学习通用算法，结合工业专业知识，形成大数据＋行业机理模型的具有业务特征的新型算法模型，同时支持第三方模型算法的开放式接入与管理。基于算法建模脚本工具，支持 RESTFUL API 接口方式接入人工智能服务类接口。通过海量工业机理模型和算法的开放式和可扩展接入，聚集可重用的通用和行业机理模型与算法服务，满足丰富应用场景下行业知识的快速复用。

4.3.4　工业互联网区块链引擎技术

当前工业云平台的发展面临着一些挑战，例如，如何公开透明地将多方协作信息向所有参与者发布；如何杜绝多方合作过程中的恶意数据篡改和造假的可能等。传统的中心化系统架构无法有效地解决这些问题，从而严重制约着工业云平台的进一步扩大。区块链作为近年来兴起的分布式账本技术，具有去中心化、不可篡改、可追溯、高可信和高可用的特性[15]，区块链技术的应用对工业云平台克服上述问题有重要意义。通过利用区块链数据确权、不可篡改的特性，可以使工业云平台的各参与主体能够在安全、平等、可信的前提下，顺利实现数据转移、支付交易、业务对接和质量追溯等业务。

1. 区块链引擎技术内涵

区块链引擎是工业云平台为用户提供高效、开放、安全、弹性的区块链服务体系的重要工具，它支持用户在弹性、开放的云平台快速构建自己的区块链基础设施和区块链服务。一方面支撑工业云平台自身云制造业务；另一方面为工业云平台的生态用户提供自有区块链服务的能力，实现工业互联网与区块链的有机融合，从而支撑适合工业互联网特色的区块链应用生态建设。

区块链引擎通过分布式账本架构、账户体系管理及资源管理工具，将区块链记账能力、区块链应用开发能力、区块链配套设施能力等转化为图形化用户界面和应用编程接口，打破企业应用区块链技术的行业壁垒，简化部署运维及开发流程，实现对区块链的定制、管理、服务保障,以及对智能合约开发、运行和管理的支撑,支持用户按需快速构建自主可控的区块链网络,推动业务快速上链,确保数据交换环境、身份及数据的可信,数据可追溯。

区块链引擎包含区块链基础框架、区块链服务、区块链 API 三部分。区块链基础框架是结合工业云平台的虚拟化和容器化技术,实现对主流区块链框架的部署运行,对区块链计算资源的弹性伸缩。区块链服务将区块链功能、业务层对接通过云平台进行统一集中化管理,使得应用开发过程和应用部署过程变得简单高效,让企业开发者专注于上层开发,大幅降低区块链使用门槛。区块链 API 封装了一系列与区块链网络打交道的基本方法,提供区块链相关接口调用 API,从而支持上层示范应用的开发,使开发者基于平台数据及区块链服务功能实现应用创新。云区块链引擎技术架构如图 4-9 所示。

图 4-9　云区块链引擎技术架构

2. 区块链引擎关键技术

1) 区块链服务自主可控构建技术

区块链所需的基础资源和服务选型繁多,配置部署技术复杂度高,整合难度大。区块链服务自主可控构建技术充分利用云计算底层虚拟容器管理机制,实现区块链计算节点投放数量、节点配置动态调整;利用负载均衡的大规模并行计算资源调度和容器管理技术,实现对区块链的容器化定制部署运行,提供图形化操作界面,由用户触发,实现多链隔离创建以及对区块链计算资源的弹性伸缩。

在区块链服务的存储管理方面,根据工业云平台接入设备数据、交易数据的数据特性,基于区块链选取相适应的数据结构、数字签名等方式,以适应工业云平台对于安全性的要求;在区块链网络通信和共识机制方面,依据参与企业所构成的联盟链的特性,选取相应的传播机制与共识机制,在最大程度保障平台用户多样性、普遍性的同时,保证平台用户质量,确保平台业务正常运行;在区块链访问权限配置方面,提供图形化策略设置界面,支持配置通道策略和背书策略等,实现对不同用户访问权限的控制。云区块链引擎在充分复用物理资源的基础上,支持多企业多机构间复杂业务的并行上链,轻量级多链并发隔离,帮助开发者降低区块链技术与应用门槛,专注于业务模型和业务应用,在工业云平台快速打造企业级的区块链应用。

2)区块链可视化运维管理技术

利用工业云平台的 PaaS 层管理工具,收集系统中运行的状态数据(包括节点状况以及底层机器资源使用状况),从而监控区块链底层物理资源的使用情况及节点容器运行状态,并可视化地分析呈现,为上层区块链服务的运行提供安全保障;提供针对区块账本数据查看的可视化工具,读取区块账本数据,包括节点、区块、交易等信息,用于区块链数据检索分析;状态账本以数据库的形式存储了业务数据,通过编写智能合约实现对状态账本的条件查询,从而支撑用户对业务数据的多样化查询需求。

3)智能合约全生命周期管理技术

智能合约将业务网络交易逻辑封装在代码中,可以根据用户对于数据的共享诉求和参与平台业务的模式,设置科学合理的数据调用接口,实现多业务访问下企业数据的细粒度访问共享机制,支持对数据流向进行合规性判定,实现基于智能合约的数据访问控制和可信追溯,保障用户的业务数据安全、不可篡改。

智能合约管理将提供智能合约的 IDE,方便平台用户开发、调试智能合约,建立智能合约的全生命周期管理机制,涵盖合约从安装、实例化、调用、升级到注销流程,并提供图形化的界面,帮助开发人员进行智能合约的管理。

此外,云区块链引擎将提供两种合约——标准化合约、可编程合约。标准化合约主要针对场景相对简单、标准化程度较高,同时对执行效率有很高要求的业务需求。标准化合约可以通过配置生成直接挂在链上,无须编程,降低上层应用使用的成本,提升合约执行的效率。为了应对用户复杂的业务逻辑,引擎也支持用户自编程,并且提供丰富的合约组件供用户针对特定的需求快速构建应用,对于通用的场景,如存证应用,提供相应的模板,用户不需要从头编写代码,只需要在现有模板上增加自己的业务逻辑就可以建立成熟的合约应用。

参考文献

[1] 周济.智能制造:"中国制造2025"的主攻方向[J].中国机械工程,2015,26(17):2273-2284.
[2] 于会龙.机床大数据采集与存储技术研究[J].机电信息,2020(30):84-87.
[3] 何英武,陈剑飞,范家乐,等.工业互联网标识解析体系在数控系统中的应用设计[J].机电产品开发与创新,2020(9):64-77.
[4] 顾巍,邢焕武.智能化数控机床的关键技术研究[J].中阿科技论坛(中英阿文),2019(10):49-52+64-68.
[5] 韦江波.刀具磨损在线监测技术的探讨[J].柳州职业技术学院学报,2011(11):55-58.
[6] 刘宁.工业机器人安装及调试[J].河北农机,2019(3):41-42.
[7] 杨一昕,皮智波,郭孔辉.基于工业互联网控制的机器人休眠技术[J].机械设计,2020(3):14-18.
[8] 王喜文."5G+工业互联网"四大应用场景[J].全球商业经典,2020(8):36-41.
[9] 李伯虎,宋长峰,唐震,等.一种基于云计算理念的网络化建模与仿真平台:"云仿真平台"[J].系统仿真学报,2009,21(17):5292-5299.
[10] LI B H,SHI G Q,LIN T Y,et al. Smart Simulation Cloud(Simulation Cloud 2.0)——The Newly Development of Simulation Cloud[C]. ASIASIM 2018,Kyoto,Japan,2018.
[11] 林廷宇.复杂产品云制造资源能力虚拟化服务化管理关键技术研究[D].北京:北京航空航天大学,2014.
[12] 杨晨,李伯虎,柴旭东,等.面向云制造的云仿真支撑框架及应用过程模型[J].计算机集成制造系统,2012,18(7):1444-1452.
[13] 李伯虎,柴旭东,李潭,等.复杂系统高效能仿真技术研究[J].中国电子科学研究院学报,2012,7(3):221-228.
[14] 翟岩龙,孙文心,包天虹,等.基于微服务的边缘侧仿真方法及框架研究[J].系统仿真学报,2018,30(12):4536-4545.
[15] 陈烨,许冬瑾,肖亮.基于区块链的网络安全技术综述[J].电信科学,2018,34(3):10-16.

第 5 章 智慧工业互联网感知/接入/通信层技术

新型智能感知技术是新型工业互联网的支柱与基石,其本质上是传感器与人工智能、大数据、边缘计算技术的结合,不仅拥有通过传感器获取外部信息数据的能力,也能通过记忆、学习、推理和判断等智能化过程,实现对外部环境、对象类别与属性的认知能力。本章论述的智慧工业互联网感知/接入/通信层技术主要包括新感知单元及传输网络技术。

5.1 新感知单元

全球传感器市场已达百亿级,到 2025 年有望达到万亿级水平。近年来,传感器正在由传统单一型向微型化、智能化、多功能化、集成化、系统化、网络化方向发展。现代信息技术的三大基础是信息的采集、传输和处理技术,即传感器技术、通信技术和计算机技术,它们构成了信息技术系统的"感官""神经""大脑"[1]。

5.1.1 微型化传感技术

1. 技术内涵

微型传感器是基于微电子系统和微型加工技术制造的一类数据采集设备,具有体积小、质量轻、能耗低等特点。在工业互联网时代,微型传感器因其具有极好的敏感特性,所以在工业控制领域常作为信号探测使用,如在航空、医疗、工业自动化等领域,结合新型网络技术,实现远距离信号探测。

2. 相关技术

按照被测量的物理性质不同,微型传感器可分为化学微传感器、生物微传感器、物理微传感器等。典型的微型传感器有离子传感器、基因传感器、声表面波传感器等。

(1) 离子传感器——化学型。离子传感器是将溶液中的离子活度转换为电信号的传感器,其基本原理是利用固定在敏感膜上的离子识别材料有选择性地结合被传感的离子,从而发生膜电位或膜电压的改变,达到检测目的。离子传感器广泛应用在化学、医药、食品以及生物工程等行业中。

(2) 基因传感器——生物型。基因传感器通过固定在感受器表面上的已知核苷酸序列的单链脱氧核糖核酸(deoxyribo nucleic acid,DNA)分子(也称为 ssDNA 探针)和另一条互补的 ssDNA 分子(也称为目称 DNA 或靶 DNA)杂交,形成双链 DNA(dsDNA),换能器将杂交过程或结果所产生的变化转换成电、光、声等物理信号,通过解析这些响应信号,给出相关基因的信息。基因传感器也称 DNA 传感器。

(3) 声表面波传感器——物理型。声表面波传感器(surface acoustic wave,SAW)是利用声表面波技术和微机电系统技术,将各种非电量信息,如压力、温度、流量、磁场强度、加速度和角速度等的变化转换为声表面波振器振荡频率的变化的装置。

5.1.2 智能化传感技术

1. 技术内涵

智能传感器是一类具有微处理器、信息处理与存储系统、逻辑判断功能的传感系统,它充分利用计算机的计算和存储能力,对传感器的数据进行处理,并能对它的内部进行调节,使采集的数据最佳[2]。如基于光学感应采集信息的条形码,利用射频信号自动识别目标对象的 RFID 等新型智能化收集采集装置。智能传感器具有误差补偿、自诊断与自校准、多参数混合测量、实时处理大数据、可与计算机系统互联互通等优点。

2. 相关技术

1) 基于人工智能的智能化传感技术

随着人工智能技术的发展,基于知识系统、模糊逻辑、自动知识收集、神经网络和遗传算法等技术在传感器系统中的应用越来越广泛,这些人工智能技术具有最低的计算复杂度,可以应用于小型传感器、单一传感器或者采用低容量微型控制器阵列的系统。人工智能技术的进步推进了智能传感器的发展,使得智能传感器的功能逐步增强,它利用人工神经网络、人工智能信息处理技术,如传感器信息融合技术、模糊理论等,使传感器具有更高级的智能,具有分析、判断、自适应、自学习的功能,可以完成图像识别、特征检测、多维检测等复杂任务,如环境传感技术能将很多微型电子处理器和传感器集成到日常物品中,使其具有智能。

2) 基于新型网络的智能化传感技术

基于新型网络技术和智能技术的智能化传感技术广泛应用于系统前端远距离控制和数据侦测领域,能够适应各种物联网(传感网)技术的推广应用,实现在工业互联网、人工智能技术、移动智能终端、5G 技术标准下的新型网络化感与技术创新。可将移动或固定物体作为安装和应用传感器的平台和智能化节点,实现嵌入式、多功能复合与集成、模块化架构、网络化接口等协同式创新,以满足对一切物体智能化、无人化管理与控制的需求。随着智能制造技术和物联网技术的发展,基于新型网络技术的智能化传感技术的应用与发展正在助推传统工业企业向网络化、智能化转型升级。

5.1.3 多功能化传感技术

1. 技术内涵

多功能传感器是一类将具备多种物理量的数据感知采集装置与新型智能处理器或新型网络结合组成的,具有信息监测与处理功能的一类新型传感装置,具有多物理量采集、信息实时处理、数据分析与存储、数据高速传输等特点。如集聚偏氟乙烯(PVDF)材料、无触点皮肤敏感系统、压力敏感装置、微处理机及信号处理与传输于一体的人造皮肤触觉传感器具有在感触、刺激等方面的仿生功能。

2. 相关技术

多功能传感器是传感器技术中的一个新的发展方向。现在一般的单一传感器只能测量一个物理量。在工业生产、航空航天等领域,为了准确全面地认识对象或环境,以进一步进行控制,往往需要同时测量多个物理量,因此希望尽可能把几种敏感元件制作在一起,使一个传感器能同时测量几个参数,具有多种功能。这种多功能传感器体积小,功能强,采集的信息集中,便于进行信息处理。传感器的多种功能可以由一个敏感元件的不同物理(或化学)效应及其不同的特性来实现。随着传感器及微加工技术的发展,人们可以在同一材料或硅片上制作几种敏感元件,制成集成化多功能传感器,如测量温湿度和风速、测量物体表面光洁度和温度的传感器。

随着工业系统向着大型复杂化发展,基于多功能智能传感器的新型传感技术的应用,将极大地提高工业系统的数据采集和分析效率,助推工业转型化发展。

5.2 传输网络技术

5.2.1 专用无线网络通信技术

1. 技术内涵

专用无线网络通信技术是为专业用户提供无线通信服务的技术,一般称之为专网,面向军队、政府、警察、铁路、地铁、电力、石化、机场、港口、矿山和水利等不同行业的用户,承载的业务一般都涉及安全,因此建设这些网络并不以营利为目的,保证业务安全保密和网络稳定可靠是专用无线网络通信技术追求的目标。

专用无线网络的业务包括语音和数据。除去专用的数据网,其他专网均以语音业务为主,即使能够在网络中同时传输语音和数据,语音的优先级也是最高的,而且在未来相当长的时间里,这个局面也不会改变。在语音业务中,一呼百应的组呼业务是最重要的业务,组呼建立时间也成为衡量一个专用无线技术最重要的指标之一。由于技术进步,系统吞吐量不断提高,专网的数据业务重要性也在不断提升,在实际应用中,专网更多是被用来进行调度指挥,语音业务的重要性仍然无法撼动。

与使用传统公网相比,专用无线网络可为企业和其他组织带来巨大的好处,它具有如下优点。

(1) 强大的安全性和隔离性:根据无线协议和加密,专用 IoT 不允许任何其他设备连接到它,从而提供针对外部威胁的隔离功能。

(2) 全面的边缘计算功能:将所有 IoT 设备保持在安全的本地网络上,提高边缘计算应用程序的性能和分析能力。

(3) 低延迟和可靠性:尽管新的 5G 网络具有安全性和低延迟性,但本地网络也可以提供相同的功能,而无须依赖外部服务提供商。此外,5G 网络仍处于部署和频谱可用性的早期阶段。

(4) 成本控制:虽然它需要初始投资,但专用无线网络允许组织控制持续成本,因为外部提供商会收取使用费。

2. 相关技术

1) LTE 技术

长期演进(long term evolution,LTE)技术采用的是多种技术、多点协作、自组织网络等方式,达到高峰值速率,是一种高效的信道编译码技术,注重保证系统的安全性,具有极强的环境适应能力,并支持大量的业务类型。例如,随着城市轨道交通的快速发展,现有车地无线通信技术已经不能满足轨道交通业务发展的需求。与此同时,LTE 已经成为移动通信的发展趋势,在经过轨道交通行业的行业匹配后,LTE 无线专网无论是在抗干扰性、高速移动状态下大带宽以及多业务服务质量(quality of service,QoS)的保障方面,都能够满足轨道交通业务的需求。例如,河南郑州地铁 1 号线利用 LTE 技术的端到端解决方案提供能力,精心设计了乘客信息系统+车载视频监控一网承载方案,为改善郑州地铁 1 号线乘车环境,提升运营安全与效率提供了有力保障。

2) PDT 技术

专业数字集群标准(private digital trunking,PDT)是一种专网通信标准,它吸收了其他数字集群的优点,同时根据实际应用环境进行开发,更注重安全保密性。PDT 支持端到端语音、数据加密,网络安全性强。例如新疆 8 个地州实施 PDT 警用数字集群网改造项目,建设 PDT 数字集群通信网络,成为全国第一个实现超大区域覆盖、多中心联网的 PDT 数字集群网络。在处理应急突发事件时,该 PDT 数字集群网可满足各部门协同作战、统一指挥的需要,提高了一线作战部队的执行能力,节约了客户重复建网的成本,使得北疆在应对紧急事件、反恐救援、重大活动安保等任务时做到科技化、信息化,助力整个北疆的指挥调度能力迈上一个新台阶。

3) McWiLL 技术

多载波无线信息本地环路（multi-carrier wireless information local loop，McWiLL）技术兼具同步码分多址（synchronous code division multiple access，SCDMA）和正交频分多址（orthogonal frequency division multiple access，OFDMA）的双重优点，具有较强的对抗相邻小区干扰的能力，可以有效提高系统同频组网能力。McWiLL 技术由于系统本身的先进性，可用带宽更高，用户能够体验到更多的新业务，同时 McWiLL 系统支持深度定制，能够根据市场需求快速定制业务模式和产品形态，这些都是其他运营商所无法比拟的显著优势。例如，中国移动通信集团公司即利用 McWiLL 技术自身覆盖范围广、非视距效果好、建网成本低、建设周期短、施工维护难度小、抗高低温等优势，实现了对西藏多个农村地区的无线信号覆盖，为西藏有关党政部门行政办公、远程党员教育、维稳处突、应急指挥以及重点行业、企业信息化建设提供了高效的信息通信保障，很好地促进了西藏农村地区信息化的全面快速发展。

5.2.2 移动互联/5G 通信网络技术

1. 技术内涵

移动互联网整合了移动设备和互联网的优势，是这两者相互融合的产物。运营商可以提供无线网络支持，互联网企业则可以提供各种应用。移动互联网不仅有随时随地随身的特性，还能进行分享和互动。

宽带无线移动通信技术的逐步发展推动着移动互联网业务的发展，使得互联网逐步推广开来，被广为熟知，其整合移动设备和互联网的优势，为移动网带来很大的应用空间。同时，也开创了可持续发展的商业模式，为传统的互联网类业务开拓出新的天地，使得移动网络宽带化的改进和提高都得到了推动。此项业务逐步发展为移动运营商最核心的业务之一。

移动互联网不同于传统的桌面互联网，是由立体网络组成的基础网络，全范围内的覆盖使得移动终端具有十分便捷联通的特点，这种联通可以通过多种形式实现，包括通用分组无线服务（general packet radio service，GPRS）、3G、4G、5G 和 WLAN 或 Wi-Fi。自 1G 时代开始，经过不断发展和探索，经历了 2G、3G 时代，目前已成功部署了 4G 网络，随着 5G 网络时代的到来，移动互联网技术的各项指标均得到大幅度提升。

2. 关键技术

1) 移动终端技术

移动终端技术主要分为终端先进制造技术、终端硬件平台技术和终端软件平台技术。终端先进制造技术是一类集成了机械工程、自动化、信息、电子技术等所形成的技术、设备和系统的统称。终端硬件平台技术是实现移动互联网信息输入、信息输出、信息存储与处理等技术的统称，一般分为处理器芯片技术、人机交互技术等。终端软件平台技术是指通过用户与硬件间的接口界面与移动终端进行数据或信息交换的技术统称,一般分为移动操作系统、移动中间件及移动应用程序等技术。

2) 移动网络管理技术

移动网络管理技术包含两种类型:IP 移动管理技术、独立媒体切换协议。IP 移动管理技术是以网络层为基础的移动性管理技术,能在异构的无线网络中,使用移动终端漫游。IPv6 技术是目前发展迅速的移动网络管理技术,该协议具有较高的安全性,且有充足的地址空间。基于 IPv6 技术,用户可实现地址自动配置,高效率解决了三角路由的问题。为了实现异构网络间的互操作,达到自由切换,可采用独立媒体切换协议,即 IEEE 802.21 协议。

3) 5G 技术

5G 技术是最新一代蜂窝移动通信技术,5G 组建的高性能移动互联网络能提供峰值 10Gbps 以上的带宽、毫秒级时延和超高密度连接,在提升峰值速率、移动性、时延和频谱效率等传统指标的基础上,新增加用户体验速率、连接数密度、流量密度和能效 4 个关键能力指标,实现网络性能新的跃升,开启万物互联,带来无限遐想的新时代。

与 5G 阶段的目标比较,当前的数据流量仅为其 0.1%,入网设备数量、用户数据速率仅为其 1%,电池续航能力仅为其 10%,端到端时延则是其 5 倍。其基本载体是移动终端,只要有网络,那么在任何时候、任何地点都可以连接。

5.2.3 天地一体化网络技术

1. 技术内涵

天地一体化信息网络是通过卫星、飞机、飞艇以及地面站间链路链接地面、海上、空中和太空中的用户、飞行器以及各种通信平台,采用智能高速处理、交换和路由技术准确获取、快速处理和高效传输信息的一体化高速宽带信息网络,即天基、空基和陆基一体化综合信息网络[2-3]。当前世界各主要发达国家都对天地一体化信息网络高度重视。

天地一体化信息网络包括技术体制和网络系统设施两大方面。其中,技术体制方面包括网络体系架构、功能指标体系、星座及组网、频谱及轨位协同、信息传输体制、多维度路由交换、业务服务体制设计、多层面安全防护、一体化运维管控等;网络系统设施方面包括天基骨干网、天基接入网、地基节点网、用户终端网、天基信息港和地面信息中心等。

与地面通信网络相比,由于应用环境的不同,天地一体化信息网络具有其自身技术特点:一是网络规模庞大、广域无缝覆盖,特别是对地观测网络和空中交通管制网络,更要求对全球各区域进行全天时、全天候,无缝通信、导航、观测和监视的覆盖,区域广泛、节点种类和数量繁多,网络结构复杂;二是网络拓扑时变、灵活机动,需要具有应对突发事件的应急组网能力,组网结构动态可变、运行状态复杂;三是多功能融合、信息协同能力强,它可针对不同的应用服务对各种信息资源进行管理、协调及优化,实现信息交换处理一体化,最大限度地开发、利用各种信息资源。

2. 关键技术

天地一体化信息网络是国家重大信息基础设施,可将人类活动拓展至空间、远海乃至深空。它以先进的网络通信技术,将太空、临空、天空和地面等基本平台构成无缝连接的一体化信息网络,不仅面向可见光线、紫外线、红外线、太赫兹、雷达、高光谱等多谱段信息,而且支持高速、宽带、大容量信息传输,能为各类用户提供安全可靠、不间断、实时、按需服务的信息。其涉及的关键技术众多,主要包括天网地网体系结构构建技术、天地一体网络协议体系构建技术、天地信息融合移动接入技术、天地一体化多层面网络安全保密技术和天地一体化多层级网络运维管理技术等。

5.2.4 工业网络传输技术

1. 技术内涵

传统的工业网络(或工业总线)是较小尺度上的联网。由于各工业巨头的利益割据,形成了多种总线规格,互不兼容,一般用于少量节点之间的通信,或分布式控制,如在一台机器上的控制器和数个伺服电动机之间通信,或将同一个厂房里的各机器联网并在远程进行生产数据统计。

随着工业互联网技术的发展,融合新一代信息技术、数字技术与智能化技术的工业控制网络,以工业以太网、有线通信网、无线通信网、软件定义网络/标识解析为基础网络,遵从若干工业网络协议和信息化层次模型,实时处理工业现场的测控信息,是新型工业云系统中的数据信息流转和处理通道。

2. 关键技术

(1) 工业以太网。工业以太网是兼容 IEEE 802.3/802.3u 的强大区域和单元网络,主流工业以太网技术有 Modbus TCP/IP、Ethernet/IP、ProfiNet、EtherCAT 等,具有 10/100Mbps 自适应传输速率,方便构成星型、线型和环型网络拓扑结构,可使用基于 Web 的网络管理等特点。与传统以太网技术相比,工业以太网具有抗干扰性高、通信速率高、软硬件产品丰富、应用广泛等特点。

(2) 工业有线通信网。工业有线通信网是采用同轴电缆、双绞线或光纤等传输介质将工业设备或控制系统连接起来,进行数据信息传输的通信网络,是应用最广、最普遍的工业网络连接形式,是最为常见的一种网络接入方式,但其传输速率和抗干扰能力较低,且易受到传输距离的限制。

在工业控制领域方面,工业设备之间通过有线网络连接的方式进行数据信息通信或提供服务,都必须遵循一定的数据传送控制的协议和约定,如 USB 协议、RS-232 协议、RS-485 协议、M-Bus 协议等。该协议通常按照通信双方需要完成的功能划分成若干层次,设备双方在共同层次进行联系,对双方传送数据的传送步骤及速度、同步数据的方式及格式都进行了统一的规定与约定,通信设备双方须共同遵守。

(3) 工业无线通信网。在计算机、通信和无线传感网络技术的快速发展下,低成本、低能耗、高灵敏度的数据传输要求的无线网络正成为复杂工业现场环境和高可靠性工业应用的关键网络传输通道。尤其是在 5G 技术的发展下,无线网络在工业应用上正在从传统的 Wi-Fi、蓝牙传输方式向着多协议、多标准的方向发展。

工业无线通信网络延伸了原有的工业有线网络覆盖范围,弥补了现有工业总线、有线网络的不足,在工业生产上发挥着巨大的作用,通过高效的工业无线网络将人与机器连接起来,大大加快了工业生产的决策速度,减少设备宕机时间,并增加工业企业网络冗余,使得工业生产运行时间和生产效率双提升,并有效地削减了投入成本,实现实时决策。

(4) CAN 总线技术。CAN 是 controller area network(控制器局域网络)的缩写,是由以研发和生产汽车电子产品著称的德国博世(BOSCH)公司开发的,并最终成为国际标准(ISO 11898),是国际上应用最广泛的现场总线之一。在北美和西欧,CAN 总线协议已经成为汽车计算机控制系统和嵌入式工业控制局域网的标准总线,并且拥有以 CAN 为底层协议专为大型货车和重工机械车辆设计的 J1939 协议。

CAN 的高性能和可靠性已被广泛认同,并被应用于工业自动化、船舶、医疗设备和工业设备等方面。现场总线是当今自动化领域技术发展的热点之一,被誉为自动化领域的计算机局域网。它的出现为分布式控制系统实现各节点之间实时、可靠的数据通信提供了强有力的技术支持。

5.2.5 时间敏感网络

1. 技术内涵

时间敏感网络(time-sensitive networking,TSN)通过以太网提供确定性能,它的持续发展已导致 IEEE 802.1 和 IEEE 802.3 标准发生重大更新。IEEE 802.3 开发并维护以太网的 PHY 和 MAC 标准,IEEE 802.1 开发并维护 Bridging(aka Switching)标准。通过 AVB、TSN,使得以太网进入硬实时领域应用[3]。

TSN 是一组以太网标准,允许通过 802 网络实现时间同步的低延迟流服务。通过标准以太网,TSN 创建了分布式、同步、硬实时系统的机制。这些系统使用相同的基础架构来提供实时控制并传达所有标准 IT 数据,从而为控制、测量、配置、用户界面(user interface,UI)和文件交换基础架构的融合提供动力。通过基于时间定义队列,TSN 可确保通过交换网络的流量具有有限的最大延迟。

TSN 并非涵盖整个网络,TSN 其实指的是在 IEEE 802.1 标准框架下,基于特定应用需求制定的一组"子标准",旨在为以太网协议建立"通用"的时间敏感机制,以确保网络数据传输的时间确定性。TSN 将会为以太网协议的媒体介入控制层

(MAC)提供一套通用的时间敏感机制,在确保以太网数据通信的时间确定性的同时,为不同协议网络之间的互操作提供了可能性。

2. 关键技术

由 IEEE 802.1 制定的 TSN 标准文档可以分为三个基本关键组件:时间同步,调度和流量整形,通信路径的选择、预留和容错。

1) 时间同步

TSN 网络中的时间同步可以通过不同的技术实现。从理论上讲,可以为每个终端设备和网络交换机配备全球定位系统(GPS)时钟。然而,这种方法不仅昂贵,而且无法保证 GPS 时钟始终接入卫星信号。由于这些限制,TSN 网络中的时间通常从一个中央时间源直接通过网络本身分配,也就是使用 IEEE 1588 精确时间协议完成。除了普遍适用的 IEEE 1588 规范之外,IEEE 802.1 委员会已经指定了一个 IEEE 1588 的概要文件,称为 IEEE 802.1AS。此配置文件的目的是将大量不同的 IEEE 1588 选项缩小到可管理的几个关键选项,这些选项适用于汽车或工业自动化环境中的网络。

2) 调度和流量整形

由于端口转发机制的限制,在标准的以太网中,实时性是难以保证的。调度和流量整形允许在同一网络上共存不同优先级的流量类别,每个类别对可用带宽和端到端延迟都有不同的要求。因此,所有参与实时通信的设备在处理和转发通信包时须遵循相同的规则。

3) 通信路径的选择、预留和容错

所有参与实时通信的设备在选择通信路径、预留带宽和容错方面都要遵循相同的规则,可以利用多条路径来实现故障排除,支持保护诸如安全相关的控制回路或车辆中的自动驾驶之类的安全应用,以防止硬件或网络中的故障。

5.2.6 软件定义网络

1. 技术内涵

软件定义网络(software defined network,SDN)是一种网络虚拟化方法,致力于优化网络资源,使网络快速适应不断变化的业务需求、应用程序和流量。它的工作方法是分离网络的控制平面和数据平面,创建与物理设备不同的软件可编程基础架构。

借助 SDN,网络编排、管理、分析和自动化功能成为 SDN 控制器的工作。由于这些控制器不属于网络设备,因此它们可以利用现代云计算和存储资源的规模、性能和可用性。SDN 控制器越来越多地建立在开放平台之上,采用开放标准和开放式应用程序编程接口(application programming interface,API),使它们能够编排、管理和控制来自不同供应商的网络设备。

SDN 带来诸多业务优势。控制层和传输层的分离,提高了灵活性并加快了新应用程序的上市时间,并能够更快地应对问题和故障,从而提高了网络可用性。此外,可编程性更便于 IT 组织实现网络功能的自动化,进而降低运营成本。

SDN 可以和网络功能虚拟化(network function virtualization,NFV)紧密结合。NFV 提供了虚拟化基于设备的网络功能的能力,如防火墙、负载平衡器和 WAN 加速器。SDN 提供的集中化控制可以有效管理和编排 NFV 支持的虚拟网络功能。

2. 关键技术

遵循 SDN 的层次架构,在 SDN 架构的每一层次上都具有很多核心技术,其目标是有效地分离控制层与转发层,支持逻辑上集中化的统一控制,提供灵活的开放接口等。其中,控制层是整个 SDN 的核心,系统中的南向接口与北向接口也是以它为中心进行命名的。

1) 交换机及南向接口技术

SDN 交换机是 SDN 网络中负责具体数据转发处理的设备。从本质上看,传统设备中无论是交换机还是路由器,其工作原理都是在收到数据包时,将数据包中的某些特征域与设备自身存储的一些表项进行比对,当发现匹配时则按照表项的要求进行相应处理。

SDN 交换机也是类似的原理,但是与传统设备存在差异的是,设备中的各个表项并非是由设备自身根据周边的网络环境在本地自行生成的,而是由远程控制器统一下发的,因此各种复杂的控制逻辑(如链路发现、地址学习、路由计算等)都无须在 SDN 交换机中实现。SDN 交换机可以忽略控制逻辑的实现,全力关注基于表项的数据处理,而数据处理的性能也就成为评价 SDN 交换机优劣的最关键指标,因此,很多高性能转发技术被提出,例如基于多张表以流水线方式进行高速处理的技术。

2) 控制器及北向接口技术

SDN 控制器负责整个网络的运行,是提升 SDN 网络效率的关键。SDN 交换机的"去智能化"、Open Flow 等南向接口的开放,产生了很多新的机会,使得更多人能够投身于控制器的设计与实现中。

SDN 北向接口是通过控制器向上层业务应用开放的接口,其目标是使得业务应用能够便利地调用底层的网络资源和能力。北向接口是直接为业务应用服务的,其设计需要密切联系业务应用需求,具有多样化的特征。同时,北向接口的设计是否合理、便捷、能否被业务应用广泛调用,会直接影响到 SDN 控制器厂商的市场前景。

3) 应用编排和资源管理技术

SDN 推动业务创新已经是业界不争的事实,它可以被广泛地应用在云数据中心、宽带传输网络、移动网络等场景中,其中为云计算业务提供网络资源服务就是一个非常典型的案例。在当前的云计算业务中,服务器虚拟化、存储虚拟化都已经被广泛应用,它们将底层的物理资源进行池化共享,进而按需分配给用户使用。相比之下,传统的网络资源远远没有达到类似的灵活性,而 SDN 的引入则能够很好地解决这一问题。

参考文献

[1] 余建华,冉艳丽,刘德明,等.新型智能传感器的发展与应用[J].中国建设信息化,2017(17):10-13.
[2] 赵丹,肖继学,刘一.智能传感器技术综述[J].传感器与微系统,2014(09):10-13.
[3] 张弛,韩丽,杨宏.时间敏感网络关键技术与标准化现状[J].自动化仪表,2020,463(3):100-104.

第6章 智慧工业互联网平台技术

随着物联网、大数据等技术的快速应用,工业互联网平台成为新工业体系的"操作系统",作为工业全要素链接的枢纽和工业资源配置的核心,面向制造业数字化、网络化、智能化需求,构建基于海量数据采集、汇聚、分析的服务体系,支撑制造资源泛在连接、弹性供给和高效配置[1]。

随着"智能+"时代到来,5G、人工智能、大数据中心等新型信息基础设施给工业互联网平台注入了更强的动力和技术支持,基于大数据中心,连接大容量、高速率、低延时的5G网络,融入数据驱动下的深度强化学习智能、基于网络的群体智能、混合智能、跨媒体推理智能等新一代人工智能技术,工业互联网平台正在向更加智能的方向发展,未来将成为重要的新型工业基础设施。

智慧工业互联网平台在传统工业云平台的软件工具共享、业务系统集成基础上,进一步成为制造能力开放、知识经验复用与开发者集聚的平台,汇聚制造资源、能力与产品,形成新型制造生态体系——智慧工业互联网。智慧工业互联网平台建设涉及新一代人工智能技术引领下的云端虚拟化/服务化技术、虚拟化制造服务云端环境的构建/管理/运行技术、智能虚拟化制造云可信服务技术、制造知识/模型/大数据管理、分析与挖掘技术、智能制造云端智能引擎服务/仿真引擎服务、新一代人工智能引擎服务技术等。

本章论述的智慧工业互联网平台技术主要包括智慧工业互联网平台内涵与架构、虚拟化技术、服务化技术、多租户技术、容器技术、微服务技术、工业APP全生命周期管理技术、工业互联网平台开放接口技术及工业互联网平台应用开发工具技术等。

6.1 智慧工业互联网平台内涵与架构

数字经济席卷全球,世界各国纷纷推出工业振兴计划,推动传统工业转型升级,由数字化、网络化向智能化发展。工业智能化发展对平台工具提出了新需求,包括能够处理海量工业大数据的数据分析管理平台工具,支撑企业智能化决策的开放模型、知识、应用创新平台工具,以及智能化生产、网络化协同、个性化定制、服务化延伸等新模式需要的新型业务交互平台工具。

智慧工业互联网平台基于泛在网络，借助新制造科学技术、新信息通信科学技术、新一代智能科学技术及新制造应用领域专业技术等四类相互深度融合的技术为工具，构成以用户为中心的智能制造资源、产品与能力的服务云，支持人/机/物/信息融合，互联化、服务化、个性化、柔性化、社会化、智能化等新模式、新手段和新业态的智能制造支撑系统。通过提供设备、产品、服务全要素接入，工业数据分析建模、开放 API 接口、工业 APP 开发工具和运行环境等工业云服务集成和综合优化，形成覆盖工业产业链和价值链的全新工业生态。

6.1.1 智慧工业互联网平台内涵

智慧工业互联网平台面向 3 类用户（智能服务提供者门户、系统平台运营者门户、智能服务使用者门户），提供基础中间件，包括虚拟资源/能力管理、知识/模型/算法管理、智能服务系统构建管理、智能服务系统运行与服务评估、大数据处理引擎服务、人工智能引擎服务和仿真引擎服务等，以及提供智能制造的各类应用支撑服务。

在感知接入层，通过大范围、深层次的数据采集，以及异构数据的协议转换与边缘处理，构建工业云平台的数据基础。首先通过各类通信手段接入不同设备、系统和产品，采集海量数据；同时依托协议转换技术实现多源异构数据的归一化和边缘集成；进一步利用边缘计算设备实现底层数据的汇聚处理，并实现数据向云端平台的集成。

在云端服务层基于通用 PaaS 叠加大数据处理、工业数据分析、工业微服务等创新功能，构建可扩展的开放式云操作系统，形成工业 PaaS 能力。一方面提供工业数据管理能力，将数据科学与工业机理结合，帮助制造企业构建工业数据分析能力，实现数据价值挖掘；另一方面把技术、知识、经验等资源固化为可移植、可复用的工业微服务组件库，供开发者调用；同时还提供应用开发环境，借助微服务组件和工业应用开发工具，帮助用户快速构建定制化的工业 APP。

在用户界面层，提供服务提供者门户、平台运营者门户、服务使用者门户和个性化定制界面，包括设计、生产、管理和服务等一系列创新性业务应用和良好的工业 APP 创新环境，使开发者基于平台数据及微服务功能实现应用创新。

此外，覆盖整个智能工业互联网系统的安全管理体系与标准体系，构成了工业互联网平台的基础支撑和重要保障。

6.1.2 智慧边缘处理平台架构

工业互联网平台的服务能力向下延伸到靠近工业现场的边缘侧，形成智慧边缘处理平台层（图 6-1），主要通过对边缘侧的制造资源、能力、产品、感知/接入/通信等进行虚拟化封装,形成边缘智慧工业资源/能力/产品/感知/接入/通信服务池,并借助边缘智能服务共性基础件(包括边缘智慧工业资源/能力/产品管理、边缘智慧工业系统服务共性环境构建与运行,以及边缘人工智能引擎服务/边缘大数据引擎服务/边缘嵌入式仿真引擎服务/边缘信息技术引擎服务/边缘应用支撑服务等),实现新一代人工智能技术引领下的边缘应用领域支撑服务能力。

融合基于云端的云计算和基于云边缘侧的边缘计算的混合计算模式,可在云边缘侧完成及时数据清洗、数据整合和数据处理等,或将预处理后的数据上传至云端,进而在云端通过人工智能、机器学习、深度学习、聚类分析和相关性分析等技术和方法,建立相关算法模型,并对模型进行训练、测试,将优化的模型下发至云边缘侧进行边缘计算、分析和预测等服务。

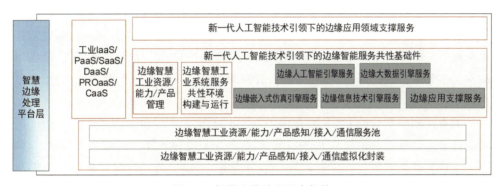

图 6-1　智慧边缘处理平台架构

6.1.3　云端服务平台架构

智慧工业互联网云端服务平台架构如图 6-2 所示,主要包括智慧虚拟资源/能力/产品/感知/接入/通信层,涵盖虚拟化的工业资源池、能力池、产品池、感知/接入/通讯池;云端服务支撑共性/制造服务功能层涵盖 Iaas/DaaS/PaaS/SaaS/CaaS/PROaaS、新一代人工智能引擎、大数据引擎和建模仿真引擎等基础服务和智能云设计/云生产/云仿真实验/云管理/云售后服务和个性化应用的制造应用服务;用户界面层,为服务提供者门户、平台运营者门户、服务使用者门户三类用户提供普适化智能化终端交互设备和云端个性化定制界面。从平台技术角度分析,工业互联网平台通常包括 IaaS 层、DaaS 层、PaaS 层和 SaaS 层。平台各层根据其服务对象和服务内容不同又涉及虚拟化、服务化、多租户、容器、微服务、工业 APP 全生命周期管理、工业互联网平台开放接口和工业互联网应用开发工具等技术。

工业互联网平台的 IaaS 层是实现平台可靠运行的重要支撑,包含存储资源管理、计算资源管理、网络资源管理三大功能。具体而言,存储资源管理提供海量数

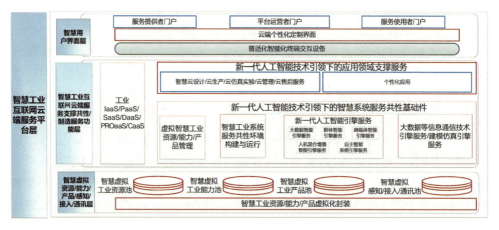

图 6-2　智慧工业互联网云端服务平台架构

据并发存储,提供分布式并行计算功能;计算资源管理提供 CPU＋GPU 高性能计算资源,实现基于人工智能的机理和算法的可靠稳定运行;网络资源管理提供 IPv6、5G 等可扩展的网络资源。同时,针对数据安全、网关安全等需求,提供多租户安全隔离机制。

工业互联网平台的 DaaS 层提供 Hadoop 分布式、HBase 列式和 Cassandra 时间序列等大数据存储能力以及 Storm 流式、Spark 内存计算等大数据分析能力,助力于工业大数据分析和人工智能算法业务分析。DaaS 是一种以数据为核心的新型云计算服务模式,在多源异构数据的关联与整合基础上,利用基于大数据人工智能服务技术挖掘发现数据内在价值,并按需为用户提供各类数据服务,包括数据查询服务、数据智能分析服务和数据资源管理服务等。

工业互联网平台的 PaaS 层基于容器技术提供弹性伸缩和服务编排的通用运行环境,提供微服务架构支持;提供企业级中间件接入服务;在此基础上实现对大数据分析与处理、人工智能、虚拟仿真技术的充分利用,提供流程建模、仿真建模、数据建模和微服务框架等应用开发工具;提供消息、缓存、搜索、人工智能算法库和大数据分析算法库等公共服务组件以及种类丰富的上行支撑 API 和下行接入 API;提供大数据分析引擎、人工智能引擎、仿真引擎和区块链引擎等核心工业服务组件的工业应用运行环境,全面支持各类云化工业应用的快速开发与迭代;提供应用全生命周期管理工具,实现应用 APP 的可视化部署与接入。

工业互联网平台的 SaaS 层从横、纵两个维度形成工业应用生态环境。横向以产业链条为主线,分为智慧研发、精益制造、智慧服务、智慧管控。纵向以应用层级为主线,包括设备层、产线层、企业层、智能互联层四层的应用。依据以上横、纵布局工业应用,结合专业应用和协同应用形成四层十五类工业 APP。

6.2 虚拟化技术

6.2.1 虚拟化技术内涵

虚拟化技术是指计算元件在虚拟的基础上而不是在真实的基础上运行,通过软件的方法重新定义划分 IT 资源,实现 IT 资源的动态分配、灵活调度和跨域共享,从而提高 IT 资源的利用率,使 IT 资源真正成为计算基础设施,可以满足各种应用的灵活多变的需求[2]。虚拟化技术使计算机资源的利用效率得到大幅提升,将计算、存储、应用和服务等变成可以动态配置、弹性伸缩的资源,方便资源利用,使系统可以根据实际负载进行灵活调度,降低资源浪费或因资源缺乏而导致的性能下降。

工业云制造资源虚拟化是将制造资源和能力转化为抽象的云服务,将分布异构资源映射为可动态伸缩的虚拟资源池,以实现资源全局共享与动态配置,支持企业资源信息互操作[3]。

6.2.2 虚拟化关键技术

1) 服务器虚拟化

服务器功能虚拟化是指通过软件来模拟硬件功能并创建虚拟计算机系统,能够实现在单个服务器上运行多个虚拟系统以及多个操作系统和应用。虚拟化形成虚拟计算机系统,简称"虚拟机"(virtual machine,VM),形成一种严密隔离且内涵操作系统和应用的软件容器。多台虚拟机可以运行在一台计算机或服务器上,通过管理软件将虚拟机和主机分离开,并根据需求为每个虚拟机动态分配计算资源。

服务器虚拟化可以提高 IT 效率,降低运维成本,更快速地部署工作负载,提高性能和可用性,降低服务器数量和复杂性。

2) 网络功能虚拟化

网络功能虚拟化是通过虚拟化技术将网络设备统一到高性能、大容量的服务器、交换机和存储平台上,将网络功能软件化。

网络功能虚拟化包括业务网络域和管理编排域。业务网络域纵向由网络基础化设施层、虚拟化网络功能层和运营支撑层组成。其中,网络基础化设施层类似一个用于托管和连接虚拟功能的云数据中心,负责底层物理资源的虚拟化;虚拟化网络功能层将物理网元映射为虚拟网元,实现业务网络的虚拟化;运营支撑层主要是进行虚拟化调整。管理编排域对整个网络服务过程进行管理和编排,将网络服务从业务层到资源层自上向下分解,进行整个网络服务的生命周期和调度策略的管理。

3) 桌面虚拟化

桌面虚拟化是指计算机桌面虚拟化,使桌面使用安全灵活,将所有桌面虚拟机进行托管并统一管理,使用户能够通过任何设备、不受地点和时间限制访问专有桌面系统,获得完整桌面使用体验。

将传统桌面 PC 虚拟化后托管在数据中心并在桌面部署瘦小客户端,通过客户端与托管在数据中心的虚拟桌面交互的界面。所有用户的虚拟桌面通过数据中心虚拟化基础平台管理,同时虚拟桌面的高可用性、业务连续性等高级策略都由虚拟化基础平台完成。桌面虚拟化平台支持多种存储架构,实现虚拟化平台的所有虚拟机的存储、用户数据的存储以及备份数据的存储。

6.3 服务化技术

6.3.1 服务化技术内涵

工业云平台服务化技术将工业制造资源和能力服务化,通过网络为用户提供产品全生命周期应用。服务化过程是资源的虚拟化、服务化过程。首先感知分散的资源,然后将资源虚拟接入平台,形成虚拟资源并聚集在一个能按需使用资源的虚拟资源池中,通过对虚拟资源进行服务化封装、发布及注册形成云服务[4]。

6.3.2 服务化关键技术

服务化过程对资源按描述规范选取合适的描述语言,进行统一封装,以云服务的形式发布工业云平台。选用服务描述语言实现对资源服务的数字化描述,并对服务进行分类、存储与融合,为云服务操作提供支持。

企业用户可以将生产加工、经营管理等各个环节的资源和能力形成多样化服务,可以将空闲或者优势资源和能力以服务的形式提供给其他企业或客户使用,同时以服务的形式引入其他企业资源和能力来弥补自身的非优势资源和能力,进而提高企业整体的生产效率。

服务化关键技术包括个性化虚拟桌面技术、批作业处理技术和协同应用技术等。

个性化虚拟桌面技术主要针对交互密集型任务的需求,以桌面虚拟化技术为基础,根据用户对各类软件环境的个性化需求,动态构建一个用户独享的安全的软件应用桌面使用环境,在该环境中动态安装好用户定制的软件资源,用户可以在该虚拟桌面上使用各种软件资源进行建模、计算和分析工作。

批作业处理技术主要针对计算密集型任务的需求,以批作业调度模块为支撑,综合高性能计算集群的负载情况,迅速响应用户的作业调度请求,高效调用部署在高性能计算集群中的软件资源(或结合虚拟化技术对计算资源的动态划分和整合特性,动态构建出作业运行的计算环境和软件环境),实现对大批量、大计算量任务的计算。这种技术为用户享受高性能计算集群带来的计算能力的提升提供了捷径。

协同应用技术主要针对协同应用任务的分布交互特性以及配置多样性、复杂性,以协同应用调度模块和协同应用中间件为支撑,结合虚拟化技术,能够根据应用任务智能化、自动化地为协同应用构建运行环境,支持各类服务的动态注册和匹配,并在应用运行过程中实现高效的容错迁移机制,保证了协同安全稳定运行。利用这种技术,用户只需要对系统顶层建模,并提交资源需求,平台会完成后面一系列繁杂的部署工作,从而提高协同应用人员的工作效率,使得工作人员真正从部署环境的重复劳动和浪费时间的工作中解脱出来,将更多精力放在与协同应用更紧密的业务中。

6.3.3 网络服务化关键技术

在互联网时代中,网络已经无处不在,软件定义的网络服务成为一种新型的网络架构。通过南、北向接口定义的方式将网络控制层、数据层和应用层解耦,利用软件定义的方式进行网络控制与管理,提高网络服务性能。

网络服务化关键技术主要包括网络资源分配服务、网络设备管理服务以及网络通信安全保障[5]。网络资源分配服务通过自定义网络控制程序调度合理分配网络资源,提高网络服务敏捷性;网络设备管理服务主要通过先进技术实现网络设备集中式高效控制,以及多台网络设备负载均衡等,高效利用网络设备降低服务成本;网络通信安全保障是网络服务化的基础,充分利用各种安全技术提高网络服务安全性十分重要。

6.4 多租户技术

6.4.1 多租户技术内涵

多租户是指一个单独的实例可以为多个组织服务。多租户技术为共用的资源服务如何以单一系统架构与服务提供多数客户端相同的或可定制化的服务,并且可以保障客户的数据隔离[6]。多租户技术需要对数据和配置进行虚拟分区,从而使每个租户可以使用一个单独的系统实例,并根据需求对租用的实例进行个性化配置。

6.4.2 多租户关键技术

1) 多租户数据库架构

多租户数据库架构主要有独立数据库、共享数据库等方式。独立数据库可以保障每个租户单独使用一个数据库来存储业务数据,租户之间数据隔离性高,安全性也较高,但数据库资源使用也较多。共享数据库是指所有租户共同使用一个数据库,但每个租户有各自的数据表,其数据存储在专属的数据表中,可以提高资源共享程度,具有一定程度的逻辑隔离,支持的租户数量较大,但数据表数量过大会影响系统性能。

2) 租户个性化定制

租户个性化定制支持租户根据需求使用平台或应用系统的组件和服务,通常包括面向流程的定制、面向服务或功能的定制以及界面的个性化定制。

3) 性能与扩展

多租户技术要在租户对服务性能的要求和响应以及租户之间进行平衡。根据租户负载和波动情况进行合理的资源分配和调度是保证租户性能的重要能力。多租户技术在架构可扩展性方面也是一个关键能力,通过分布式等方式,提高租户可扩展性。

6.5 容器技术

6.5.1 容器技术内涵

容器是一种轻量级虚拟机,为应用软件及其依赖组件提供了一个资源独立的运行环境。应用软件所依赖的组件会被打包成一个可重用的镜像,镜像运行环境并不会与主操作系统共享内存、CPU 和硬盘空间,容器内部的进程与容器外部的进程是相互独立的。

6.5.2 容器关键技术

容器技术包括服务器层、资源管理层、运行引擎层、集群管理层和应用层。容器运行的服务器层是具有做系统的物理机或虚拟机,容器通过服务器层获得所需资源;资源管理层包含了服务器、操作系统等资源的管理;运行引擎层主要指常见的容器系统,包括 Docker、rkt、Hyper、CRI-O 等,通用功能包括启动容器镜像、运行容器应用和管理容器实例,主要有管理程序和运行时环境两部分;集群管理层实现对一组服务器运行分布式应用;应用层主要是容器之上的应用程序,以及所需的辅助系统,包括监控、日志、安全、编排、镜像仓库等。

容器技术可以让开发者在一个资源隔离的进程中运行应用,运行应用程序所必需的组件都将打包成一个镜像并可以复用。执行镜像时,它运行在一个隔离环境中,并且不会共享宿主机的内存、CPU 以及磁盘,这就保证了容器内进程不能监控容器外的任何进程。基于容器技术的平台服务技术可实现基于 CloudFoundry、Kubernetes+Docker 的混合容器编排技术,提供弹性伸缩环境;向上提供统一开发运行环境,向下提供统一多云架构支持。

6.6 微服务技术

6.6.1 微服务技术内涵

工业互联网微服务技术主要包含动态配置服务、注册服务、熔断服务三个服务,解决应用微服务化与微服务运行环境等问题,将一个完整的应用从数据存储开始垂直拆分成多个不同的服务,每个服务都能独立部署、独立维护、独立扩展,服务与服务间通过诸如 RESTful API 的方式互相调用。

平台基于 Spring Boot 和 Spring Cloud 实现微服务架构,并且各个模块都是完全开源的。Spring Cloud 是一个基于 Spring Boot 实现的云应用开发工具,它为基于 Java 虚拟机(Java virtual machine,JVM)的云应用开发中的配置管理、服务发现、断路器、智能路由、微代理、控制总线、全局锁、决策竞选、分布式会话和集群状态管理等操作提供了一种简单的开发方式。提供服务中心、配置中心、仪表盘、灰度发布和日志跟踪等功能;提供容错、限流、降级、熔断、错误注入和黑白名单等全套微服务治理策略。

6.6.2 微服务关键技术

工业互联网平台支撑应用的微服务架构,包括服务注册与发现、智能路由、负载均衡、服务治理、监控告警和服务编排等关键功能。

1. 服务调用与监控

所有服务通过服务网关进行调用,不允许直接调用微服务提供者采用 HTTP REST 方式进行同步调用,针对业务需求可以进行负载均衡。通过 REST 接口调用服务的 http 接口,参数和结果默认都是通过 Jackson 序列化和反序列化。异步调用有 RabbitMq、Kafka、Spring Cloud Stream 等多种方案。Spring Cloud Stream 是基于 Redis、Rabbit、Kafka 实现的消息微服务,简单声明模型用以在 Spring Cloud 应用中收发消息。

统一的日志管理规范是指开发并使用统一的日志组件,为所有微服务提供统一的日志服务,由 log4j 或 Blitz4j 封装;在每个服务节点上部署日志采集 Agent 组件,由此 Agent 进行日志的采集与转发;建立统一的日志中心,所有日志写入日志中心。实现各微服务的统一参数配置以及版本管理。

微服务架构上通过业务来划分服务,通过 REST 调用对外暴露的一个接口,可能需要很多个服务协同才能完成这个接口功能,如果链路上任何一个服务出现问题或者网络超时,都会导致接口调用失败。随着业务的不断扩张,服务之间互相调用会越来越复杂。

2. 服务编排与管理

中间件管理是指基于 Service Broker 技术实现各类中间件服务的创建、接入、管理和监控等功能，提供了存储类、数据库类和消息类等多个类型中间件的实例创建，可以对实例进行管理、删除和监控等，提供实例外网地址访问方式和域名访问方式，方便用户的使用。

弹性伸缩是指提供集群间资源的调度和容器间资源的调度，实现对资源占用的动态调整能力，以达到在保证应用、实例运行的同时，调整资源，节约成本。同时提供手动资源调度、条件触发资源动态调整、资源使用情况监控、应用运行情况监控等功能。

6.7 工业 APP 全生命周期管理技术

6.7.1 工业 APP 全生命周期管理技术内涵

面向应用开发者的应用全生命周期管理包括提供包含应用的创建、启停、伸缩、迭代和销毁等，支撑应用的微服务架构，支持应用的灰度发布和弹性伸缩。应用全生命周期管理实现将功能服务化、分布式性能支持、自动化运维能力等特点，使用户对应用等部署、运行、管理更为高效、快捷、安全。

在工业互联网平台将软件模块化，提供镜像仓库、持续交付（continuous delivery，CD）/持续集成（continuous integration，CI）等一系列手段，使应用在部署的过程中以应用全生命周期管理的形式实现，对各个阶段实现精细管理；在使应用平稳运行的同时，更能实现资源管理、租户隔离、服务编排等能力；自动化能力包括自动化调度、告警、部署和运维等多个方面，自动化解决了传统应用的复杂、运维维度少、管理效率低下等问题。

工业互联网平台中应用全生命周期管理产品的主要模块包括资源概览、应用管理、代码托管、平台管理、监控管理、平台中间件管理以及功能实现。

6.7.2 工业 APP 全生命周期管理关键技术

基于 Kubernetes+Docker 技术，实现了容器化运行能力，可以对应用、中间件、数据库等提供容器化运行。支持弹性伸缩、持续交付、实例管理、应用管理、域名管理等功能，实现了应用可视化一键部署，也支撑平台层的监控、日志、作业任务、规则告警等支持功能。平台通过统一应用集成环境，支持工业 PaaS、DaaS、人工智能、区块链、工业组件等服务的运行和部署，提供应用全生命周期管理 k8s 版、函数计算服务、公共服务组件、微服务等能力。保障单一应用、复杂应用、微服务的部署。

平台提供消息、缓存、搜索等中间件的创建与使用，以及支持多种数据库的应用。已经支持现有中间件的数据库包括 VSFTP、ES、Storm、Hive、Spark、HBase、HDFS、NEO4j、Memcached、Redis、PostgreSQL、MySQL 和 Cassandra 等。

语言运行时支持主流的操作语言包括 Node.js、Ruby、Java、Staticfile、PHP、

GO、Python 和.Net 等；中间件包括 MySQL、MongoDB、PostgreSQL、Redis、RabbitMQ、Memcached、Cassandra、Glusterfs、LogStash 和 Scheduler 等。

平台支持统一多云运行环境，提供联邦集群、资源编排能力，支持跨集群、跨区域、多集群部署方式，并且提供资源编排、一键部署等工具。

平台提供统一运营管理工具，实现平台监控、业务管理、微服务管理、用户管理、作业管理、自动运维、平台审计、作业平台、平台审计和告警管理等功能，支持用户运营需求。

6.8 工业互联网平台开放接口技术

6.8.1 工业互联网平台开放接口架构模型

工业互联网平台为各种工业应用、工业设备、资源与能力接入提供统一的环境，在工业互联网对上层应用的开发与管理、通信协议与安全、对下层资源和能力的接入 3 个层面构建工业互联网开放接口架构模型，并以此形成工业互联网开放接口重点标准。

平台面向开发者提供基于 API 的开放能力，提供 API 注册中心和 API 网关，实现 API 统一注册、发布、测试、调用及监控功能，实现包括设备接入、应用开发、应用部署的全流程解决方案，工业互联网平台开放接口架构如图 6-3 所示。

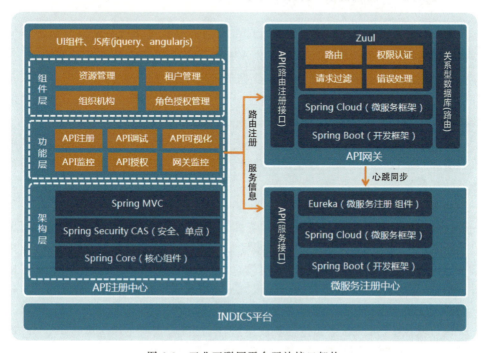

图 6-3 工业互联网平台开放接口架构

平台提供上行与下行 API。在上行方面，建设数据类、模型类、服务类、应用管理类、安全类接口，以服务的形式开放平台能力，支撑工业应用 APP 生态。在下行方面，完善标识类、运行类、事件类、安全类接口，完善对 OPC-UA、MQTT、Modbus 和 Profinet 等主流工业现场通信协议和工业现场总线、有线网络、无线网络等不同通信模式的支持，实现工业服务、工业设备、工业产品的资源全面接入。

平台基于上述技术架构提供 API 在线注册、监控、调试的全生命周期管理，对外提供开放调用能力，开发者基于 API 快速构建工业应用、部署工业应用，同时基于 API 快速实现工业设备接入。

6.8.2 工业数据采集开放接口

工业数据采集开放接口即工业互联网平台的下行 API 接口，包括数据类接口和标识类接口。数据类接口有文件传输服务接口、时序数据服务接口和数据采集接口等；标识类接口有网关标识接口、设备资产标识接口和身份标识接口等，适用于工业设备与工业互联网的集成接入。

通过建立工业互联网工业设备集成接入标准，明确设备接入路径和信息集成内容，进而实现工业设备生产过程中产生的海量数据在工业云平台的共享，为设备管理、生产过程管理和设备预测性维护等应用及服务提供数据支撑。

6.8.3 工业应用开放接口

工业应用开放接口即平台上行接口，包括制造类开放接口和数据服务类开放接口。工业应用开放是实现工业互联网平台与工业应用有机融合的重要桥梁，贯穿整条应用的开发过程。资源和能力数据传到云平台之后，数据在应用中展示和分析，对应用开发接口进行规范是实现工业云平台数据处理与工业应用数据展示的核心部分。在此过程中，工业应用开发起到核心作用。

制造类开放接口包括研发设计类、生产制造类、经营管理类、运维保障类、基础数据类和系统设置类接口。数据服务类开放接口包括基础数据类、制造数据类和业务数据类接口。

1) 研发设计类接口

在线协同设计功能，包括协同需求管理、协同设计任务管理、设计变更管理，在以上的功能模块中主要验证设计需求预发布接口、需求响应接口、需求设计接收接口、设计任务提交接口、查询设计周期接口、协同设计会审接口、会审意见发布接口、设计变更申请接口、变更文件管理接口及变更通知发布接口等。

2) 生产制造类接口

制订监控生产计划，主要包括获取生产计划接口、获取生产进度接口、生产计划管理接口、生产能力查询接口和获取生产库存接口等。

3）经营管理类接口

经营管理类接口包括需求发布接口、需求查询接口、能力发布接口、查询用户服务能力接口、询价发布接口、邀请企业报价接口、报价发布接口、获取待报价清单接口、优选报价接口、驳回报价接口、订单生成接口、订单确认接口和获取软件资源列表接口等。

4）运维保障类接口

运维保障类接口包括设备的开机率、运行率、利用率、设备综合效率（overall equipment effectiveness,OEE）分析、设备故障信息以及预测性信息接口等。

5）基础数据类接口

基础数据类接口包括数据采集地址、属性、企业、部门、客户数据、物品数据、仓库数据、供应商数据等。

6）系统设置类接口

通过简单灵活的接口即可实现用户中心管理、组织机构管理、角色控制管理、资源管理，具体如下：

用户中心管理：在用户中心管理中，可为用户分配角色，分配组织机构。

组织机构管理：用户在资源管理中建立组织机构菜单，对该菜单有权限的用户可以添加子机构。

角色控制管理：提供获取角色信息的接口，同时能够控制角色资源分配。

资源管理：提供基本资源角色的访问控制方式，资源可做到链接及操作级别，真正做到权限访问的最小颗粒度。

7）基础数据类接口

基础数据类接口包括用户服务、企业服务、权限服务、产品服务、设备服务、资产统计服务和工业引擎服务接口等。

8）制造数据类接口

制造数据类接口包括研发数据服务、生产数据服务、售后数据服务、设备运营数据服务接口等。

9）业务数据类接口

业务数据类接口包括采购类数据服务、销售类数据服务和供应类数据服务接口等。

6.9 工业互联网应用开发工具技术

6.9.1 工业互联网应用开发工具技术内涵

工业互联网应用开发工具利用互联网技术和信息化手段，结合大数据技术，提供统一的云端应用开发环境、基于数据驱动的云端应用开发工具，支持 APP 的快速定制开发和部署运行。

工业 APP 快速开发和持续交付，基于微服务将知识快速转化成模型，提升企业的敏捷运营与快速的业务拓展，支持开发者便捷地基于云进行应用系统开发。

统一工业 APP 应用运行环境，实现第三方工业 APP 快速移植，消除了应用对操作系统、服务器的依赖，实现业务的快速交付，缩短业务的上线周期，支撑丰富业务场景下工业 APP 的部署、监控及运维，支持百万工业 APP 开放、可靠性接入。

6.9.2　工业互联网应用开发工具关键技术

工业互联网应用开发工具将应用开发以及工业相关的模型应用，解决开发者面对"数据＋展示""数据＋模型＋展示""数据＋模型＋自定义组件＋展示"等不同应用场景的开发需求所需要的开发工具的问题。工业互联网应用开发工具以拖拽组件方式搭建页面，配合平台提供的 API 进行数据集成，在同一页面内快速搭建商业智能（business intelligence，BI）系统，并且发布至云市场。同时与平台提供的算法、组态、流程和产线仿真等建模服务进行集成，实现稍复杂应用的搭建与发布。还支持用户将自己开发的业务编排模型以 API 形式发布到工业云平台，并将其添加到开发工具的自定义组件中进行利用，从而实现复杂应用的搭建与发布。

通常工业互联网应用开发工具实现资源服务、PC 自由页面开发、移动端页面开发和图形化逻辑建模等功能。在资源服务方面包括数据库连接、应用发布、注册管理、用户管理和权限管理等；在 PC 自由页面开发和移动端页面开发方面包括组件应用、拖拽式编排、API 调用与组件集成等功能；在图形化逻辑建模方面，提供多种类常用组件和代码管理服务。

工业互联网平台上的工业应用开发工具有数据＋界面组态类工业 APP 构建、数据＋算法＋界面智能分析类工业 APP 构建、数据＋流程＋模型＋界面流程类工业 APP 构建、数据＋模型＋界面研发仿真类 APP 构建等方式。

参考文献

[1] 李伯虎,柴旭东,侯宝存,等.云制造系统 3.0：一种"智能＋"时代的新智能制造系统[J].计算机集成制造系统,2019,25(12)：2997-3012.
[2] 武志学.云计算虚拟化技术的发展与趋势[J].计算机应用,2017,37(4)：915-923.
[3] 刘宁.云制造资源虚拟化关键技术及应用[D].南京：东南大学,2015.
[4] 张霖,罗永亮,陶飞,等.制造云构建关键技术研究[J].计算机集成制造系统,2010,16(11)：2510-2520.
[5] 马欢.云环境下基于 SDN 的网络服务关键技术研究[D].北京：北京科技大学,2016.
[6] 杨光.云计算的多租户技术与资源管理研究[D].北京：北京邮电大学,2013.

第7章
智慧工业互联网的云设计/生产/装备/管理/试验/服务技术

智慧工业互联网是以新一代的互联网、人工智能、信息通信、先进制造等新兴技术为基础,推动工业向数字化、网络化、云化、智能化的方向演进的新发展,催生新一轮技术革命和产业变革,促进制造业向"智能+"和"云制造"时代不断进步。在这一进步过程中,工业产品的设计、生产、实验、管理和服务等制造环节不断云化并深入发展,形成具有新时代特征的工业云应用场景和应用技术。

7.1 云设计技术

"中国制造2025"战略提出,我国制造业需要实现五个方面的转型升级,即由技术跟随战略向自主开发战略转型再向技术超越战略转型;由传统制造向数字化网络化智能化制造转型;由粗放型制造向质量效益型制造转型;由资源消耗型、环境污染型制造向绿色制造转型;由生产型制造向生产+服务型制造转型。智慧工业互联网的云设计所需实现的本质目标也正来自于此。在云计算、大数据、物联网和人工智能等新一代信息通信技术驱动下,工业互联网的云设计技术也得到长足的发展,主要体现在以并行工程为核心的设计模式、虚拟样机工程的应用牵引、设计大数据的技术推动和互联网群体协同设计模式转变,这些技术的发展应用共同促进工业企业产品设计环节在周期、成本、质量和服务等方面的竞争力提升[1-2]。

7.1.1 应用场景

当前,工业云设计的场景主要涵盖虚拟样机工程网络化和智能化、大数据挖掘提升设计质量和效率、工业云并行工程创新优化、网络化群体智能设计创新等。

1. 虚拟样机工程网络化和智能化

虚拟样机(virtual prototype,VP)概念自20世纪80年代提出以来,其内涵随着技术进步而不断发展变化。虚拟样机作为与实物相对应的数字模型集合,从构造、功能和性能方面对实物产品进行数字化定义、模拟、试验、验证和评估,是复杂工业产品全生命周期内各项活动的主要依据之一。近些年,各类应用CAx和DFx

技术的虚拟样机技术已在产品开发,特别是复杂产品开发的各个领域和不同阶段取得许多研究成果并成功应用。虚拟样机的研究与应用主要集中在虚拟样机工程及支撑环境和虚拟样机技术应用等方面,包括机械系统设计与分析、多学科分析与仿真、沉浸式应用等。

随着云计算的普及,虚拟样机的设计手段进一步丰富。基于云虚拟样机设计将实现各类设计资源(包括软件、硬件和人员)的高效利用,提升设计效率和质量。智慧工业互联网环境下,对于复杂工业产品而言,发展重点就是要基于虚拟样机实现"多元数据自感知"和"智慧优化自决策",实现以虚拟样机设计为核心的虚拟空间和以物理样机试制试验为核心的物理空间的相互映射与交互。在新一代信息技术、先进制造技术和人工智能技术等的驱动下,虚拟样机工程向网络化和智能化的发展需求已经越来越迫切,而工业互联网将作为其有效支撑,实现虚拟样机在云架构下的智能设计。

2. 大数据挖掘提升设计质量和效率

随着工业信息化程度的不断深入发展,工业设计数据也在质和量两方面得到极大扩展。在工业企业设计活动过程中,通常会产生以下三类数据。

(1) 设计过程产生的文件和模型数据,主要包括各种设计报告、样机模型、设计方案和标准规范等。这类数据通常具有结构复杂、类别繁多的特点。

(2) 工业产品研制全生命周期的数据,主要包括生产过程数据、供应链数据、综合保障数据和产品运行反馈数据等。这类数据通常体量巨大,流转频繁,数据结构多样。

(3) 工业产品相关的信息数据,主要包括从互联网环境中能获取到的与产品具有关联关系的客户潜在需求、高校或研究机构的研究成果、行业动态信息等。这类数据通常体量巨大但价值稀疏,必须通过挖掘分析才能获得对产品设计有用的结果。

在工业互联网环境下,研究设计单位迫切需要利用大数据技术,对上述数据进行价值挖掘,以解决设计试验数据不能有效指导设计活动、产品实现各阶段数据相互隔离无法对设计环节实现反馈、海量互联网数据利用水平低、用户新需求难以向产品设计改进环节及时反馈等问题,从而提升设计效率,促进企业技术发展创新。

3. 工业云并行工程创新优化

并行工程是对产品设计及其相关过程(包括制造过程和支持过程)进行并行、一体化设计的一种系统化的工作模式。这种工作模式力图使开发者从一开始就考虑产品全生命周期中的所有因素,包括质量、成本、进度和用户需求[3]。当前,并行工程已成为数字化设计领域中主要的设计模式。云并行工程更多地体现出用户参与和云端协同的新特征,包括基于云的用户定制、用户参与和全流程监控;基于云的开发是集成产品开发团队(integrated product team,IPT);云端个性化工作界面包括资源的按需获取和高效沟通及知识的协同共享和按需推送;基于云端统一产品模型的智能协同；基于大数据的云端设计信息集成；分布式并行研制模式等。

4. 网络化群体智能设计创新

复杂产品设计研制过程普遍存在分布式、多学科、跨专业和多轮迭代等难题，需要积极鼓励开展基于网络化群体智能的个性化创新设计平台、协同研发群智平台等典型示范，支撑时代网络化协同研制模式的创新发展。

7.1.2 技术内涵及相关技术

工业互联网的云设计相较传统设计，其内涵有进一步的发展，主要体现在一系列新模式、新手段和新业态的衍生和发展。新模式主要包括基于互联化的模型/数据的云协同设计，基于服务化的高效能的按需辅助设计与仿真验证，以用户为中心的个性化的多阶段、多维度一体化云设计，虚实结合、线上线下结合的柔性化快速设计与迭代；新手段主要包括数字化虚拟样机和知识工程的广泛应用、信息物理系统的全面互联互通、虚拟化的统一模型参考体系构建、面向虚拟样机的资源服务与快速设计、DFx生命周期协同化应用、参数化模块化的产品定制设计、云环境柔性化的工程管理、设计资源的智能发现与推送；新业态主要包括泛在互联、数据为源、开放共享、跨界融合、自主智慧和万众创新等。

智慧云设计

工业云设计技术结合先进设计技术、人工智能技术、新一代信息技术等方面的相关进展和成果，形成相对独立的技术子体系，重点包含云并行工程技术、虚拟样机云设计技术、基于大数据的云设计技术、基于互联网群体智能的协同设计技术等。

1. 云并行工程技术

云并行工程与传统的并行工程相比，充分采用云计算和物联网技术手段，利用云平台将产品研制的全生命周期过程进行集成优化，并实现信息共享，而且强调用户参与（这里的用户既可以是最终的消费用户，也可以是产业链下游的用户）；技术上将云CAx/DFx技术、虚拟样机云设计和基于大数据的云设计都纳入进来；最终实现模式、流程、手段和业态的变革。云并行工程总体框架如图7-1所示。

2. 虚拟样机云设计技术

虚拟样机云设计技术主要是以虚拟样机为对象，在云计算整体框架下，充分利用各类软硬件资源，基于并行工程理念，实现复杂产品的高效设计。虚拟样机云设计不同于传统的本地单机设计，强调在"大协作、大制造"背景下，多人员、跨地域、全过程的协作设计。多人员指的是设计需求方和设计承接方注重任务相关方的参与设计。跨地域指的是在云计算架构下，任务相关人员的物理地域是分开的，通过统一的云设计环境开展协作设计。全过程指的是协作内容涵盖虚拟样机产品的需求提出、协作设计、设计验证和虚拟样机产品交付等典型过程。

虚拟样机的协同设计经历了几个典型的发展阶段。第一阶段的典型特征是开

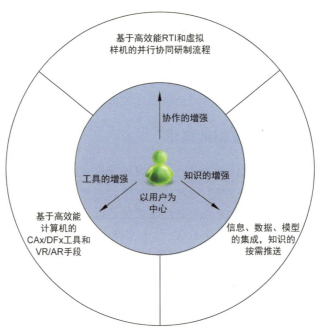

图 7-1 云并行工程总体框架

始注重流程,任务之间采用的是硬连接的方式,扩展性和灵活性较差,而且数据分散,不利于集中管理。第二阶段的典型特征是完善流程的功能(如动态流程的设计与管理),流程标准更加完善,加强了数据的集中管控与共享。第三阶段的典型特征是以数据为中心开展协同设计,并且注重知识的管理与应用,流程进一步软化。虚拟样机云设计是第四阶段,其典型特征是知识的管理更加完善,知识的利用更加高效充分;强化以数据为中心的协同设计,基于知识开展设计;强调数据的挖掘与分析;强调各类设计资源(包括软硬件资源、人力资源)的高效利用;设计与验证一体化。

3. 基于大数据的云设计技术

基于大数据的云设计技术的关键在于基于大数据的产品创新,通过对原有产品模型、知识、经验、规则,以及分析、仿真试验验证数据进行整合,促进产品和品牌创新,增加产品附加值。通过对跨型号、跨批次、全生命周期的数据的深层次挖掘,反馈设计制造环节共性问题,优化产品方案和生产流程提供决策支持。

基于大数据的云设计相关工作包括数据采集、数据预处理、数据挖掘分析、数据服务等。

在数据清洗与处理阶段,处理各类研究报告、业界动态等非结构化的数据,需要计算机对其中大量的术语、概念进行识别和语义分析,并根据概念之间的语义信息,进行信息整合和关联,构建产品领域本体,复杂产品领域本体分层如图 7-2 所示。

将领域本体分为通用层、部分通用层和专用层。每一层都包含若干子本体。

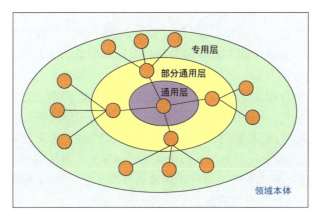

图 7-2 复杂产品领域本体分层

在集中原则指导下进行分散开发,再将子本体进行集成。通用层本体能够反映领域高层概念的分类结构、关系、约束和公理等。部分通用层本体是建立在通用层本体之下的一层子本体,它描述的是介于通用和专用之间的概念和关系。专用层本体是对部分通用层下的某些子领域或子学科中的概念、关系进行描述的本体模块。

4. 基于互联网群体智能的协同设计技术

基于互联网群体智能的协同设计技术采用共享、并行、集成化的系统方法和综合技术处理研发过程,构建支持大数据处理、知识协同和创新汇聚的群智空间,面向重点行业、企业及个人用户开发各类协同研发群智平台,基于系统工程方法,把研发任务分派给产品集成开发团队,在并行协同的基础上,集成群体智慧来处理研发难题。

面向产品群体智能设计应用,提供多种分布、动态、共享、可重用的资源,包括研发设计过程所需的硬件资源、软件资源和网络资源,以及面向设计领域和研讨过程的知识资源、数据资源、模型/服务资源、算法资源和案例资源等。提供工作流引擎、分布式虚拟研讨空间、资源管理中间件、CAx/DFx 工具集成等基础支撑功能,构建资源、工具、用户间的互联化运行环境。提供产品设计、项目管理、任务管理、工作流管理、研讨模型构建、设计资源搜索与智能推送、综合集成研讨和多属性决策等服务,支持用户开展产品设计与研讨。并面向群体/个体用户,提供群体智能设计、综合集成研讨的交互界面,使用户能够利用各类设计工具及知识、案例等资源,在不断迭代的研讨、设计过程中实现信息共享和交流,充分发挥群体智能,以协同、高效的方式完成产品的创新设计。

7.2 云制造及装备技术

在云制造模式中,工艺设计服务以适应互联化、服务化、个性化和柔性化需求为目标,通过提供基于云端的辅助工艺设计应用,以服务的形式在工业互联网平台上发布,实现对企业需求的个性化工艺设计功能定制。

云制造模式下的工艺设计,是利用工业互联网中的工艺设计软件资源为制造企业用户提供从工艺设计到工艺管理并衔接设计和制造的工艺系统的信息化综合解决方案。云制造工艺设计将计算机辅助工艺设计在智能化与网络化维度上扩展与延伸。在工艺设计层面,云制造模式下的工艺设计将实现工艺设计领域信息化与工业化的深度融合,使信息化能力不足的企业快速获得增强的数字化工艺设计与管理的能力;同时,也可使已较好应用了计算机辅助工艺设计的制造企业更有效地实现数字化工艺设计与 CAD、PDM、ERP、MES 等系统的集成。在信息化软件系统层面,云制造模式下的工艺设计将显著提升工艺系统的智能化程度,提高工艺设计与管理水平,提升产品质量。

7.2.1 应用场景

1. 制造工艺装备的互联化、服务化、个性化、柔性化、社会化和智能化发展

在智慧工业互联网环境中,制造阶段工业产品的生产工艺和生产装备逐渐呈现出新的发展特点,具体包括以下 6 种模式。

(1) 互联化:在传统模式下生产装备通常仅作为孤立单元实现特定生产任务,与之不同的是,云制造则采用软件定义设备的理念,运用物联和虚拟化技术,将数控机床、3D 打印机、机器人等装备接入云平台中,使孤立的制造资源成为整个生产制造网络中的一个节点,从而使各类装备在整个生产流程中得以紧密地连接与协同[4]。

(2) 服务化:在云制造模式下,各类生产资源按照人、机、料、法、环的信息维度进行抽象化建模,然后从制造能力的角度对不同维度的多源异构信息进一步整合,进而将各类制造资源的多维信息根据制造能力划分的不同粒度进行服务化封装并存储到云池中,为使用者提供按需调度服务。

(3) 个性化:云制造模式以用户为中心,其产品的工艺规划以小批量、定制化的生产形式为主,用户也可以参与产品实现的过程中,通过云平台参与产品设计,与设计工程师进行在线协同。在产品生产过程中,用户还可查看产品在各生产环节的实时状态,以监控定制产品的生产过程是否能够符合其个性化需求。

(4) 柔性化:在传统制造模式下,产线中的各类生产装备通常被刚性地组合在一起,难以变动。而在云制造模式下,能够通过 CPS 与其他生产装备实现工作进程的协同,平台使用者可以掌控整个流水线的生产进程,通过远程操作动态地调整各生产装备的控制程序,使得生产装备可以适应当前的生产节奏,以满足未来个性化定制生产对柔性化流水线的需求[5]。

(5) 社会化:在云制造模式下,随着用户个性化定制产品需求的不断提升,用户将以生产者的视角参与设计、选料、制作、物流配送等产品全生命周期生产过程中。另外,云平台通过打造众包服务的社区联盟,可以充分发挥用户的专业技能和个人资源,使用户积极地参与诸如 3D 打印产品模型制作、数控机床和机器人的程序开发、3D 打印机的共享使用等生产环节中[6]。

(6) 智能化:工业云制造模式下的生产装备将被赋予自适应、自感知、自组织的智能化能力,使数控机床、3D 打印机、机器人等装备在各个生产环节中可以灵活地运用自身的智能化生产能力实现高效生产。

2. 制造技术手段的数字化、物联化、云化和智能化突破

云制造在生产和装备技术手段方面也将实现突破,数字化、物联化、云化和智能化将成为这一阶段工艺装备的普遍要求。

(1) 数字化:利用 CPS 技术将生产装备的属性及动/静态行为等信息转化为可供数字化技术控制、监控、管理的制造资源和能力,并利用云计算平台的集群计算能力对这些信息进行统一的处理和分析。

(2) 物联化:基于工业互联网的生产装备全面互联互通,通过工业互联网平台可以随时随地按需获取制造资源和能力,实现生产环节中人、机、料、法、环信息的深度融合。

(3) 云化:基于服务化方式实现产品全生命周期的云端协同生产。与传统制造的烟囱式系统架构不同,工业互联网平台把制造资源和能力进行服务化封装,将生产装备全生命周期的业务服务流程进行细粒度划分,并将业务服务接入云平台,通过平台进行调度和管理,从而实现云化服务在产品生产各环节的高效协同。

(4) 智能化:为产品全生命周期的智能化提供技术支撑。云制造利用人工智能、大数据、云计算等具体技术,对生产装备进行智能化改造,从而为产品生产的全生命周期提供智能化的支持。

3. 工艺装备新业态下的泛在互联、数据为源、开放共享、跨界融合和自主智慧创新

(1) 泛在互联:运用新一代通信技术,工业生产装备不仅可以方便、快捷地接入网络,还能智能化地感知其周围生产装备的工作状态,实现装备在生产流程中的紧密连接与协同,呈现出支持跨企业、跨地域的人/机/物泛在互联的新业态环境。

(2) 数据为源:借助大数据理论及工具,云制造将形成面向生产制造全生命周期的多源异构大数据分析方法,以数据驱动的形式推动生产过程数据更为高效地分析运用。

(3) 开放共享:异地分布的各种制造资源在工业互联网平台中实现了统一整合、管理和共享,从而提高了资源的利用率,降低了资源重复采购的浪费,有利于形成支持企业间开放共享资源服务的新业态。

(4) 跨界融合:工业互联网平台通过云工艺提供的多粒度工艺服务方式实现了对制造资源的横向接通,同时又借助生产工艺流程实现纵向环节的有机整合,形成为不同制造领域的使用者提供跨界融合协作的新业态环境。

(5) 自主智慧创新:工业互联网平台借助知识图谱等技术将专家和设计师的经

验知识进行抽象和固化,并在实际生产过程中借助智能知识推送系统实现经验知识的精准推送,从而能够提高产品生产效率,降低人员素质水平不足导致的经济损失。

7.2.2 技术内涵及相关技术

工业互联网和传统制造深度融合,催生了云工艺、云数控、云 3D 打印、云机器人等新兴云制造及装备相关技术,其核心是在新的智慧云制造模式下,运用信息化、网络化技术使生产设备从孤立、刚性、单一的传统制造方式中脱离出来,即利用虚拟化手段将制造环节对于各类生产资源的应用进行逻辑抽象,从而摆脱传统制造方式对底层硬件和系统的紧耦合依赖,并最终以服务的形式在平台上发布,使得生产设备在云制造环境下更加智能化,以满足我国制造装备向智能化转型的迫切需求[2]。

1. 云工艺服务技术

云工艺服务的关键技术包括服务化封装技术和工艺服务的组合应用技术。其中服务化封装技术通过构建一个规范的封装标准体系实现对资源的服务化封装。工艺服务的组合应用技术将多 Web 服务耦合成面向生产设计的模块化应用服务,以实现面向企业需求的服务模块定制化组合。

2. 云数控技术

云数控的关键技术包括大数据存储技术、大数据分析技术和 CPS 建模技术。其中,大数据存储技术采用分布式文件系统搭建虚拟并易于扩展的存储资源池,保证云端分布式存储系统发挥最大的效能。大数据分析技术以内存计算模型的算法引擎为基础,通过虚拟机集群提供高速、并行的计算能力,可以有效地提高云端集群对大数据的处理能力。CPS 建模技术可建立动态的数控机床 CPS 模型,并以此确定数控系统的智能控制策略,使数控系统更加智能化。

3. 云 3D 打印技术

云 3D 打印的关键技术包括资源集成技术、服务应用技术和运行管理技术。其中,资源集成技术可用于解决 3D 打印相关资源,如模型、设备、设计能力、案例知识等软、硬件资源的接入、储存、描述以及资源管理的问题,通过构建资源服务池以实现对各种资源的统一管理。服务应用技术可用于集成 3D 打印制造全生命周期所需的应用工具和方法。运行管理技术可用于解决 3D 打印云平台自身的运行和维护问题,以及实现对制造数据的运行状态分析和仿真等关键技术的支持。

4. 云机器人技术

云机器人的关键技术包括虚拟化和云端化接入技术,大数据、知识与模型应用技术和云协同化技术。其中,虚拟化和云端化接入技术可用于实现机器人的柔性构建;大数据、知识与模型应用技术可构建机器人的云知识库,从而使机器人具有云智能;云协同化技术可用于实现机器人生产、服务过程中人/机、机/机间的协作,并在云端实现对机器人全生命周期的服务化管理。

7.3 云仿真试验技术

复杂工业产品的研制往往涉及多类专业学科和多个研究单位的协作,各个专业通常都有本学科独特的分析工具对其设计成果进行分析验证。但从整体而言,能够针对多学科的全系统或关键分系统级的仿真验证手段又极其缺乏,大多数试验验证分析只能基于物理样机进行。这种传统的仿真试验模式对产品的研制进度、成本和可靠性都带来了严峻的挑战,已无法适应现代复杂工业产品制造的需要。面向复杂产品智能制造过程的云仿真与试验技术,利用云端的各类仿真与试验资源能力,构建复杂仿真与试验系统,模拟物理产品的运行过程,验证其功能/性能/效能是否符合使用要求。

7.3.1 应用场景

建模仿真和虚拟实验作为复杂工业产品研制的重要手段之一,被广泛应用于复杂产品系统的论证、研制和应用方面,但随着复杂产品系统的规模越来越庞大,产品结构越来越复杂,研制周期却日益缩短,对仿真试验系统的要求也越来越高,从而衍生出一系列新的应用场景。

1. **仿真试验资源的虚拟化和服务化**

在复杂工业产品的仿真试验过程中,试验人员需要借助仿真专业人员以及各类仿真模拟资源来搭建仿真试验环境,但仿真人员和资源通常分散在不同场所,这在很大程度上影响了仿真试验系统的运行效能。工业互联网可以解决分散的各类资源集中共享、集中管理和为客户提供服务的问题。随着虚拟化、服务化技术的发展,能够实现软、硬资源/能力的虚拟化和服务化,将仿真试验设备、仿真能力等转化成随时随地可用的资源,作为一种服务发布在仿真试验平台上,以提供给仿真试验人员随时使用[7]。

2. **仿真试验过程的智能化**

随着工业产品复杂程度的不断增加,对仿真试验的要求越来越高,尤其是大量、异构、分布式、多学科仿真资源的跨组织跨地域动态共享、高效管理和协同已经成为无法回避的问题。同时,面对不同的应用需求,仿真试验系统的配置千差万别,尤其是对于具有非线性、开放性和涌现性特点的复杂系统,往往需要在仿真试验过程中对系统参数、结构和信息流向进行动态调整,这对于仿真系统运行过程的在线监控、分析评估和智能调度都提出极高的要求。在此情况下,迫切需要实现仿真试验资源的动态共享和智能组合调度。

3. **仿真试验运行的高效化**

复杂工业产品的仿真试验系统规模庞大,传统的仿真试验通常是基于串行系统，运行效率低下，仿真时长远远小于实际系统运行时间，而且传统仿真是利用本地计算机开展仿真试验，通常只能串行进行工况验证，无法进行诸如大设计空间问题之类的大样本量设计优化。工业互联网平台通过现有网络化建模仿真技术和云计算、人工智能、虚拟化和服务化、高性能计算的融合，在仿真试验过程中，提供新型的资源组织方式、服务利用方式、系统运行方式和业务应用方式。

7.3.2 技术内涵及相关技术

智慧云仿真

云仿真试验是一种基于网络的、面向服务的仿真新模式，它融合与发展了现有网络化建模与仿真技术，以及诸如云计算、面向服务、虚拟化、高效能计算、物联网和人工智能科学等新兴信息技术，将各类仿真资源和仿真能力虚拟化、服务化，构成仿真资源和仿真能力的服务云池，并进行统一的、集中的管理和经营，使用户通过网络和云仿真平台就能随时按需获取仿真资源与能力服务，以完成其仿真全生命周期的各类活动，是分布仿真、仿真网格、并行仿真等技术的延续发展。

云仿真试验通过引入云计算理念，进一步融合虚拟化、普适计算和高性能计算等技术，创建云仿真试验平台，可以大大提升仿真网络在资源按需共享、协同、容错以及安全等方面的能力。云仿真是在云计算提供的 IaaS、PaaS、SaaS 基础上的延伸和发展，丰富和拓展了云计算的资源共享内容、服务模式和支撑技术。云仿真和云计算的关系如图 7-3 所示。

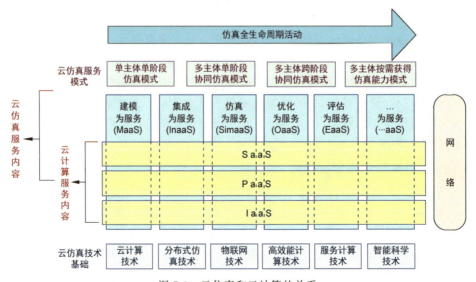

图 7-3 云仿真和云计算的关系

在资源和能力共享方面，工业云仿真能够实现对软仿真资源、硬仿真资源和仿真能力资源的共享。其中软仿真资源是指仿真过程中的各种模型、数据、软件、信息和知识等；硬仿真资源是指各类计算设备、仿真设备和试验设备等；仿真能力资源是指支持虚拟、构造、实装三类仿真所需的建模、仿真运行、结果分析、评估与应用等各阶段活动的各类能力。

在服务模式方面,云仿真能够支持开展交互、协同和仿真服务,如专业建模、协同仿真、协同运行和结果分析,以及仿真能力的按需获取等。

在支撑技术方面,云仿真实现了网络化建模仿真技术与云计算、虚拟化服务化、面向服务、智能科学、高效能计算、物联网和人工智能等新兴技术的融合。其中,网络化建模仿真技术是云仿真的基础技术;云计算技术为云仿真中的仿真资源服务提供了使能技术与新仿真模式;物联网技术为仿真领域中各类物与物之间的互联和实现仿真智慧化提供了使能技术;面向服务的技术为智能构造与运行虚拟化仿真服务环境提供了使能技术;智能科学技术为仿真资源/能力的智能化提供了使能技术;高效能计算技术为云仿真求解复杂制造问题和开展大规模协同仿真提供使能技术。

云仿真主要涉及云仿真资源管理技术、云仿真环境构建技术、云仿真试验工具技术和云仿真虚拟试验技术。

1. 云仿真资源管理技术

云仿真中涉及的各类虚拟化仿真资源进行统一建模,给出仿真资源及资源实例的形式化描述,以支持对各类仿真资源全生命周期的统一管理。资源统一建模一般从两个角度进行:一个是资源的运营角度;另一个是资源的运行角度。前者关心的是各个资源的分组情况、所有权、可用性及分配状态;后者描述各类资源的静态配置和动态性能,以及抽象资源在全生命周期过程中的运行状态。

为了支持智能化地构建云仿真服务系统,需要具有将资源自动组合的机制。云仿真服务系统一般包括计算资源、虚拟机镜像资源、软件资源与模型资源四类仿真资源。

2. 云仿真环境构建技术

云仿真环境构建技术引入案例的概念,首先,基于案例推理技术,提出根据历史数据推理获取仿真模型运行环境需求的方法,支持按需组织虚拟化仿真资源;其次,将虚拟化计算资源、软件资源、模型资源等动态聚合为仿真系统的自主构建过程模型;最后,针对仿真运行过程中模型行为的不可预测性和后台任务对计算资源抢占等问题,建立仿真运行环境动态调整方法,支持仿真系统的高效可靠运行。

3. 云仿真试验工具技术

云仿真试验工具技术针对工业产品设计过程中的仿真试验过程,在云平台基础上提供仿真工具、仿真桌面、高性能计算(high performance computing,HPC)、求解计算等服务,用以构建多学科专业虚拟仿真环境、系统抽象建模、高性能计算资源调用等不同需求的云端仿真试验场景,从而达成所需的仿真试验目标。

对于复杂产品的实现而言,可以将面向不同行业、领域的多种功能仿真试验工具（如结构、传热、控制、流体等）组合起来，通过分布式协同仿真的方式在云平台上进行部署和集成，以满足用户跨部门、跨专业、跨地域的协同仿真需求。

4. 云仿真虚拟试验技术

应用数字孪生技术，构建与实际物理环境、试验能力和试验过程完全对应的虚拟试验系统，用以支持企业和研究机构在复杂产品的研制生产运营等阶段开展试验和分析活动，对其实际试验和其后的生产制造提供指导和参考。云仿真虚拟试验系统通过与实际的试验对象、试验设备、试验环境和试验系统等连接，在打通数据链条的基础上，实现基于 CPS 的海量实时数据的可视化模型管理和统计，以直观化的方式实现复杂产品仿真试验过程的智能模拟和优化。

7.4 云供应链管理技术

供应链这一概念产生于 20 世纪八九十年代，1985 年，美国学者迈克尔·波特在其著作《竞争优势》中明确提出价值链的概念，将企业的经营活动分解成内部物流、生产作业、外部物流、市场、销售以及其他辅助活动等一系列相互链接的整体。之后，不断有学者对此开展研究，在价值链的基础上增加企业、供应商和客户之间的信息流，发展出价值流的概念。到了 20 世纪 90 年代，供应链的说法开始被人们所使用，用来描述把产品和服务传递给特定顾客市场的实体网络，并逐步受到人们的广泛接受。根据目前较受认可的定义，供应链是指围绕核心企业，从配套零件开始，制成中间产品以及最终产品，由销售网络把产品送到消费者手中的，将供应商、制造商、分销商直到最终用户连成一个整体的功能网链结构。

在云制造时代，云供应链作为整合资源，实现产品设计、采购、生产、销售和服务等全过程高效协同的有效手段，将成为落实互联网、大数据、人工智能和实体经济深度融合新发展理念的重要举措，已成为我国供给侧结构性改革的重要抓手和引领全球化提升制造业竞争力的重要载体。

7.4.1 应用场景

供应链管理的主要目的是对整个供应链网络实施计划、组织、协调、监控和优化，使供应链能够实现将符合需求的指定产品在指定的时间，按照指定的数量交付给指定的客户，并使上述过程的成本趋于最小化。

工业互联网的云供应链管理与传统供应链管理相比，其目标和内容并未发生本质变化，但由于工业互联网平台的引入，使得供应链在参与对象、业务形式等方面出现了一系列变化。对于工业云服务的提供商而言，需要关注构建云供应链管理的 IT 支撑环境，支撑云环境下企业基本信息的录入与认定，企业采购需求、供应能力的登记与甄别机制的建立，以及面向单个生产任务或某类生产任务的采购需求和供应能力的动态匹配和高效对接,在系统层面为供需对接过程提供保障机制,减少或规避过程风险,保障供需双方的合法权益;对于提供产品和服务的供应商,需要利用工业互联网平台及时了解和收集需求信息,基于平台发起对接,在平台支持下完成后续发运和交付,实时了解物流状况,并完成开票、收款和对账等事宜;对于有采购需求的企业,则需要基于云平台,及时与供应方进行对接,了解供应方和产品或服务的必要信息,达成交易,实时了解物流状况,并最终完成到货验收、质量反馈和付款。

在工业互联网环境下,对供应链管理技术也提出了一些新要求,包括如下:

(1) 动态化。由于云环境下的企业生产活动组织的动态化,要求与之匹配的供应链管理技术和云平台技术也必须具有动态化和柔性化的特点,以便实现对云端供应链活动的支撑。

(2) 规模化。基于信息化平台,将大量的零星、少量采购需求进行整合,进行统筹规划,以便更加容易实现供应链的规模效应。

(3) 虚拟化。供需的高效对接,生产任务的动态组织,以及支撑生产任务执行的制造资源的按需调度与配置,需要采用云端虚拟化的方式来实现。

(4) 精细化。单个企业的采购与供应更加趋向以任务为中心,在采购供应的数量、批次和到货时间等方面需要更加的精确和细化。

(5) 专业化。依托云端信息共享,对供应商的甄别、拟采购物料的质量筛选等专业化分工需要进一步加强。

(6) 智能化。整个供应链条上各个节点企业的生产计划及执行信息需要更加趋于实现无缝集成,各个环节的运行状况及异常事件需要更加及时地向上下游相关方反馈,以便供应链各业务环节在此基础上实现智能化的调整和调度。

7.4.2 技术内涵及相关技术

云供应链管理技术涉及市场营销、产品制造、采购供给和售后服务等主要环节,其中产品制造相关技术在其他章节已有介绍,本节不再赘述,以下简要介绍云营销、云采购和云售后技术。

1. 云营销技术

云营销通过构建企业间的协同营销平台,实现产品生产商与销售方之间货物、销售和库存信息共享,提高产-销双方的对接成功率,从而实现企业降低成本、提高质量、缩短生产周期等目标,实现生产商渠道拓展和经销商销售机会扩大的双赢结果。协同营销平台支持代理模式、经销模式、合作营销和定制化营销等多种企业营销业务模式,并能够与平台企业的其他管理信息系统进行集成,实现企业内外部营销管理一体化,提高产业链中的营销协作能力和效率。

与传统营销方式相比,云营销具备了一些新的特点,包括以下三点。

(1) 能够实现产业链条整合和打通,可与 ERP、MES、数字孪生工厂等信息系统结合,形成产业链的整体竞争优势。

(2) 能够实现销售、配送、售后服务环节的一体化,打通信息流、物流、资金流,能够支持基于产品条码的全流程跟踪,形成营销及售后服务全过程的精细化管理模式。

(3) 能够实现企业营销管理模式的扁平化转变,有效降低企业经营成本,提高企业运转效率,促进企业管理水平的整体提升。

由于上述特点,使得云营销不仅可以支持常见的代理营销模式、经销模式和合作营销模式,也能够支持定制化营销、O2O 营销等新型互联网营销模式。同时,由于可以通过工业互联网平台实现与企业内外部其他管理系统[如 ERP、仓库管理系统(warehouse management system, WMS)、供应商关系管理(supplier relationship management, SRM)、CRM、配送需求计划(distribution requirement planning, DRP)等]的对接,使得云营销能够实现全产业链的集成,为企业营销管理能力水平的提升提供更加广泛和坚定的支持。

2. 云采购技术

采购供给是制造的前提之一,在工业互联网环境下亦是如此。随着大数据、云计算等信息技术的飞速发展,信息技术的变革为采购管理相关数据的采集、传递、集成和共享奠定了基础,进一步使得利用各种数据分析技术对各采购环节的相关业务数据进行数据挖掘和分析,抽取和提炼相关知识,预测相关趋势并进行智慧决策成为可能。

工业互联网环境下的采购管理与传统采购管理相比较,在需求管理、供应商管理、采购管理和物流管理等方面都产生了一定的变化。

(1) 需求管理模式的变化:工业互联网环境下的采购活动,由于有了云平台的支持,可以实现对用户行为信息的采集,企业之间也可以在允许的情况下进行内、外部生产信息的共享对接,从根本上改变企业进行需求采集和预测的模式,大幅提升需求预测的准确性,有利于企业根据实际情况构建动态的需求链。同时,企业与上、下游之间的信息传递在工业云平台的专业化支撑和保障下,也将比传统模式更加高效和准确。

(2) 供应商管理模式的变化:在工业互联网环境下,企业用户依托云平台开展供需对接,云平台能够全面汇集供应商的资质、技术能力、质量水平、信用状况、历史交易价格、交付和售后服务情况信息,并根据需方的要求,智能筛选和推荐符合条件的供应商供需方选择,从而提升供应商选择的针对性和有效性。云平台还可以建立一套相对公平公开的供应商评价机制,将供应商的评价情况面向平台上的全部潜在用户发布和共享,同时也可以提供供应商与需方之间的信用互评,从而更好地实现供应商分级、供方推荐和供需对接之间的结合,更好地服务云平台用户。

(3) 采购管理模式的变化:在工业互联网环境下,供需对接更加频繁,且任务呈现个性化定制、多品种、小批量甚至单件的特点,这些特点决定了工业互联网环境下的采购管理具有订单多、周期短、频率高、节奏快和金额相对较小等特点,采购管理的工作量和工作复杂程度急剧增加。通过工业互联网平台提供的智能化支持服务,企业用户可以有效提升采购管理工作的效率,更为高效快捷地开展采购计划、预算编制、采购价格管理、成本控制、合同管理以及采购绩效评估的大量工作,提升采购管理水平并压缩管理成本。

(4)物流管理模式的变化:在工业互联网环境下,独立的专业化第三方物流将越来越成为广大企业的最优选择。物流管理的模式在不断变化,形成云物流业务管理、云物流企业管理和物流电子商务管理等新型模式。在云物流业务管理方面,涵盖仓储管理、配送管理、运输管理、货代管理、报关管理、采购管理、结算管理、合同管理、客户关系管理和数据交换等内容;在云物流企业管理方面,涵盖商务管理、财务管理、统计管理、行政管理和决策支持等;在物流电子商务管理方面,则包含网上物流交易、网上物流报价、网上下单、网上物流联盟、物流项目招标、建议及反馈等内容。上述管理模式和内容的变化,使得工业互联网的物流管理能够有效减少物流活动中的重复劳动及错误,有效促进物流效率和管理水平的提升。

3. 云售后技术

在工业互联网时代,有形的产品在满足消费者需求中所占的比例呈现逐年下降的趋势,越来越多的企业将竞争的焦点转向以服务为核心的"后"竞争力的比拼。传统的售后服务由于其服务模式单一,反射弧长,覆盖面窄,在以跨地区、快速响应为特征的云制造模式下已不能满足企业生存发展的需要。

在工业互联网平台的支撑下,企业的售后服务可以实现协同合作,不仅能够更好地支持子公司售后、经销商售后、外包售后等传统方式,还衍生出众包售后的新型服务模式。众包服务模式就是把传统由企业内部员工承担的工作,通过互联网以自由自愿的形式转交给企业外部的大众群体来完成的一种组织模式,将售后服务由原来的被动服务向主动服务转变。众包服务延伸了创新边界,借社会资源过剩的产能为资源不足的企业所用,形成资源互补,有利于充分发挥社会闲置人力资源扩大就业,企业按需采购服务,节约人力成本,以服务评价为参考提高服务质量和工作效率。

在工业互联网平台上,需方企业和服务提供方企业之间借助云平台进行组织间交易对接,撮合商机,基于信息流开展云端业务合作。随着信息技术的持续进步,越来越多的企业开始将其内部信息化系统迁移、集成到云平台上。云售后使企业内部系统和外部第三方平台形成一个整体门户,以统一门户的方式向客户、售后和维修人员提供备件管理、维修保养和三包服务等功能,实现"一站式、一体化"售后服务,从而提高售后服务的效率和用户体验。

7.5 云智慧经营管理技术

云智慧经营管理技术以实现企业对自身经营活动的全面感知、精准决策和敏捷反应为目的,借助云化和智能化手段与科研生产、经营管理过程进行深度融合,优化配置企业内、外部资源,持续提升企业创新能力,不断激发员工的积极性、主动性、创造性,改善企业运行状态,增强企业对经营环境与市场需求变化的自适应能力,在智能经济时代高效、优质地满足各类用户个性化、多样化、定制化、快速化需求,实现企业主动创新、自动适应、学习成长的目标。

7.5.1 应用场景

云智慧经营管理需要满足工业互联网平台的服务提供者、服务消费者、平台运营者三方的不同经营管理场景下的应用需求。

服务提供者对工业云经营管理的需求包括制造能力及制造资源的注册与发布,制造能力及制造资源的特征管理、工厂日历及班制管理、维保管理,制造能力及制造资源的负载及利用率分析、成本及收益分析,供应链的采购需求管理、库存管理以及云物流管理等。

服务消费者对工业云经营管理的需求包括向智慧制造云提交制造任务,依托虚拟资源池、虚拟能力池的相关资源和能力,基于智慧经营管理云的云营销、云供应链、云物流使供、产、销各环节紧密衔接,人/财/物高效、充分利用,在减少制造任务成本支出的同时,提升产品质量和交付及时率。

平台运营者对工业云经营管理的需求包括服务提供者的制造能力及制造资源的认定和评级,服务提供者的综合评估和认定,服务提供者的制造能力及制造资源的绩效分析,面向用户制造任务的虚拟资源池、虚拟能力池的动态组合管理,用户制造任务执行过程的监控和预警,供应链的供应商评级,资金监管及第三方支付等。

7.5.2 技术内涵及相关技术

企业经营管理是对企业整个生产经营活动进行决策、计划、组织、控制、协调,并对企业成员进行激励,以实现其任务和目标的一系列工作的总称。其基本任务包括合理地组织生产力,使供/产/销各环节相互衔接,密切配合,人/财/物各种要素合理结合和充分利用,以尽量少的劳动消耗和物质消耗,生产出更多的符合社会需要的产品。工业互联网背景下的经营管理和传统的经营管理在目标上是一致的,但经营管理的主体、范围边界、管理对象已经在逻辑上和形式上发生变化。

首先,经营管理的主体已经由传统的单个企业演变为面向工业互联网的服务提供者、服务消费者和平台运营者三方。

其次,范围边界从传统的范围边界清晰、静态、固定的物理企业,演变为根据任务状况动态变化的虚拟企业。

最后,管理对象上由实体的人/财/物变化为虚拟资源池、虚拟能力池中的相关资源和能力,其产/供/销各环节的业务也发生显著变化,具备云计算特征。工业互联网的经营管理中主体、范围边界、管理对象的变化必然带来工业云经营管理的新需求,需要构建智慧经营管理的新模式,通过新手段,打造新业态。

在工业互联网环境下,实体企业在制造任务的完成过程中,将或多或少地利用工业互联网中的虚拟资源或虚拟能力提供的相关服务,云经营管理将在广泛收集制造行业各类资源、能力的主要属性及特征基础上,使用大数据分析技术,对虚拟资源和虚拟能力进行聚类,构建每类虚拟资源、虚拟能力的特征模型,并将特征模型与实际的虚拟资源、虚拟能力进行对应,构建工业互联网平台的虚拟资源库、虚拟能力库,通过统一的服务访问接口向外部发布相关服务。

一项制造任务的完成,可能分解为多个制造环节,每个环节均需要使用不同的虚拟资源和虚拟能力,工业互联网经营管理通过构建专家知识库和行业解决方案库,形成不同类别制造任务的工作分解模板,用户按照模板完成相关参数的设定后,工业云将自动形成覆盖制造任务的虚拟资源、虚拟能力的组合清单、计划使用期段、费用估算等信息,供用户决策。

在虚拟资源、虚拟能力的使用过程中,工业互联网平台可以对其运行状态进行监控,了解虚拟资源、虚拟能力完成制造任务的进展情况、质量情况和费用情况等,基于上述信息,经过数据挖掘和分析,可以对虚拟资源、虚拟能力运行效率、费用情况、产出情况进行动态评估,为后续虚拟资源、虚拟能力的动态组合、最佳推荐等提供支撑。

1. 云企业管理技术

云企业管理定义是在工业互联网环境下,为保证企业的业务活动更加科学、富有成效,对人/财/物进行计划、组织、协调、控制的一系列管理活动的总称。

与传统企业类似,工业互联网环境下的企业管理同样围绕人/财/物开展,不同之处在于工业云环境下人/财/物作为制造资源已经被虚拟化,并通过服务的形式向外界发布。站在实体企业的角度,根据整个实体企业和工业云融合程度的不同,可以将企业分为初步融合、一般融合、完全融合几个阶段,每个阶段的实体企业对企业管理的需求存在较大差异。

从整个工业互联网生态来看,企业专业化分工尚不够细化和清晰,可能既是服务提供者,也是服务消费者。实体企业对企业管理的需求与传统的企业管理模式并无较大差异;完全融合阶段实体企业的企业管理需求就是服务提供者、服务消费者的企业管理需求;一般融合阶段的实体企业介于初步融合和完全融合之间,企业管理正在由传统的企业管理模式向全面云化、全面依托工业云平台开展企业自身的经营活动发展。

云经营管理涉及服务提供、服务消费、平台运营三方,各方的企业管理需求各不相同。服务提供者作为虚拟制造资源、虚拟制造能力服务的提供方,需要重点关注虚拟制造资源、虚拟制造能力的服务水平与能力;服务消费者作为虚拟制造资源、虚拟制造能力服务的消费方,重点关注的是服务提供者的资质和能力证明;平台运营方重点关注的是平台自身的运营情况以及作为第三方的相关服务指标,包括服务提供者的服务注册、发布流程等。

针对实体企业与工业云制造融合的不同程度,云经营管理以云应用系统、企业专区等多种形式满足不同融合阶段,针对服务提供者、服务消费者、平台运营者3种主体的企业管理解决方案。工业云经营管理主要包括战略管理、决策管理、计划调度管理、采购与库房管理、质量管理、预算管理、成本管理、财务管理、人力资源管理以及数据集成中间件、应用集成中间件、消息中间件等。

2.云质量管理技术

工业互联网环境下的质量管理是随着工业互联网的发展应运而生的新型质量管理模式。云质量管理依托于工业互联网平台的质量管理业务以及资源的云端虚拟化和服务化,构建质量状态泛在感知、质量数据泛在获取、智能化质量分析与决策、广域质量协同等能力,从而实现工业云环境下质量管理活动的智能化、泛在化、协同化和全球化。

云质量管理与传统质量管理相比体现出一些新特点。在工业互联网环境下,质量管理的体系与过程更加离散化、动态化和网络化,更加注重质量管控节点和行为的泛在化,质量过程和数据逐步联网化和云端化,质量管控的主体和对象趋于智能化,质量大数据应用逐步普及化,用户对质量活动的参与逐渐泛在化,云质量管理的范畴向着产品和服务全生命周期质量管理的方向不断延伸。同时,随着云化程度的深入,用户对质量可信性评价的要求也越发凸显。

云质量管理技术主要包含为云端质量管理业务提供支撑的各种功能性和服务性技术,如云检验技术、质量分析与评价技术、云质量追溯技术、质量问题云协同处理技术、质量大数据知识发现技术、质量能力和服务可信性评价技术等。云质量技术是工业云制造技术体系中的重要内容之一,在工业互联网平台的支撑下,云质量管理能够为企业全生命周期活动提供产品质量保证服务,为智慧设计、智慧生产和智慧试验等环节的质量活动有效开展起到了重要的促进作用。

7.6 云保障服务技术

工业互联网环境下的保障服务主要从用户和厂商两个角度出发。用户角度的工业云保障服务主要包括售后服务的全网络支持和保障资源研制过程的用户参与;厂商角度的工业云保障服务主要包括装备全生命周期数据管理和用户行为的全网络跟踪。工业互联网平台将上述要素有机集成，形成以用户为中心、人/机/物融合的互联化、服务化、协同化、个性化、柔性化和社会化的云保障服务新模式。

7.6.1 应用场景

工业互联网背景下的保障服务与传统保障服务相比，在多个方面已经产生明显的变化。

在服务提供方面，传统工业保障服务通常仅能由产品厂家提供垂直式服务，用户与服务网点间的距离会直接影响服务体验。而云保障服务则通过为用户提供云端服务，使用户可以就近享受任何一个厂家提供的服务。

在远程技术支援方面，传统保障服务需要建设专用的远程支援系统，成本高，系统的使用效率低下。而云保障服务则可以提供云支援服务模式，多个厂家和多个用户都可以随时接入平台远程支援系统，实现专家、知识和资源的共享。

在保障服务人力资源方面，传统模式下，运维服务专家只能限于一厂一地地为用户提供服务，人力资源浪费严重，收益效率低下。而云保障服务则可以使专家在更大的地域空间内为该区域乃至全网的用户提供服务，有效提升人力资源的使用效率和收益。

在培训方面，传统保障服务主要基于实装和模拟器进行培训，成本高。云保障服务则可以基于虚拟培训，为用户提供沉浸式的培训感受，并可以在售前即为用户提供产品体验服务。

在物流方面，传统模式下的物流渠道之间相对封闭，难以跨网实现运输调度，难以保证快捷性和经济性。云保证服务则可通过标准化的业务流程，支持物流运营商制定动态运输计划，从而大幅提升物流效率，同时有效保障用户的实效和经济目标。

上述转变，从应用场景方面对工业云环境下的保障服务提出新的要求。

1) 保障服务的全网支持

云保障服务平台需要为用户在全网络范围提供更好、更快和更经济的售后保障服务。通过同类服务网点所提供的服务内容进行标准化和规范化，厂商可以在平台上共享这些服务资源，并就近采购来为用户提供服务，而不必担心自建服务网点的覆盖面不足的问题。这种方式不仅能够促进全网保障服务资源的利用效率，也可以促进厂家从重视服务网点的数量向重视服务质量的转变，使用户享受更好的服务水平。

2) 产品全生命周期的数据管理

通过云保障服务体系，能够将工业产品研制阶段的数据与使用阶段的数据进行互联融合，从而实现产品设计、制造、交付、运维、维修、改造和报废的全生命周期数据管理，实现产品技术状态、管理状态及相关资料的同步更新。

3) 用户行为数据的跟踪挖掘

云保障服务平台可以对用户在售前、售中和售后各阶段的行为数据进行全网络、全方位的跟踪和挖掘,有利于工业企业更加全面地了解用户的使用和服务需求,并可据此开展更为精准的预测和决策,发现新的市场机会,为用户提供更为贴心的保障服务。

7.6.2 技术内涵及相关技术

云保障服务涵盖保障资源研制、服务提供、远程支援、人力资源、训练、包装与运输等综合保障要素方面的内容,可从售前、售中和售后三个维度进行应用划分,包括售前云服务技术、售中云服务技术和售后综合保障云服务技术。工业云保障服务技术分类如图7-4所示。

	售前	售中	售后
保障资源研制	需求挖掘 客户定制	保障资源云 用户参与设计 技术资源同步交付	装备健康管理 备件在线订购
服务提供			云服务
远程支援			云支持
训练	操作体验	交装培训	日常训练
运输	运输规划	云物流 全资可视	

图7-4 工业云保障服务技术分类

在售前阶段,需求挖掘是指基于装备全生命周期数据进行大数据挖掘,通过对用户的分析为新产品概念设计提供数据支撑;客户定制是指提供类似TENA的试验与训练环境,用户可以通过新型虚拟产品将其加入虚拟试验环境进行体验,获得新产品的功能与性能指标;操作体验是指应用虚拟现实增强技术为客户提供新概念产品的体验环境,使其可以沉浸式地体验产品操作,通过体验明确新产品的优缺点并提出改进意见;运输规划是指应用智能规划技术进行综合运输方案规划,客户在售前即可对运输方案从费用、时效等角度进行比较,明确完成产品到货的运输方式及其费用与时间周期。

在售中阶段,保障资源云是指应用智慧工业互联网,实现保障资源的云化,基于按需使用的新模式,降低用户的采购成本与企业制造成本;用户参与设计是指应用柔性制造技术,用户在线参与产品设计,对产品的外观、功能和性能进行个性化定制或研制过程干预,使产品满足用户的实际需求;技术资源同步交付是指应用交互式电子技术资料(interactive electronic technical manual,IETM)全网协同开发技术,实现技术资料研制的社会化分工合作;交装培训是指应用虚拟训练技术,在产品交付之前实施交装培训,加快产品价值的实现;云物流是指将 ERP 系统与云物流进行对接,企业可以在生产中对生产原料的到岸时间和成本进行预测,帮助企业进一步降低库存和节约成本;全资可视是指应用全资可视技术,使企业和用户都可以全程监控产品的集装、运输、装卸、存储和分发等情况。

在售后阶段,装备健康管理是指应用装备健康管理技术,企业可以在线诊断用户的产品技术状态并给出评估,向用户发出状态预警,提前准备维修物资和维修计划;备件在线订购是指应用备件在线订购技术,在开展基层维修时自动生成备件采购需求清单,可在网络平台上发起采购或竞标;云服务是指应用云服务技术,企业将服务能力以标准化服务包的方式在网络平台上注册,供有需要的企业和用户在网上直接采购;云支持是指应用云支援技术,企业和用户可以通过标准接口装置随时接入远程支援系统;日常训练是指应用虚拟训练技术开展日常训练,包括操作训练、对抗训练和维修训练等,帮助企业制订重大事件(如火灾、地震等)应急方案。

云保障服务的关键技术主要包括智能诊断、远程支援、交互式电子技术手册、虚拟训练和装备健康管理等。

1. 智能诊断技术

随着计算机技术的发展及智能技术的应用,诊断技术进入一个新阶段,即智能诊断技术阶段。其主要表现是基于专家知识和人工智能技术的诊断方法,该方法对复杂大系统的诊断尤其有效,可充分利用专家的经验知识,进行快速诊断。近年来,随着人工智能技术在故障诊断领域的广泛应用,故障诊断方法的研究也主要集中在智能诊断方法上。故障诊断专家系统不仅是智能故障诊断领域中的研究前沿和热点,也是专家系统领域研究最多、应用最广的一个方向。故障诊断方法分类如图 7-5 所示。

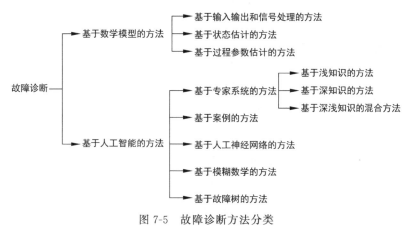

图 7-5 故障诊断方法分类

故障诊断技术主要包括专家系统诊断、人工神经网络诊断、模式识别诊断、灰色系统理论诊断、小波分析诊断、遗传算法诊断和集成诊断等类别。

2. 远程支援技术

远程支援主要为现场维修技术人员提供服务，帮助他们获取、利用远端的技术服务与保障资源。远程支援基于远程技术，使用基础支撑平台集成专家、专家系统、故障知识库、计算资源、存储资源、装备状态采集、测试设备与音视频设备等支援中心资源和装备现场资源，通过分析处理后为上层业务应用提供服务，实现远程自助排故、专家指导排故、装备技术状态监控和远程资源使用等功能，为用户的使用帮助、辅助维修、智能诊断与装备管理等活动提供远程的技术服务与保障资源。远程支援方案如图 7-6 所示。

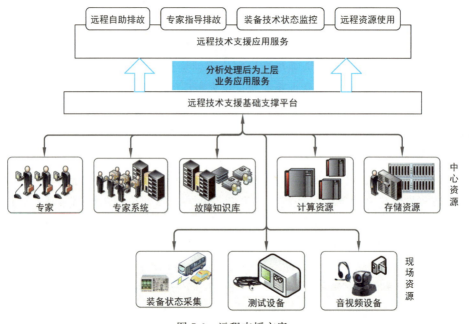

图 7-6　远程支援方案

3. 交互式电子技术手册技术

交互式电子技术手册采用结构化技术手册内容的方式，定义其内容与产品设计、制造的模型或技术内容的关联关系，实现直接利用与同步更新；提供强大的基于模型的设计（model based design，MBD）的内容创建能力，包括装配组织、爆炸图、仿真动画和热点管理等，满足维护操作手册、产品目录和培训材料等各种不同的业务需求，IETM 技术架构如图 7-7 所示。

4. 虚拟训练技术

虚拟训练技术是实现将复杂产品的装备结构组成知识、装备工作原理知识、装

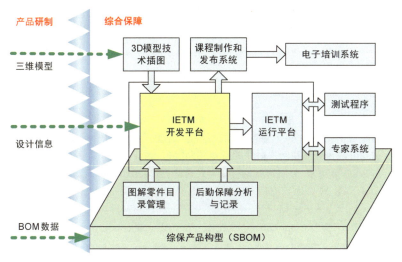

图 7-7　IETM 技术架构

备维护保养知识、装备故障诊断知识以及装备操纵使用知识等技术资料信息快速编辑、生成电子培训课件的软件系统。生成的电子培训课件可加载到装备仿真训练系统中,为教学、模拟操作、故障排除、达标考核等活动提供内容,充分满足用户低成本、高质量的训练需求。该系统对于改善用户的装备训练手段、缩短用户的人员培训周期,对于增加培训机会、增强用户的自主保障能力具有重要的意义。

5. 装备健康管理技术

装备健康管理,即故障预测和健康管理,是指利用传感器采集系统的数据信息,借助各种数据处理技术来诊断系统自身的健康状态,并在系统故障发生前对故障进行预测。装备健康管理涉及物联网(先进传感器及其集成系统)建设,装备档案管理系统,装备健康管理基础支撑平台,故障与健康的监控、诊断、预测与智能评估系统等内容。

装备健康管理系统通过工业互联网平台集成各类先进传感器与装备健康档案,通过分析处理后为上层业务应用提供服务,实现故障预测和健康监控等装备健康管理应用,为实施装备的视情维修提供技术手段,其基本框架如图 7-8 所示。

装备健康管理的关键能力包括先进传感器的集成、故障检测、故障隔离、故障预测、剩余使用寿命预计、部件寿命跟踪、性能降级趋势跟踪、故障选择性报告以及辅助决策和资源管理。装备健康管理体系通常可

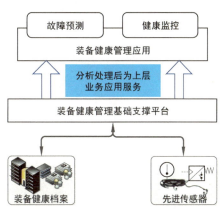

图 7-8　装备健康管理系统基本框架

包括健康状态档案、健康状态监测、健康状态评估、故障诊断、寿命预估、维修决策和管理制度等分系统,各个分系统之间既相互独立又相互联系。

参考文献

[1] 魏毅寅,柴旭东.工业互联网技术与实践[M].北京:电子工业出版社,2017.

[2] 李伯虎,柴旭东,张霖,等.智慧制造云[M].北京:化学工业出版社,2020.

[3] 许正.工业互联网:互联网+时代的产业转型[M].北京:机械工业出版社,2015.

[4] 李伯虎,张霖,柴旭东.云制造概论[J].中兴通信技术,2010,16:5-8.

[5] WU D,GREER M J,ROSEN D W,et al. Cloud manufacturing: Strategic vision and state-of-the-art[J]. Journal of Manufacturing Systems,2013,32(4):564-579.

[6] LI W,MEHNEN J. Cloud manufacturing: Distributed computing technologies for global and sustainable manufacturing [M]. New York: Springer Publishing Company, Incorporated,2013.

[7] LUO Y L,ZHANG L,TAO F,et al. Study on the servilization of simulation capability [C]//The 23rd European Modeling & Simulation Symposium (EMSS2011). Rome, Italy,2011.

实 践 篇

  实践篇论述中国航天科工集团的航天云网公司研发成功的智慧工业云雏型——航天云网2.0。内容主要包括航天云网2.0系统架构、关键技术、产品集及其应用情况。与此同时，本篇还介绍智慧工业互联网实施、评估及基于航天云网2.0的智能工厂及行业云、区域云等实践。

第8章 智慧工业互联网雏形——航天云网2.0

航天云网2.0是由中国航天科工集团的航天云网公司研发成功的智慧工业互联网雏形。其称为雏形是指其仅仅融合了部分的新一代人工智能技术/新制造科学技术/新信息通信科学技术/新制造应用领域专业技术。

航天云网2.0面向社会企业提供智能制造、协同制造、云制造服务,推进"互联网+先进制造业"发展,旨在构筑自主可控的智慧工业互联网技术体系、标准体系和产业体系,打造制造强国和网络强国建设的重要战略支撑,构建"制造与服务结合、线上与线下结合、创新与创业结合"的制造业新业态。

航天云网已在航空航天、通用设备制造、节能环保、电力装备、电气机械、新一代信息技术、模具制造、家具制造、汽车制造和石油化工等10个国民经济主要行业实施应用。航天云网能提供智能化生产、网络化协同、个性化定制、服务化延伸和数字化管理五大类企业上云解决方案,支撑企业基于工业互联网平台实现业务模式转变和数字化转型。

航天云网平台已形成海量设备接入和管理、制造服务接入与协同管理、工业APP构建与部署运行、虚实结合的数字化建模与优化、工业大数据和人工智能服务、自主安全可控六大服务能力,构建了一个跨行业、跨领域、跨地域的"三跨",全系统、全生命周期、全产业链的"三全"的智慧工业云平台,助力制造企业向数字化、网络化、云化、智能化制造加速发展。

INDICS平台

8.1 航天云网2.0系统架构及关键技术

8.1.1 航天云网系统架构

航天云网平台是以云平台为核心,向外扩展资源接入、应用接入、机理模型或服务接入的微核心架构,是对外提供可重用机理模型或微服务的微服务架构。架构体系设计支撑海量异构资源的接入、工业应用的快速开发与部署、虚实结合的数字化建模、工业大数据/人工智能与工业知识相融合的模型构建、平台安全等需求,实现新一代信息技术引领下的工业互联网平台。

航天云网平台是具有开放性、可靠性、可扩展性、安全性等特点的分层云-微核心架构,即分层架构、云架构、微内核融合的架构,具备海量资源灵活高效接入,工业知识快速固化、封装、复用,工业应用快速开发和部署运行能力,其系统架构如图 8-1 所示。

图 8-1　航天云网 2.0 系统架构

第一层是 IIoT 层,通过全要素的资源接入、深层次的数据采集、异构数据的协议解析与边缘智能处理以及接入资源的安全防护,构建航天云网平台的资源接入能力。一是依托协议解析技术实现工业设备、工业产品、工业服务等海量异构资源接入;二是通过对工业总线协议、新一代网络通信协议转换,实现海量数据采集;三是利用边缘计算与容器化技术实现数据的实时汇聚,构建边缘智能环境,实现云边协同模式。

第二层是航天云网云平台,是架构的内核,提供 PaaS、IaaS 云架构服务,以 API 或产品为对外服务的窗口,构建可扩展的开放式云操作系统。一是提供多源异构数据接入与管理能力,帮助企业实现数据的汇聚,为实现数据分析、建模提供支撑;二是构建可靠的工业应用 APP 部署运行环境,实现海量工业应用接入;三是依托大数据、人工智能等新一代技术,实现核心工业引擎,提升平台服务能力;四是通过对工业大数据与工业知识、技术、经验的相融合,形成机理模型、算法及微服务,供开发者调用;五是构建开放式的环境,借助 API、机理模型、微服务组件和应用开发工具等,帮助用户快速实现工业应用开发。

第三层是工业应用,以 CMSS 为核心,面向不同行业、不同领域、不同地域形成工业应用 APP,实现航天云网平台的最终价值。一是提供智慧研发、精益制造、智慧管控、智能服务和生态应用等全产业链、产品全生命周期的工业应用,支撑智能化改造、协同制造和云制造三种制造模式;二是构建良好的工业应用 APP 创新环境,为开发者基于平台产品或服务、API 实现应用创新,形成航天云网平台生态。

此外,安全体系为航天云网平台安全提供重要保障,标准体系为航天云网平台标准建设提供重要支撑。

8.1.2　航天云网 2.0 主要关键技术

1. 智慧云系统的集成优化技术

智慧云系统的集成优化技术包括:基于云服务总线的服务智能编排和治理技术;基于流程动态优化工业互联网系统组合优化技术;基于微服务的 API 组合与调度技术;实现跨企业、跨平台、跨领域的异构制造资源、数据和应用服务的互联、集成与优化。

2. 智能驱动的工业 PaaS 平台技术

智能驱动的工业 PaaS 平台技术包括:基于"Kubernetes＋CloudFoundry"的双容器引擎,以及基于联邦集群技术的资源统一调度与管理技术;数据驱动的业务流程引擎和面向数字孪生的仿真引擎及其服务化技术;大数据与机理模型混合驱动的云原生开发环境及开放 API 接口技术;基于"边缘制造＋云制造"的云边协同技术;实现多源异构应用场景的动态构建、调度及运行。

3. 面向丰富应用场景的人工智能/大数据服务构建技术

面向丰富应用场景的人工智能/大数据服务构建技术包括:基于数据挖掘、模型训练、模型部署的大数据和人工智能服务构建技术;基于知识图谱的人工智能/大数据技术的可解释模型构建方法;基于跨行业、跨领域泛在条件下可扩展、可解释的大数据和人工智能模型和算法;形成分类、聚类、关联分析和神经网络等通用类算法服务;实现企业研发、生产、经营过程中产生的海量数据处理和分析。

4. 面向制造全生命周期的智能云建模与仿真技术

面向制造全生命周期的智能云建模与仿真技术包括:基于信息物理系统大数

据的非机理建模方法；多级(作业级、模型级、算法级)并行高效能仿真算法及面向机器学习的二次建模方法；基于容器的轻量级虚拟化架构的高效能云仿真方法；实现企业协同生产制造过程仿真资源按需动态构建和协同仿真。

5. 智能工业 APP 快速开发技术

智能工业 APP 快速开发技术包括云制造支撑系统技术架构；基于微服务/FaaS 的工业模型服务化开发与动态编排技术；基于知识表示的可解释机器学习数据建模及面向工业 APP 的数据/机理模型自适应融合方法；工业数据智能驱动的工业 APP 快速建模开发技术；实现工业机理模型服务化封装和动态组合调度。

6. "5G＋边缘计算"技术

"5G＋边缘计算"技术包括基于"5G＋边缘计算"的智能边缘一体机架构；5G 等多协议自适应工业互联接入与智能数据采集技术；基于嵌入式系统和深度学习的高效处理决策技术；基于"5G＋VR＋工业互联网"的关键设备远程运维与智能服务技术；工业应用、算法、模型的云边协同模型与部署运行技术；实现应用、算法、模型的云边协同高效运行与处理。

7. 基于智慧工业云的管理技术

基于智慧工业云的管理技术包括：面向智能制造的智慧供应链管理软件技术；基于知识图谱的供应链协同智能匹配与推荐技术；云供应链动态组织与构建技术；基于"平台＋区块链"的营销管理技术；支撑政府、企业，实现管理的精准化、智能化。

8.2 航天云网 2.0 产品集

8.2.1 工业互联网网关

INDICS EDGE 是航天云网公司研制的一款连接航天云网云平台的工业互联网网关，提供采集、转换、处理和传输不同厂商品牌工业设备数据、工厂 OT 组网和通信协议转化等功能模块。该工业互联网网关产品以软件为主、硬件为辅。通过设备接入＋边缘智能，帮助企业完成设备接入航天云网云平台，并在本地实现一些边缘智能应用，实现数据安全、减小传输带宽的作用，同时使企业快速享有航天云网云平台服务。丰富多样的产品体系和灵活的模块化配置为不同用户提供多样化的接入场景，搭配网关的配置工具已集成到开发者中心，提供云化方式使用。

INDICS EDGE 网关内置航天云网云平台 API,使用者无须进行二次开发即可实现与航天云网云平台云制造应用、工业大数据应用的无缝集成,为生产制造企业提供工业设备连接并使用航天云网云平台服务的便捷方式。另外,它提供的边缘应用和边缘计算功能,实现工业现场的边缘计算和航天云网云平台的云计算服务结合应用,及时处理现场信息,降低数据传输量及占用的网络带宽。INDICS EDGE 工业互联网网关产品功能架构如图 8-2 所示。

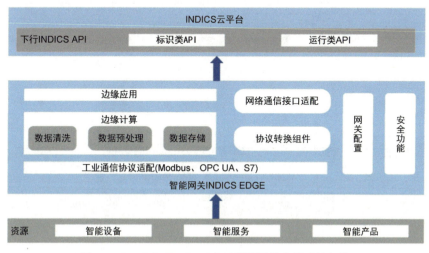

图 8-2　INDICS EDGE 工业互联网网关产品功能架构

8.2.2　物联网接入工具

航天云网物联网接入工具可以快速实现第三方网关或设备与云平台建立双向可靠连接,可应用在海量设备数据采集、数据分析与监测场景。用户可根据使用场景和安全要求制定自己的存储策略,其提供便捷的软件开发工具包(software development kit,SDK)功能和丰富的 API 功能来满足用户的快速数据接入和查询使用,产品分为基础版和定制化储存版,基础版通过设备接入 SDK,可实现设备数据快速接入云平台。开发者通过平台,向下为连接各类设备提供统一的接口,开发者通过接口,实现设备快速接入与管理,与企业自有协议统一接入;定制化储存版可对设备数据进行规则约束处理,并可实现数据的转发并独立存储,通过规则引擎进行设备数据过滤,并实现数据转发至时序数据库进行私有化存储。

航天云网物联网接入工具主要实现四个功能:物管理功能、物接入功能、数据云监测功能以及不同安全级别的数据存储策略。图 8-3 为物联网接入工具产品功能架构。

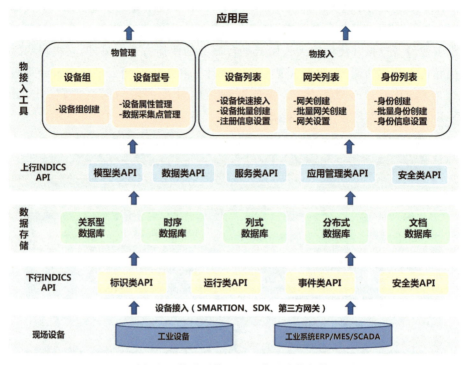

图 8-3 物联网接入工具产品功能架构

8.2.3 云端应用开发工具

航天云网平台云端应用开发工具是为云端的工业 APP 开发者打造的、基于数据驱动模式的云端应用敏捷开发集成工具包及其管理工具。云端应用开发工具面向工业 APP 开发全流程的设计、开发和运维管理。其开发用户主要是工业 APP 开发者。这些开发者不必具备较高的软件开发技术,而是在更多地聚焦业务的分析、梳理和设计情况下,可以快速完成 APP 的开发。

云端应用开发工具满足云端工业应用快速构建,支持航空航天、石油化工、电力装备和节能环保等十大行业的设备状态监控、预测性故障诊断、企业运营优化、智能产品管控等应用场景,提升企业开发效率,降低开发成本。

开发者基于云端应用开发工具,与平台中的算法、模型、引擎以及 API 接口集成,快速开发搭建工业应用 APP。打造云端应用一站式开发环境,能够实现基于云的应用程序的快速开发和运行。通过拖拽、配置的方式,即可完成设备数据监控相关的 Web 页面开发,可视化搭建 Web 页面。支持绑定传统数据库、NoSQL 类以及大数据类数据库,方便与平台无缝集成。产品开发完成后可完全托管在云端,无须部署即可发布及使用。云端应用开发工具技术架构如图 8-4 所示。

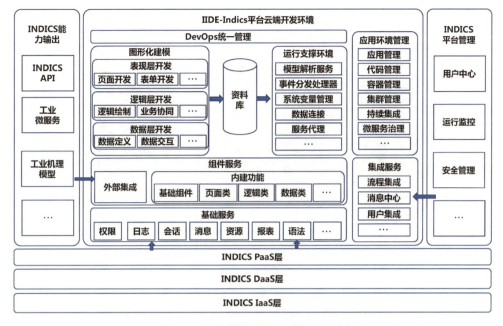

图 8-4　云端应用开发工具技术架构

云端应用开发工具主要提供的功能包括开发桌面、应用中心、绘制页面、流程驱动和模板复用。图 8-5 为云端应用开发工具产品界面。

8.2.4　云端应用运行工具

航天云网平台云端应用运行工具是一款为企业应用提供运行环境及相关支持能力的平台。

云端应用运行工具（ALM）是基于 Docker 容器、Kubernetes 容器编排工具等容器技术搭建的云容器引擎平台，结合 DevOps、微服务等新技术理念建设的一款应用运行管理平台。ALM 为企业提供快速一站式应用部署/运行服务，实现企业业务应用从开发、测试、部署到运维的全生命周期平台化管理。

云端应用运行工具支持快速的应用部署，支持 7 种开发语言，提供 8 种应用运行环境，同时支持创建和使用应用运行相关的公共服务组件（存储、数据库、中间件等）；具备负载均衡、弹性伸缩、持续交付、健康检查和智能运维等功能，以支撑应用部署/运行的稳定性、可靠性、扩展性和敏捷性等特性需求和应用的基本运维能力；支持基于 SpringCloud 的微服务运行能力、微服务引擎、微服务治理、微服务的注册发现/配置管理/网关管理等微服务的容器化运行能力。云端应用运行工具业务流程如图 8-6 所示。

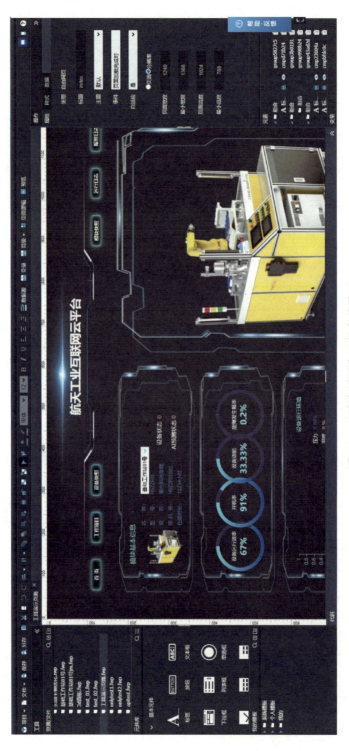

图 8-5 云端应用开发工具产品界面

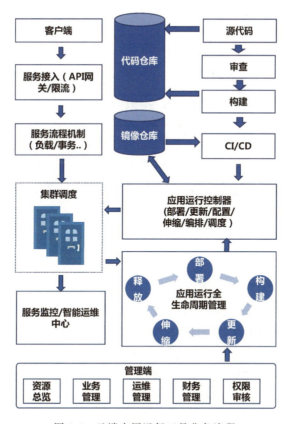

图 8-6 云端应用运行工具业务流程

云端应用运行工具主要包括容器引擎、持续集成/交付、中间件、智能运维。

8.2.5 云端应用工作室

航天云网云端应用工作室是基于 MBSE 和集成产品开发（integrated product development，IPD）先进理念，以任务为主线，整合云市场应用，为用户提供云端统一集成工作环境，打通产品全生命周期流程和数据，实现设计研发、生产制造和运营管理的有效集成，构建模型驱动的协同研制模式。

航天云网云端应用工作室为用户提供云端应用的统一入口及一站式集成工作环境，为协同业务提供跨专业协同环境，支撑产品全生命周期的工作过程，根据需求，通过应用工作室订阅应用商店中的优质 APP，按照租赁、按次付费等模式使用云端应用，大幅降低信息化建设和运维成本。应用工作室基于 IPD 的管理模式，以任务为主线，将企业需求管理、研发设计、生产计划和运营管理等业务打通。

航天云网云端应用工作室主要提供六大功能：订单管理、工程 BOM 管理、智能排程、外协外购管理、生产过程管理、智能运营(图 8-7)。

图 8-7　云端应用工作室产品功能

8.2.6　工业 APP 应用商店

航天云网工业 APP 应用商店(图 8-8)面向用户及中小微企业,构建海量工业 APP 服务商与海量工业企业用户之间双向迭代的双边生态,涵盖研发设计、采购供应、生产制造等七大领域,包括航空航天、节能环保、电气机械等十大行业,为工业企业提供选、试、买、用全流程工业 APP 服务;为 APP 服务商提供开发、运行、交易工业 APP 的一站式资源。目前航天云网工业 APP 已经聚集 159 家工业 APP 服务商,上线 582 款工业 APP 产品。

图 8-8　航天云网工业 APP 应用商店

作为航天云网 INDICS+CMSS 体系中直接面向企业用户的窗口,应用商店为产品全生命周期提供顶层 APP 开发、部署、交易、使用环境。浏览器/服务器(browser/server,B/S)架构的工业 APP 可以直接部署在航天云网 PaaS 平台,对外提供服务；客户端/服务器(client/server,C/S)架构的传统工业软件可以部署在航天云网虚拟化平台中,以在线使用的方式交付给用户使用。图 8-9 为基于 INDICS 平台的产品云化部署服务。

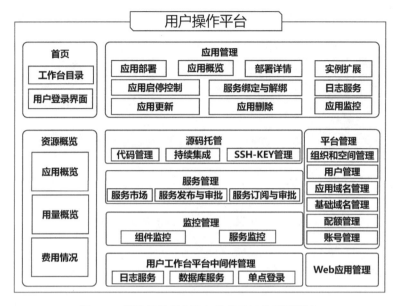

图 8-9　基于 INDICS 平台的产品云化部署服务

8.2.7　区域云

区域级工业互联网平台主要针对区域公司、园区、政府的工业云建设需求,依托航天云网平台,提供区域工业互联网平台公共服务板块、行业及特色专区的建设服务,主要功能板块包括能力协同、工业品共享、工业资源、设备接入、工业 APP、金融服务、行业专区和政府服务专区等。针对省市用户的不同需求,可进行功能的选择性配置,形成不同的功能组合。

依托航天云网平台针对区域特定需求,开展区域工业互联网平台建设,为区域工业互联网平台提供资源层、平台层、应用层和门户层可配置套件。支撑企业上云和智能化改造,满足区域产业发展的基本需求,快速复制航天云网的平台运营模式,帮助政府培育区域级工业互联网平台,实现企业批量和快速上云,推动产品服务规模化效应。区域级工业互联网平台主要提供的功能包括制造能力云端协同、工业软件云端应用、工业资源在线共享、工业品供需对接、工业设备接入、行业或特色产业资源汇聚、辅助政府服务及线下服务。区域级工业互联网平台业务架构如图 8-10 所示。

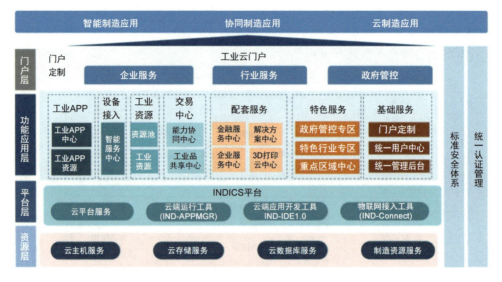

图 8-10 区域级工业互联网平台业务架构

8.2.8 行业云

基于航天云网平台搭建区域级工业互联网平台，秉承航天云网核心技术，无缝衔接航天云网平台丰富资源，借鉴航天云网成熟的商业模式及运营经验，基于航天科工丰富的技术和资源背景，建立行业网络化协同云平台，为行业赋能。

基于航天云网平台构建行业网络化协同云平台，形成以企业为中心，上游客户、供应商、加工协作企业、检测和金融服务机构等角色共同组成的产业链协同发展生态圈，提供协同智造、供需对接、工业软件、设备接入、行业资源和"产学研"等服务。企业可通过生态圈与上游客户协同设计，获取原材料，找到加工协作单位和检测服务、金融服务，大幅提高产业链协同工作效率，缩短交货期，降低成本。其他角色企业也通过生态圈实现服务化转型。可以应用于产业链协同研制、供应链协同采购、数字化研发设计、工业资源在线共享四大场景。图 8-11 为行业解决方案框架图。

8.2.9 园区云

园区级工业互联网平台以"园区＋工业互联网"为理念，将园区产业集聚发展与物联网、大数据、云计算等技术有机融合，通过集成与园区产业相关的跨行业、跨专业、跨部门的各类资源，建成业务管理平台和对外服务平台，打造全省产业园区应用服务生态，面向园区管理机构、园区内企业和个人提供全方位应用服务支撑，具有整体性、创新性、生态性、个性化、特色化的特点。

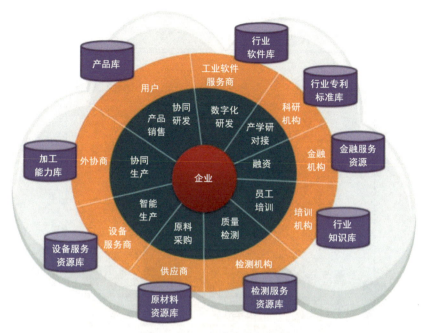

图 8-11　行业解决方案框架图

针对内有面向各个行业的工业企业的综合性工业园区建设园区级工业互联网平台,打造园区内部管理基本模块、园区公共服务基本模块以及企业工业互联网模块,对园区云进行大屏视图展示。园区级工业互联网平台主要包括园区综合管理、园区政务公开、工业企业服务、园区节能环保四大功能。图 8-12 为园区工业互联网平台功能架构。

8.2.10　企业云

企业级工业互联网平台依托航天云网平台提供的基础服务,向下支持各类工业设备、工业服务等资源的接入,向上支撑产品全生命周期活动,提供各类应用软件工具集,满足企业高层管理、生产经营、执行监控等各类人员的应用需求。提供咨询、规划、建设、运营整体解决方案,实现企业研发设计、采购供应、生产制造、运营管理、企业管理、仓储物流和产品服务等业务数字化,全面支撑企业转型升级。

企业云基于航天科工集团及多家大型集团企业实践经验总结,使用 INDICS＋CMSS 工业互联网技术体系作为保障,横向支持企业互联,纵向支持企业虚实结合的数字化应用,跨行业、跨领域、跨地域"三跨",全系统、全生命周期、全产业链"三全"的解决方案。主要提供的功能包括网络化协同、智能化生产、个性化定制、服务化延伸、数字化管理。图 8-13 为企业级工业互联网平台总体架构。

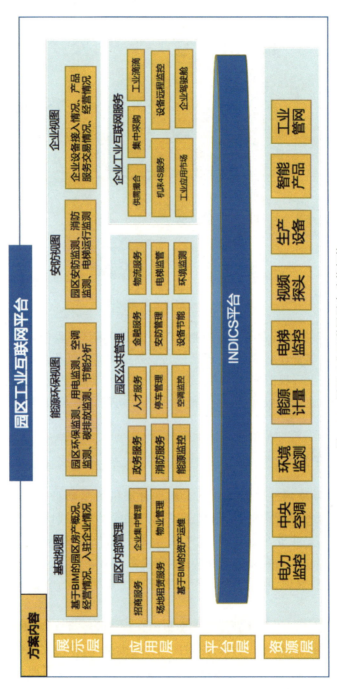

图 8-12 园区工业互联网平台功能架构

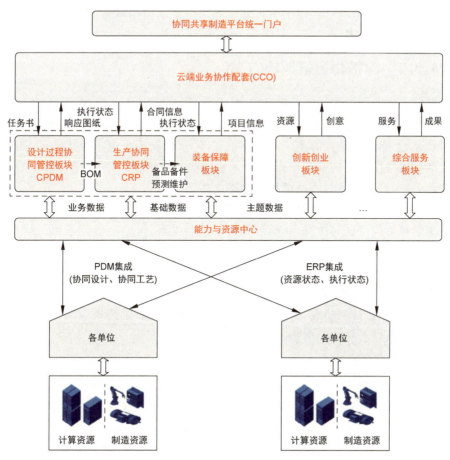

图 8-13 企业级工业互联网平台总体架构

8.3 应用情况

8.3.1 企业上云解决方案

企业上云是指企业以互联网为基础进行信息化基础设施、管理、业务等方面的应用,并通过互联网与云计算手段连接社会化资源、共享服务及能力的过程。从中小型企业痛点及需求出发,持续推进中小型企业上云、数字化及智能化转型研究与实践,提供"三种维度(工业装备上云、企业上云、产业体系上云)、三个阶段(登云、数字化转型、智慧化提升)"的企业上云整体解决方案。

航天云网工业互联网平台针对不同行业、领域和地区企业的应用问题,积极探索中小型企业上云上平台的典型场景及实施路径,企业上云解决方案已在广大中小型企业得到应用,为北京、贵州、甘肃、四川、江苏等数万家企业提供一站式工业互联网应用方案,助力广大中小型企业快速获得领先的质量管理、销售管理、采购管理和企业管理能力。

8.3.2　网络化协同解决方案

网络化协同制造主要解决跨专业、跨企业、跨地域的设计、生产、维护和经营管理等产品生命周期过程中并行协同能力的问题。网络化协同制造需要根据产品研制需求,动态组建跨企业的基于项目的IPT,除充分发挥企业本身优势外,还能最大化地利用协作团队的资源和技术,从而快速高效地研制产品,对于提升制造企业研制能力、提高产品研制质量都具有重要意义。

目前,航天云网在网络化协同方面基于航天云网平台构建了网络化协同环境,实现多学科协同论证与仿真、跨地域资源协同与共享、全产业链业务协同与集成。解决跨单位协作效率低、一致性差等问题,有效提高企业资源能力配置率、产品准时完工率,降低企业运营成本,促进网络化协同的产业生态逐步构建。

网络化协同制造已在航空航天、家具、模具等行业开展应用,形成了知识/资源协同共享,协同设计和仿真,跨企业协同生产,基于MBD的跨企业设计生产协同、供应链协同及社会化协同制造等解决方案。

8.3.3　智能化生产解决方案

智能化生产是基于新一代信息通信技术与先进制造技术深度融合,贯穿于生产、管理、物流和服务等制造活动的各个环节,具有自感知、自学习、自决策、自执行和自适应等功能的新型生产方式。如何利用智能化生产技术帮助企业由传统生产模式向智能化生产模式转变,是智能化生产的主要内容。

航天云网公司智能化生产解决方案以服务工业互联网平台为核心,围绕智能化生产业务,通过线下智能化改造成果接入云平台,聚集形成平台资源优势。以用户需求驱动线下生产,形成线上、线下相结合的智能化生产解决方案能力。智能化生产解决方案已在通信设备、模具制造、设备零部件和汽车零配件等行业进行应用,并形成面向行业的智能化生产解决方案,提升了企业智能化程度,助力企业降本、提质、增效。

8.3.4　个性化定制解决方案

随着信息技术和先进制造技术的融合和应用,消费者需求趋向于个性化和多元化,个性化将逐步成为主流。发展个性化定制模式是推动互联网、大数据、人工智能和实体经济深度融合,加快发展先进制造的重要举措。传统工厂可以大规模生产同质化产品,而个性化和多元化的生产,必然导致传统工厂设计成本、制造成本的上升。要想降低定制化成本,需要拥有产业链协同设计能力和柔性生产能力,建立个性化定制平台,通过用户的交互式参与,精准获得用户需求,并通过协同设计和柔性化生产实现资源的整合、共享和需求的快速响应。

近年来,基于航天云网平台开展个性化定制解决方案,主要涉及家具行业、模具行业和新材料行业,打造航天云网平台个性化定制解决方案。

8.3.5　服务化延伸解决方案

制造业正在积极探索由传统以产品为中心向以服务为中心的经营方式的转变,通过构建智能化服务平台、提供智能化服务可以摆脱对资源、能源等要素的投入限制,更好地满足用户需求、增加附加价值、提高综合竞争力。

通过采集和积累设备数据,并建立模型,对设备进行有针对性的维护,另外,设备使用商还可手动录入设备维修清单,提交给设备制造商寻求技术上的帮助以及维修申请,为后期完成故障分析和提升维修技术水平提供经验支持。

通过平台进行设备备品备件管理,并且服务商通过平台收集有效信息,实现对客户的报工需求做到快速响应。

8.3.6　数字化管理解决方案

数字化管理是在工业技术高度自动化、信息技术全面应用以及系统管理思维条件下实施的企业建设、生产、经营和管理数字化转型,是实体经济向数字经济靠拢的趋势,而通过数字化管理赋能实体经济,是企业实现高效管理的重要手段。依托航天云网平台,构建涵盖决策、管理、流程、人才和资金等方面的智慧化运行体系,形成一批针对企业管理可推广、可复制的解决方案。

近年来,数字化管理通过在航天科工集团内部先行先试,并推广到工程车辆、能源和化工等行业进行应用,实现企业的业务敏捷管理、流程可追溯、数据准确化和监管控智慧化,形成一种组织柔性和战略应变能力,培育出能够实时发现问题、应对风险、可持续发展的企业良好生态。

参考文献

[1]　航天云网科技发展有限责任公司.航天云网产品手册[X](产品样本),2019.

第9章 基于智慧工业互联网的智能工厂

近年来,工业领域正在发生一场重大而深远的变革,美国、德国、英国、法国等国家各自提出了"再工业化"战略,中国提出了"中国制造 2025"战略规划,推进制造强国建设[1-2]。这场变革将从根本上改变传统的制造业发展模式,重塑制造业体系和行业边界,拓展新的商业模式,从而占领价值链高端。其中,加快建设数据采集智能化、产线生产高效化、产品质量优质化、能源管控节约化的智能工厂在这场变革中具有重要的意义。同时,智能工厂的建设是实现智能制造的重要载体和集中体现[3],也是制造企业提质增效、降本节能的重要手段,对于推动制造业优化升级具有重要作用。

基于智慧工业互联网的智能工厂建设,以智慧云制造为指导思想,以智慧工业互联网为载体,以关键环节智能化为核心,以数据驱动运营,实现资源能力可视共享及需求精准匹配,实现设备互联互通、产线互联互通、企业互联互通、业务互联互通、虚实互联互通,形成状态感知-实时分析-自主决策-精准执行-学习提升的生产模式。通过网络覆盖制造过程全要素并实时感知与传输制造过程动态信息、适应环境变化并进行实时精准管控,实现全流程实时互联、用户全流程可视、制造过程全程可追溯,具备自决策、自执行和自修复能力,最终实现高效高质生产[4]。

本章在工业云体系架构及关键技术的基础上,从智慧工业互联网在智能制造领域落地及对智能工厂支撑的角度出发[5],介绍了基于智慧工业互联网的智能工厂的运行模式及应用价值,并按照智能化生产、网络化协同、个性化定制、服务化延伸、数字化管理五类,提供典型案例供读者参考。

9.1 基于智慧工业互联网的智能工厂运行模式

9.1.1 智能化生产

传统制造业存在制造资源协调困难、产品信息流通弱、对市场成交转化率了解不及时等弊端。因此,在生产过程中,生产效率的提高、信息渠道的畅通等会受到设备故障、用户需求变更、供应商能力变化等情况和内部生产经营管理问题的制约,造成各部门、各生产环节之间衔接不上,资金、货物和信息等流通不畅。

智能化生产是在信息化的基础上,利用先进制造工具、物联网、大数据和云计算等网络信息技术,在智能工厂内部进行跨系统数据流的采集、分析与优化,完成设备、产线、车间与人和信息系统之间的连接,实现生产过程的自动化控制、智能化管理和定制化生产。智能化生产涵盖设备智能感知互联、制造过程优化、智能排产等方式[6],提供设备互联、流程集成、数据实时分析和制造控制等环节的创新应用。

工厂智能化的关键在于设备互联[7],即利用传感器、嵌入式终端等设备和信息通信技术,使得生产设备与设备、设备与产品、物理系统与互联网平台智能互联。为了实现企业内部生产运营等各个环节之间信息的无缝连接和流转,生产制造信息和IT信息的融通,消除各部门、各环节的信息孤岛,有必要对生产过程进行流程集成,即在一个智能控制系统中将产品数据、设备数据、生产数据和经营管理数据等进行集成。在ERP、OA、PLM、MES等管理软件的基础上,通过打通设备监控与操作层、生产运营管控层、企业经营决策层之间的信息流转通道,进行数据实时分析实现制造控制,包括实现优化生产工艺、再造生产流程[8]、高级生产排程[9]、设备状态监测与预防性维护[10]、产品全生命周期管理[11]和能源管控等。图9-1为基于INDICS平台的智能化生产模式。

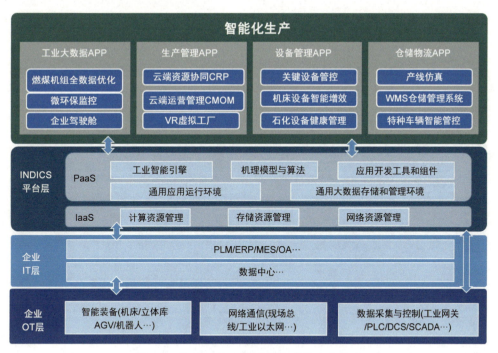

图9-1 基于INDICS平台的智能化生产模式

在未来的智能化工厂中,设备互联、流程集成、数据实时分析和制造控制等环节的创新应用,将使得预防性维护、货物生产和原材料追溯、大规模定制产品追查、能源效率监控成为日常操作。这些创新应用将为我国传统制造业赋能,创造新的市场机遇、技术机遇和产业机遇等,促进我国各企业在工业互联网阶段实现弯道超车。

9.1.2 网络化协同

随着信息技术、互联网技术及物联网技术等的发展,网络化协同制造模式已成为制造业未来发展的方向,这种网络化协同的制造模式是基于网络协同平台,将生产任务、订单信息跨地域、跨企业地分配下去,聚集社会分散的制造资源和制造能力而形成的,实现供应链内及跨供应链的企业间在产品设计、制造、销售、管理和商务等方面的协同,最终改变业务经营模式,达到资源利用最大化的目的[12]。

从生产模式而言,网络化协同模式[13]集成了工程、生产制造、供应链和企业运营管理等先进制造系统[14],基于网络制造、全球制造和虚拟制造等生产模式,依托互联网技术、物联网技术及信息技术使供应链上、下游企业传统的串行工作方式转变成并行工作方式[12],使企业从单一的制造环节到上游设计与研发环节延伸,企业的管理链从上游到下游生产制造控制环节拓展[15],缩短产品研发周期和生产周期,能快速响应用户的个性化需求。图9-2为基于INDICS平台的网络化协同模式。

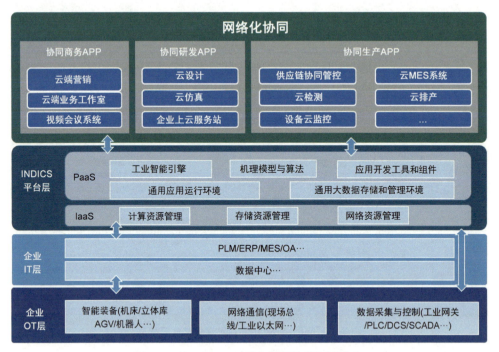

图 9-2　基于 INDICS 平台的网络化协同模式

网络化协同旨在推动互联网与制造业融合,提升制造业数字化、网络化、智能化水平,加强产业链协作,提升企业价值链[16],其主要的应用模式包括协同设计、云制造、供应链协同、服务协同。

(1) 协同设计是指利用计算机技术、多媒体技术和网络技术,通过网络化的设计平台支持企业之间工作群体成员的分工,并行开展设计任务,可有效缩短产品研发设计周期。

(2) 云制造是先进的信息技术、制造技术和物联网技术等交叉融合的产品,是"制造即服务"理念的体现,基于"云计算"理念实现制造资源的高度共享,使工业设计与制造领域中的供需匹配最合理、最高效。

(3) 供应链协同通过互联网将供应商、制造商、分销商和客户创建到供应链网络中,动态地共享客户需求、产品设计、工业文件、库存及供应链计划等信息,在组织层面上,通过协同明确各个企业的分工与责任,实现优势互补和资源共享;在业务流程层面上,通过协同重组流程,打破企业界限,更好地满足客户需求;在信息层面上,通过协同共享运营数据、市场信息等,实现信息的快速传播和用户需求的及时响应。

(4) 服务协同是指在 CPS 支持下,贯穿产品全生命周期的管理和服务,在产品智能化的基础上,实现产品运行状态数据采集、数据实时分析、故障诊断与预测性维护等功能,为客户和企业创造新的价值,实现传统制造向制造服务转型。

9.1.3 个性化定制

个性化定制是指利用智慧工业互联网,将客户的个性化需求直接转化为生产排单,直接参与生产过程的生产模式。个性化定制形成了以用户需求为主导的新生产模式,可以让用户在交互、定制、设计、采购、生产、物流和服务等环节全流程参与[17],这种模式能够按照客户定制化的要求来组织生产,实现以用户为中心的个性定制要求和按需生产,可以满足市场多样化需求,解决制造业长期存在的库存和产能过剩问题,把"产销合一"做到实处,有利于实现产销动态平衡。

个性化定制生产模式已在国内外得到广泛应用,如计算机、汽车等行业。个性化定制的服务模式主要包括大规模个性化定制、模块化定制、远程定制等。图 9-3 为基于 INDICS 平台的个性化定制模式。

(1) 大规模个性化定制是针对用户的个性化需求,运用柔性制造技术、自动化控制技术、传感器技术和物联网技术等,基于智能化的信息管理系统和生产执行系统,把大批量制造变成批量个性化定制,使用户在生产各个环节得到快速高效的响应。有代表性的大规模个性化定制平台有海尔打造的工业互联网平台 COSMOPlat[18]。

(2) 模块化定制是将复杂的产品分解为多个简单的模块化个体,再由分解后的各个模块集成生产。模块化定制是规模定制的有效途径和载体,在效率、灵活性和可靠性方面极具优势,以精密扬声器数字化车间标杆线为例,由于实现了产线的模块化,只需要更换工装、治具和少量的工艺模块,就可实现三类产品的快速切线

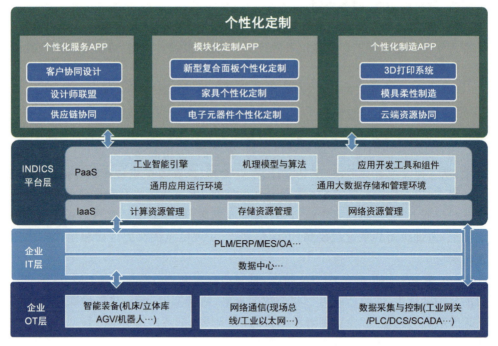

图 9-3 基于 INDICS 平台的个性化定制模式

生产[19]。有代表性的模块化定制模式有戴尔计算机个性化定制、宜家家居模块化设计等。

（3）远程定制是基于互联网和智能设备，进行远程设计、异地下单和分布式制造[20]。例如在服装制造行业，可以通过扫描建立 3D 人体模型，将人体三维数据与系统中的 3D 服装进行三维试配，可实现快速虚拟试衣，并让客户参与个性化服装定制中，既降低成本，让服装定制更大众化，又提高了定制效率。在家具制造行业中，客户远程下单定制信息，商户通过云计算进行设计、模拟、修订，最后确认好产品设计后，通过计算机将设计方案发送到相应的制造设备，基于互联网完成产品建模、制造、测试和其他各项活动。

9.1.4 服务化延伸

基于物联网、工业云平台和工业大数据等新一代互联网技术，围绕传统制造业衍生出的新型服务叫作制造业的服务化延伸，延伸价值链条，增加附加价值，实现企业的服务化发展，应用互联网＋硬件实现产品联网与数据采集，利用大数据分析提供多样化智能服务等新模式、新业态[21]。如在产品上增加智能模块，实现产品联网与运行数据采集，并利用大数据分析提供多样化智能服务。图 9-4 为基于 INDICS 平台的服务化延伸模式。

技术融合和商业模式创新正加速推进制造企业的服务化，发达国家贯穿于全

图 9-4 基于 INDICS 平台的服务化延伸模式

生命周期的制造服务业创造的价值已经超过物质生产本身所带来的价值[22]。服务化延伸既是新型工业化的重要方向和途径,又是产业转型升级的新路径;服务化延伸是企业在互联网化过程中谋求高附加价值的必由之路。运用物联网、大数据等技术,通过打通整个产业链和各个参与环节的资源优化配置,突破大数据产业重点技术基础,赋予数据更大的价值,打造创新服务模式,延伸服务的广度和深度,实现包括供应链金融与高效物流在内的商业生态营造。

例如,三一重工建立的智能工程机械物联网,面向机器制造商、金融机构、业主、使用者、售后服务商、政府监管部门提供服务,为客户提供远程监控、主动维护、位置信息及精细化作业等服务[23];罗尔斯-罗伊斯公司改变运营模式,通过服务合同绑定用户增加服务型收入,业务扩展到发动机维护、发动机租赁和发动机数据分析管理等服务[24];通用电气公司改变生产模式,"技术+管理+服务"模式所创造的产值占公司总产值的比例高达 70%[24]。

9.1.5 数字化管理

企业传统的管理模式是基于业务驱动,依赖个人的经验和直觉,节点间信息分享不畅;企业部门职责不清,流程执行效率低;数据分散,利用不足,管理决策缺乏科学依据;管理优化缺乏有效落实手段,无法满足数字经济时代企业经营管理快速迭代创新的需要。

数字化管理是在工业技术高度自动化、信息技术全面应用以及系统管理思维条件下实施的企业建设、生产、经营和管理数字化转型,是实体经济向数字经济靠拢的趋势,而通过数字化管理赋能实体经济,是企业实现高效管理的重要手段。

数字化管理包括企业智慧流程管理、企业智慧决策管理和企业智能优化管理3个管理应用模式(图 9-5)。企业智慧流程管理是通过建立系统化、体系化的管理流程和制度,通过数字化手段将流程、制度与管理过程相结合,以提升管理效率和客户服务满意度;企业智慧决策管理是通过将分散在各单位、各系统的数据进行实时抽取、汇总与分析,为企业的经营决策提供支撑;企业智能优化管理是通过对企业生产经营过程进行精细化监控,尤其是针对企业的市场运营和经营成本的数字化分析,通过智能优化分析实现企业的开源节流。

图 9-5　基于 INDICS 平台的数字化管理模式

数字化管理模式的应用,将推动企业打通内部各管理环节,打造数据驱动、敏捷高效的经营管理体系,实现可视化精细管理,实现动态市场响应、资源配置优化和智能战略决策等新应用创新。

9.1.6　基于智慧工业互联网的智能工厂应用价值

基于智慧工业互联网的智能工厂通过云平台应用、信息化系统、网络化柔性智能生产线等异构系统及平台的集成,打通企业需求、研发、生产、检测、物流和服务等各业务环节的数据壁垒,打通企业"生产计划、BOM 及工艺路线、企业数据"三类业务链,形成符合"多品种、小批量、定制化"特点、异地协同、柔性生产制造模式,构建数据驱动的产品全生命周期生态价值链,从而促进企业转型升级,提高企业生产效率,降低运营成本,提高产品质量[4]。

基于智慧工业互联网的智能工厂的应用价值主要表现在以下三方面。

(1) 横向集成:基于智慧工业互联网以服务化的形式提供制造资源和能力,实现资源能力共享、研发设计并行协同、供需对接与资源优化配置。从全产业链出发,实现全价值链上所有企业之间集成和社会化协作,构建协同价值链生态圈,满足企业产品设计、工艺、制造、检测和物流等全生命周期的网络协同化要求,提升基于产业链的涵盖设计、资源、营销、服务、物流的全价值链协同能力。

(2) 纵向集成:通过数字化、网络化、智能化、可视化手段打造"透明工厂",实现制造资源层、现场控制层、车间执行层、企业管理层和工业云平台层等企业内部不同层面各系统(如 PLM/ERP/MES/SCADA 等系统)之间的纵向集成打通,贯通产品的需求、研发、生产、服务的全业务流程,实现订单/数据驱动的智能生产,实现高效的生产协作控制,提高生产效率。

(3) 端到端集成:围绕产品全生命周期和价值链实现企业与企业之间的端到端集成,能够快速获取用户的个性化需求,根据个性化需求完成研发设计和生产制造,实现"按需生产"。

基于智慧工业互联网的智能工厂利用模块化设计、协同设计等智能设计新技术,依托工业云平台开展协同研发,实现与制造过程的无缝对接,创新业务协作流程;利用物联网、大数据分析等新技术,实现智能监控、远程诊断管理等智慧工业互联网新应用的落地,实现对产品及市场的动态监控和预警预测业务,促进工艺的仿真优化,实现状态信息实时监测;通过新一代信息技术、智能制造相关共性技术的应用,提高核心企业系统集成能力,帮助企业优化产品结构,全面提升设计、制造、工艺、管理水平,为企业重塑产业价值链体系,实现产业结构向价值链高端延伸发展。

基于智慧工业互联网的智能工厂的建设与应用,能够帮助企业实现创新驱动,推动跨领域、跨行业协同创新,促进制造业实现数字化、网络化、智能化,走创新驱动的发展道路;推动企业产业结构优化,由生产型制造向服务型制造转变,帮助企业提高核心竞争力,走上提质增效的发展道路。

9.2　基于智慧工业互联网的智能工厂典型案例

9.2.1　智能化生产案例

某模具生产企业成立于 2007 年,公司是集各类精密模具设计、制造与销售及五金加工于一体的高新科技企业,公司有 500 多人的员工队伍,其中,工程技术人员占 75%,企业生产模式特点为多品种、零批量、按单生产。该企业目前处在企业发展的成长阶段,模具订单多,企业发展受设备及管理的束缚,具体表现在如下几个方面。

(1) 企业的产能不足,无法满足未来几年企业产能提升需求,人员冗余,一线工人数量偏多,企业开支大,产线自动化、智能化水平低,导致产品质量偏低,需提升产品品质,提高产品国际竞争力。

(2) 设备利用率低,资源没有优化。企业资源的利用不足,产能分配不均,不能很好地完成全年生产计划,需要大量的外协来满足生产需要。

(3) 设备种类丰富,数据量大,没有高效管理。该企业生产中所用到的设备有几十种,每种设备都有着大量的数据需要处理,同时设备的运行状态也需要监控,企业没有一个高效的管理平台和手段。

针对上述问题,应用智慧工业互联网的开放接口技术、云采购等关键支撑技术,建设基于智慧工业互联网的智能工厂,形成可复制的适用于汽车冲压模具行业单件定制化、订单驱动的精益柔性生产新模式。

首先进行智能产线设计,设计要具备柔性化,能满足模具生产多品种的特性;优化设备布置,在满足建设需求的前提下,要兼顾现有生产布局,避免出现新旧不兼容的情况;优化资源配置、物料及工件配送,周转区的路线规划达到资源利用的最大化;流程重构,改进现有生产流程,重构生产流程。

其次进行生产规划与仿真优化,采用仿真平台对产线的布局、动作流程、物流线路进行仿真试验验证,并在试验的基础上有针对性地对方案进行修改,提升设计能力及方案的合理性,提高企业在智能化改造后的整体效益。产线仿真有如下技术路线。

(1) 瓶颈识别:识别产线设计的瓶颈环节,提高产线平衡率,提高产线设计合理性。

(2) 计划验证:验证生产计划的合理性,给排产计划改进提供方向。

(3) 算法验证:验证 AGV 调度系统、物流调度系统等系统算法的正确性,找出算法存在的问题。

(4) 设备虚拟调试:在产线正式采购调试前,进行诸如机械手空间干涉调试验证,AGV 运行路线碰撞验证等虚拟调试验证。

(5) 生产过程直观展示:输出产线生产全流程数据的图表展示,对建成后产线的生产情况有预期。

某模具车间产线仿真结果如图 9-6 所示。

最后实施云平台应用,实现从 INDICS 平台接收订单需求,生成销售订单,支撑开展有限产能计划排程、平衡产能,整体实现线上、线下业务闭环管理、增强生产计划功能,同时打通客户、供应商之间的信息通路,实现信息从客户到企业再到供应商的交互,构建企业的生态圈。从全产业链出发,实现基于智慧工业互联网的全价值链上所有企业之间的集成和社会化协作的新业态。某模具云制造运营系统如图 9-7 所示。

第 9 章 基于智慧工业互联网的智能工厂

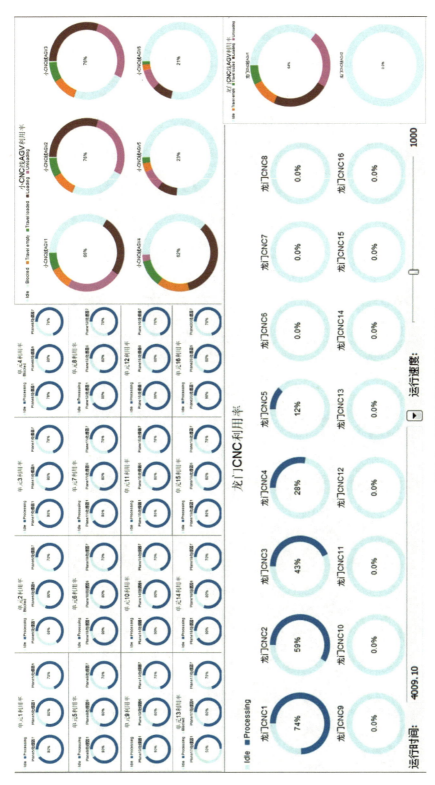

图 9-6 某模具车间产线仿真结果

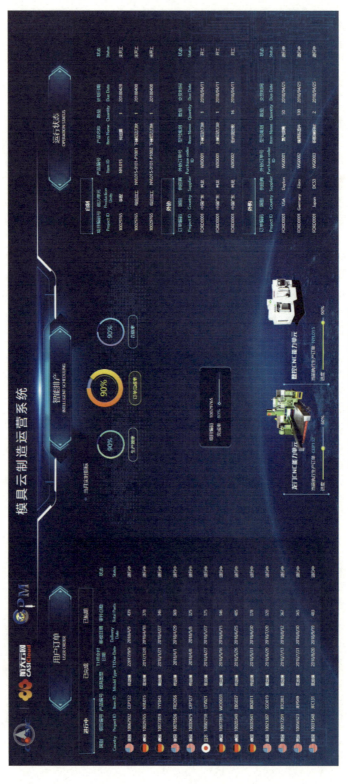

图 9-7 某模具云制造运营系统

对产线设备数据、产线运行数据、运营状态数据、质量数据实时上云,运用大数据分析技术,实现生产企业生产过程分析,实现数据驱动的产线设备运营透明高效管理。某模具设备智能监控界面如图9-8所示。

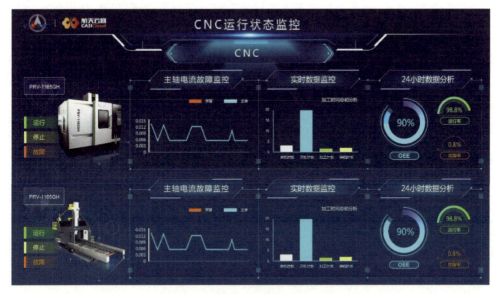

图 9-8　某模具设备智能监控界面

智能化生产结合智能柔性产线和云平台资源计划管理、运营管理应用,形成以MES为核心,上连企业即时通信(enterprise instant messaging,EIM)和云平台,下接CNC控制单元、AGV控制单元、机器人控制单元的智能工厂控制系统。系统将企业供需产业链和车间产线生产的每个业务环节串联起来,建立企业和车间互联互通网络架构和信息模型,实现信息的实时传递和产品的混线柔性生产,实现企业内部不同层面的系统集成及设备互联、数据采集、过程管控等可视化的生产协同管理的新场景,大幅提高企业的数字化和智能化程度。

9.2.2　网络化协同案例

某高端电子元器件企业研制、生产的电连接器立足于高端领域,产品具有技术含量高、品种规格齐全、耐腐蚀及抗干扰指标高等特点,生产模式为多品种、小批量、定制化。该企业为集团化企业,组织架构为总部-事业部模式,在贵州、上海、江苏等地建有研发中心或生产基地。在企业生产运营中,有如下问题。

(1) 设计协同方面。跨事业部的异地协同设计无协同管控手段,公司暂无统一平台架构的设计工艺系统支撑,与客户、供应商沟通仍然依靠纸质产品手册或电子邮箱,协作手段落后,导致协同研发周期长、效率低。

(2) 生产协同方面。计划管理缺乏有效的手段、资源调度不合理、生产进度不

高端电子元器件协同制造

可控、资源利用率低、订单准时交付率不高;全球化用户数量较多、外协外购配套关系复杂、协作效率低、运营成本高,无有效的链接上、下游企业的协同手段。

(3) 运营协同方面。企业多个系统及线下的运营数据分散,工厂的透明化程度不高,设备、质量、生产和运营等大数据的分析利用程度较低,无法为企业的生产经营提供决策支撑。

针对这些问题,项目团队基于航天云网 INDICS 平台实施云制造应用,突破工业云平台、工业云基础支撑与应用的一些关键共性技术,如工业大数据引擎技术、数字孪生制造技术、基于互联网群体智能的协同设计技术等,建设基于云平台的智能工厂,首创数据驱动的企业数字化集成,打通企业"生产计划、BOM 及工艺路线、企业数据"三类业务链,形成数据驱动的企业智能生产新模式。基于平台的智能工厂架构如图 9-9 所示。

(1) 建设 CPDM 云端设计工艺协同系统,提供与各事业部、客户、供应商的设计工艺协同平台。支撑企业基于三维模型/图文档的跨事业部协同设计的新研发模式,实现企业与供应商、客户间打破异构平台、软件限制的三维模型/图文档网络化协同研发新场景,提高研发效率和质量、缩短研发周期。

(2) 建设 CRP 云端资源协同系统,首创订单驱动的满足个性化定制的生产模式,基于云端的多用户订单,驱动生产执行系统、产线 PLC 准时化生产新场景,提供资源协同、外协外购协同等增值服务,实现跨事业部的库存信息、制造设备信息、生产辅助工具信息等资源的共享,支撑跨事业部的资源计划协同。然后下达排产计划,使其驱动企业 MES 实现订单驱动,基于有限产能、企业资源(产能、库存、人员等)的车间级优化生产排程,实现数据驱动的网络化智能化混线生产,有效均衡企业库存、产能等资源,提高生产效率和计划完成率。

(3) 建设 CMOM 制造运营管理系统,通过工业物联网网关 Smart IoT 实现产线数据、生产信息的实时采集,开展数据分析应用。基于数据处理、挖掘、分析,实施质量/工艺优化应用、设备远程运维应用、关键设备预防性维护应用;采集线下各系统、各事业部的销售、财务等运营数据,实现数据动态更新,内置关联逻辑算法,实现各业务数据多维度、跨领域的精准运营分析,实现大数据驱动和支撑的企业智慧管理新模式。

基于航天云网平台及云应用建立数据驱动的、链接多事业部、客户、供应商的需求订单-研发设计-资源协同-智能排产-智能服务的数据协同链路,提高与客户、供应商的协作效率,提高供应链质量、降低运营成本。应用产品全生命周期和价值链异构系统集成技术,RFID 与 IoT 技术,集成机械臂、视觉检测系统等执行机构和传感器,打造网络化、智能化生产线,实现柔性化智能生产,形成制造与服务相结合、线上与线下相结合的新业态。

第 9 章 基于智慧工业互联网的智能工厂

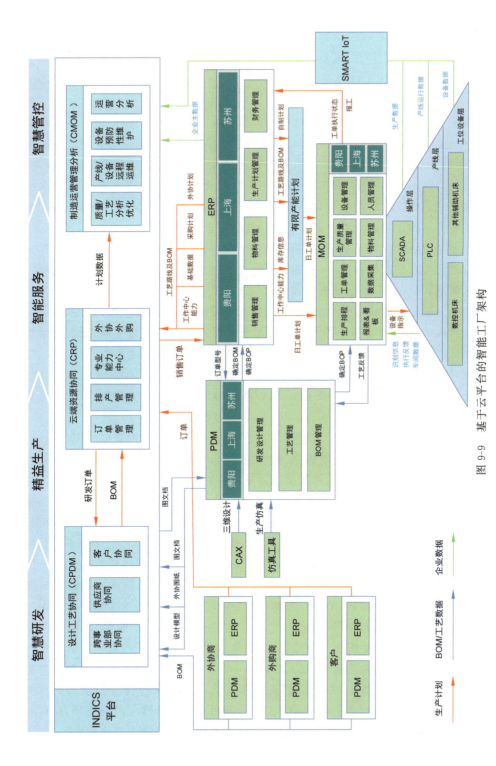

图 9-9 基于云平台的智能工厂架构

9.2.3　个性化定制案例

红领集团成立于1995年,是以生产西装为主的服装生产企业。红领和很多国内同行一样,以接外贸代工订单开始,是一个典型的传统定点生产(original entrusted manufacture,OEM)工厂。

服装加工企业长期处于价值链的最低端,收益不对等,加工生产仅占整体利润的10%,且严重受制于上、下游企业,自身生存十分被动。随着劳动力的成本越来越高,商场、房租、专柜等流通环节占用的费用越来越多,OEM的利润越来越少,企业的盈利空间不断被挤压。随着互联网和电子商务的发展,消费者对服装产品的要求也越来越高,个性化、差异化愈发显著,传统的服装生产工艺已经越来越无法满足服装产品的快速迭代以及消费者的个性化需求。

服装企业亟须依托互联网、智能制造进行产业升级,既能保证传统制造时代大规模标准化生产的产能和效率,又能够解决互联网时代服装消费者的个性化需求。

红领集团

红领集团从2003年开始思考布局从成衣生产到个性化定制转型升级。通过应用工业云的云营销供应链管理、工业大数据等关键技术,形成以用户需求为主导的新生产模式,满足市场多样化需求;利用互联网思维和信息化手段,研发出个性化西服定制柔性生产线。在大数据的基础上,建立人机结合的定制生产流水线,用以实现计算机辅助下个性化定制服装的高效快速生产,形成了C2M(customer to manufacturer,用户直连制造)商业生态,以消费者的个性化定制需求,驱动数字化智能工厂进行工业化生产。

个性化定制的首要途径是实现数据的标准化,红领集团采用数据建模的方式,分解以往客户的定制数据,包括领型、袖型、扣型、口袋和衣片等,并灵活搭配组合,形成一个拥有各种设计和款式的数据库。使用智能量体仪在前端精准地采集人体数据,将其传送到大数据定制中心,生成人体三维模型数据,并和已存在的二维布片数据相匹配,计算生成所需材料的消耗量、面料的裁剪方式和工艺路线等数据,从而将客户的个性化需求转变为尺码、规格、衣片、排料图、生产工艺指导书和物料清单等各种标准化数据。数据库具有动态更新功能,随着版型数据的迭代更新优化组合新的不同方案,同时考虑腰围与立裆、肩宽与前后片等数据之间的关联规则,以满足驼背、凸肚、溜肩、坠臀等特殊体型特征客户的定制需求[25]。

大规模个性化定制需要突破传统个性化定制中周期长、产能低、成本高的难点,必须考虑使用流水线的生产方式,将个性化信息与标准的流水线相融合。红领集团采用工艺分解的方式,将传统方式中由一个员工完成的动作按工艺规则分解成多个工序,融入生产线中,每个员工只负责一个工序,将每个工序所需时间作为标准工时,某一工艺的标准工时就是该工艺所需所有工序标准工时的总和,这样就由一个个标准操作模块构成整个服装产品的加工过程,这些操作模块所需工时、工作量、物料和工艺要求等信息都是标准的,可以按照一定的工艺规则提前匹配好,使得每个操作模块都能实现流水线作业,促进生产效率和产能的大幅提高[25]。

红领集团实现了企业内、外部营销管理一体化的新业态,提高了产业链中的营销协作能力和效率;模块化定制、远程定制的新场景也促进了企业产销动态平衡,将"产销合一"做到了实处。智能改造后,红领集团每天能生产 3000 套个性化定制服装,订单交货期从 3 个月缩短至 7 天(图 9-10)。在全球经济萎靡的大背景下,红领集团的产值连续 5 年增长 100％以上,利润率达 25％以上。

图 9-10　红领集团生产周期缩短至 7 天

9.2.4　服务化延伸案例

在工程机械行业,传统的设计研发依靠团队的一线调研或者内部渠道市场反馈来改进和设计产品。市场销售计划或者运营决策也依靠人为主观判断,难免出现数据失真。企业做出的设计、运营决策都无法满足市场需求。而新时期客户亟须对运行轨迹、运行状况、工作效率进行直观了解,以及提供对设备管理、运营预测性建议的智能服务。这些也是制造商提供高价值服务的竞争焦点。

三一重工在 2008 年启动工业互联网项目,2016 年组建树根互联技术有限公司,打造了工业互联网平台——根云,开始独立运营。三一重工对所有出厂设备都安装了智能终端,同时为售后服务车辆和服务工程师配备智能终端或智能手机,在后台管理平台上,服务资源的位置、忙闲状态一目了然。通过智能调度,当监控到客户的设备发生故障时,公司可以就近调配工程师及配送配件,这样不但能提高服务质量、减少客户的停机损失,还能极大地节省服务成本,更节能环保。三一集团依托工业互联网技术,实现人、设备、应用场景的互联互通,连接设备和服务资源,从根本上改变原有的服务模式,从被动服务变为主动服务,实现了从制造商向服务商的转型。

通过利用工业云的网络通信技术、工业大数据分析等支撑技术,三一重工自主研发了大数据存储分析平台,通过大数据分析,进一步优化智能工厂配件周转的状况,在保证服务水平不变的前提下,库存水平下降近50%,对配件需求预测的准确率提升25%[26]。同时,通过数据建模分析,设计师发现起重机第五节臂的受力最重,于是对起重机第五节臂进行加固处理,优化了产品设计,大幅提高了为客户服务的能力,实现售后服务的全网络支持和保障资源研制过程的用户参与的新场景。

通过利用工业云的智能诊断、装备健康管理等运维保障服务技术,三一集团打造了智能化服务体系,主要面向四个客户层:操作手、设备机主、代理商和研发人员,能够提供五大类共100多项子功能[27]:设备管理、服务支持、市场分析、统计管理和大数据分析,实现装备全生命周期数据管理和用户行为的全网络跟踪的新业态。

三一集团开发的易维讯智能服务 APP(图 9-11),使用户不仅能实现对设备的智能管理,用户还可以在 APP 上免费发布租赁信息和需求信息,快速找到需要的操作人员或合适的工作。为机主、操作人员、客户之间搭建一个快速交流匹配的平台,实现信息共享、互联互通,有效促进各岗位之间的交流互动;通过将设备、用户、厂商等要素有机集成,形成以用户为中心、人-机-物融合的互联化、服务化、协同化、个性化、柔性化和社会化的工业云保障服务的新模式,三一重工对国内众多设备的运行状况的统计数据,甚至可以作为我国宏观经济运行预判的重要依据。

三一易维讯

图 9-11 三一重工推出的易维讯智能服务 APP[27]

9.2.5 数字化管理案例

某大型集团企业由于经营业务广泛、管理层级多、分子公司遍布全国,存在总部对下级单位经营和业务动态掌握不及时;政策文件、流程和规则传递存在边际效应,各单位理解与执行水平参差不齐;企业各类数据分散在不同部门、不同单位乃至不同系统中,缺乏统一实时汇总与呈现;企业战略决策依托历史经验,辅助决策工具缺乏,难以提供智慧决策支撑等问题。

为应对这些挑战,集团公司基于 INDICS 平台提供的支撑业务数据,构建联通"集团-院-所"三级和"企业内部网-互联网"的智慧企业运行平台,基于云平台实现各业务子系统的集成和统一接入,利用大数据抓取协同设计、协同试验和协同保障等产品全生命周期业务数据,从而对业务运营状态、过程进行监控和预警;建立决策模型为企业经营者、厂所总师等提供决策分析,合理调度任务。基于 INDICS 平台的智慧企业管控架构如图 9-12 所示。

智慧企业运行平台将体系指标系统化,按照智能制造、智慧创新、智慧营销、智慧人才、智能资源整合、流程与规则和智能信息技术等七大体系方面构建系统化的指标监控体系,通过指标数据的分类、清洗和抽取,建立集团级的监控指标;将流程与规则自动化,建立制度库、流程库、规则库,实现"管理制度化、制度流程化、流程规则化,规则自动化",提高企业业务运转效率和反应速度;实现了企业智慧决策,通过建设企业驾驶舱,以企业运营管理为核心设计思想,对覆盖产品(服务)价值链的业务流程进行全面的计划、组织、协调,实现对业务的监控、处理和控制;构建企业大脑,通过专家库、经验库、模型库、算法库为企业高层的经营决策提供重要支撑。

智慧企业运行平台基于云架构开展应用集成,利用可定制的"多租户"云端服务模式,构建应用的资源化管理、计划执行监控、流程审批、公文分发和数据统计等业务流程模型,以及企业考核指标监管过程中形成的风险预警模型、机要密码管理模型。依托平台先进的微服务架构,将流程模型、规则模型以云化微服务的方式对各级次应用提供轻量化集成调用。同时基于平台提供的各类大数据存储、清洗、分发服务,实现企业管理的多维数据决策,形成面向企业的智慧化信息数据管理模式。

该集团企业总部、二级单位、三级单位通过协同应用智慧企业运行平台,构建了数字化管理模式,实现企业运行状态、管理决策意见等关键信息传递效率提升 80%,审批类业务处理速度提高 100%,有效地降低了企业运行成本,实现了企业的业务敏捷管理、流程可追溯、数据准确化和监管控智慧化,增强了组织柔性和战略应变能力。

智慧工业互联网＋Smart Industrial Internet

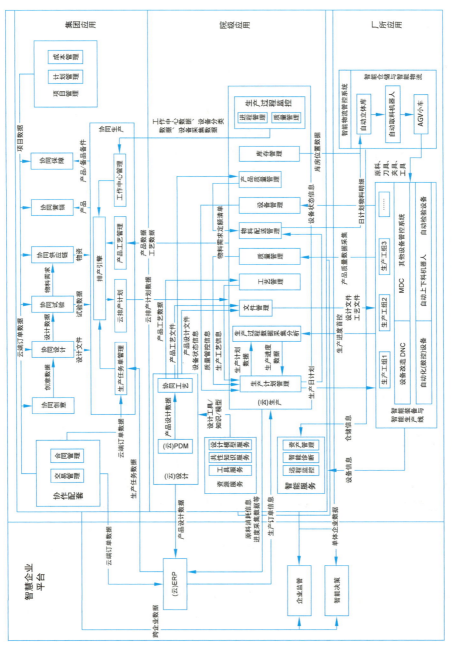

图 9-12 基于 INDICS 平台的智慧企业管控架构

参考文献

[1] 张泉灵,洪艳萍.智能工厂综述[J].自动化仪表,2018,39(8):1-5.

[2] 国务院.国务院关于印发《中国制造 2025》的通知[EB/OL].(2015-05-19)[2020-06-20]. http://www.gov.cn/zhengce/content/2015-05/19/content_9784.htm.

[3] 张星星,于秀明,刘琴.智能工厂参考架构浅析[J].中国科技纵横,2017(13):15-17.

[4] 庄鑫,谷牧,陈晓双.基于云平台的智能化改造通用解决方案[R].北京:中国航天科工集团公司,2017:1-7.

[5] 李伯虎,柴旭东,张霖,等.智慧云制造:工业云的智造模式和手段[J].中国工业评论,2016(Z1):58-66.

[6] 佚名."互联网+"制造四大模式:智能化生产下的模式创新[J].船舶工程,2017(11):124-127.

[7] 制造业生态圈.工厂智能化的关键在于设备智能互联[EB/OL].(2018-02-10)[2020-06-15].https://www.sohu.com/a/222010731_821100

[8] 郭欢,方璐,万越,等.基于精细化流程再造的厂所外协生产质量控制改进[J].智能制造,2020(3):57-60.

[9] 董莹.离散型制造企业精益高级生产计划与排程研究[D].长春:吉林大学,2011.

[10] 丁朋.基于设备状态监测与故障诊断实现主动预防性维护的探究[J].冶金设备管理与维修,2015(33):56.

[11] 佚名.产品生命周期管理 提高智慧工厂的运作效率[J].智慧工厂,2018(6):21-22.

[12] 中国电子报_new.改革开放 40 年·两化融合丨蒋明炜:网络化协同制造,有效提升企业价值链[EB/OL].(2018-11-28)[2020-06-15]. https://www.sohu.com/a/278370653_464075.

[13] 林全.航空紧固件企业基于供应链的协同制造模式的研究与应用[D].重庆:重庆大学,2014.

[14] 孙延明,宋丹霞,张延平.工业互联网:企业变革引擎[M].北京:机械工业出版社.2021.

[15] 中国工程机械工业协会.工业互联网:以新基建推动新变革[EB/OL].(2020-06-23)[2021-04-16].http://info.cncma.org/2020/06/23100374687-4.shtml.

[16] 国务院.国务院关于积极推进"互联网+"行动的指导意见[EB/OL].(2015-07-04)[2021-04-16].http://www.gov.cn/zhengce/content/2015-07/04/content_10002.htm.

[17] 中国工业新闻网.亿欧:四种主流工业互联网平台商业模式之争[EB/OL].(2019-04-10)[2021-04-16].http://www.cinn.cn/gyrj/201904/t20190410_210104.html.

[18] 张维杰,刘伦明,王勇,等.海尔互联工厂:基于用户需求的大规模定制模式研究[C].中国家用电器技术大会,2016.

[19] 人民网.个性化定制模块化生产 歌尔深耕"智造"新模式[EB/OL].(2018-12-19)[2021-04-16].https://www.sohu.com/a/282925822_114731?referid=001cxzs00020008.

[20] 陈宫,牛秦洲.基于云计算的产品远程定制系统的设计[J].制造业自动化,2011,33(23):7-10.

[21] 严力群,佘运九."互联网+"制造业服务化发展研究[J].中国集体经济,2017(10):64-65.

[22] 汤华杰.以制造业服务化带动产业升级[J].浙江经济,2014(21):50-51.
[23] 杜鹃.传统工业企业互联网创新转型的主要思路及模式[EB/OL].(2015-01-14)[2021-04-16].https://articles.e-works.net.cn/it_overview/article120444.htm.
[24] 两化融合咨询服务平台.17家企业制造业数字化转型成功案例[EB/OL].(2018-10-12)[2021-04-16].https://www.sohu.com/a/259352098_286727.
[25] 管荣伟.传统服装企业基于互联网的大规模个性化定制研究:以青岛红领集团为例[J].纺织导报,2017(6):96-98.
[26] 贺东东.三一重工:制造即服务,数据即价值[J].互联网天地,2017(1):23-25.
[27] 第一工程机械网.三一智能服务APP"易维讯"用简单操作带来高端体验[EB/OL].(2017-11-14)[2020-06-15].https://news.d1cm.com/2017111494057.shtml.

第10章

基于智慧工业互联网的行业云/区域云

伴随工业云技术的快速发展,基于智慧工业互联网的行业云/区域云也在加速成长,工业区域云、工业行业云和工业园区云等各种形式的云平台正在加速建设,为行业资源和区域资源的应用与产业发展注入新动力。

基于智慧工业互联网的行业云/区域云,以供给侧结构性改革为主线,以两化融合为方向,以协同创新、集群集约、智能融合为导向,通过网络、平台、安全体系的建设与新模式、新业态的构建,指导行业云/区域云的建设和发展。通过智慧工业互联网信息基础建设和数据共享,实现行业/区域的集群化、创新化和智能化发展;基于工业云平台的资源开放共享、能力协同作用,促进行业/区域产业、技术、人才、资金、数据的网络化虚拟聚集,实现行业云/区域云内、外部资源的网络化、协同化、个性化和服务化发展,从而发挥行业/区域制造资源的经济、社会和全球价值效应[1]。

10.1 基于智慧工业互联网的行业云

基于智慧工业互联网构建行业网络化协同云平台,形成以企业为中心,上游客户、供应商、加工协作企业、检测和金融服务机构等角色共同组成的产业链协同发展生态圈,提供协同智造、供需对接、工业软件、设备接入、行业资源和"产学研"等服务。企业可通过生态圈与上游客户协同设计、获取原材料、找到加工协作单位和检测及金融服务,大幅提高产业链协同工作效率、缩短交货期、降低成本。其他角色企业也可通过生态圈实现服务化转型。

10.1.1 行业云平台功能框架

基于云计算、大数据技术实现云制造需求侧与供给侧的精准匹配。需求方可以通过匹配生产能力,寻找生产专业所需产品的企业,并指定企业、指定产品进行生产,也可以通过市场化方式优选外协加工企业;汇聚"产学研用"等行业资源,充分发挥资源价值并提升资源调用效率。平台提供"产学研"、人才培养、工业技术咨询和工业软件等服务组件,为生产制造企业提供专家、人才、技术方面的快速对接;

通过物联网技术,实现现场设备的接入,调用 INDICS 提供的云存储、数据存储和计算资源、大数据分析引擎,实现基于大数据的车间、产线、企业的运营管理;通过云端 SaaS 应用支撑产业链协同制造与管理。采用 CRP 软件实现企业间生产管理协同和外协订单管理协同,提高管理效率。严格按照工业云标准体系(IaaS、PaaS、SaaS)构建平台框架及层次;应用平台 SaaS 层 APP,并基于微服务和 AOP 架构进行定制开发,支撑行业企业数字化运营。图 10-1 为行业云平台框架。

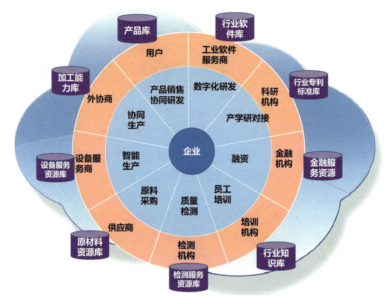

图 10-1　行业云平台框架

10.1.2　行业云平台应用场景

不同行业对于智慧工业互联网平台的具体应用场景各有不同,部分具有共性特征的应用场景包括以下四个。

(1)产业链协同研制。支撑行业内制造能力均衡配置,解决协同设计、协同研发和协同生产等问题。

(2)供应链协同采购。汇聚原料及产品资源形成产品库和材料库,支撑行业上中下游协同采购与销售。

(3)数字化研发设计。汇聚行业信息化服务商及其产品,提供研发设计等各环节应用软件,满足数字化研发设计应用需求。

(4)工业资源在线共享。汇聚专利、标准、专家和设备等工业资源,帮助企业快速弥补发展短板。

10.1.3 行业云平台应用案例

1. 横沥模具产业云专区

1) 行业存在的问题

横沥模具产业正处于企业转型升级的关键时期，面临着一些发展中的问题，例如，横沥模具产业品牌知名度有待提高、营销渠道单一、同质化竞争激烈、水平参差不齐、人工成本急剧增加等发展瓶颈。具体如下。

横沥模具主要是冲压和注塑模具，涉及全世界几乎所有汽车厂商。但部分模具企业观念落后，国内虽然已经有不少企业完成了从作坊方式和承包方式生产向零件化现代生产方式的过渡，但沿用作坊式生产的小企业还不少。国内每年生产的模具中，商品模具只占 45% 左右，其余均为自产自用，造成商品化程度低，产业要素受限，营销链受制约，区域品牌影响力不够。产业转型升级缺乏平台，这样急需与智能制造模式、互联网模式结合，形成有效的线下线上结合的产业发展模式。

部分模具企业专业化生产水平低，专业化分工不细，资源尚未整合，未形成良好的行业生态圈。产品水平低主要表现在精度、型腔表面粗糙度、寿命及模具的复杂程度上；工艺水平低主要表现在设计、加工和工艺装备等方面。模具市场需求量巨大，客户提出个性化的模具需求，如加工工艺、型腔数、流程工艺、模仁材质和使用寿命等，企业期望从设计、模型选择和试模等一系列动作去满足客户需求从而实现利润最大化。目前模具生产主要以订单为驱动进行单加工的生产模式，传统的出差上门定制方式滞后于模具市场的发展趋势，缺少面向用户个性化定制模式。需求输入使模具制造方向与需求存在偏离，同时需求多样化致使分类无法呈现需求方的原意，再加之企业对自身模具制造能力定位模糊，多重因素的影响导致中国模具定制发展缓慢。

模具产业发展创新能力有待提升，精密加工设备在模具加工设备中的比例比较低，企业引入先进技术理念意识反应较慢，特别是在大型、精密、复杂、使用寿命长的模具技术上，许多先进的模具技术应用还不够广泛，这是造成模具产品及其生产工艺、工具(包括软件)、装备的设计、研发(包括二次开发)及自主创新能力薄弱的重要原因。

行业和企业的专业化水平相对较低，企业技术特长少，人员管理程度较低。因而模具产业的发展需要打破粗放发展的"要素驱动"生产模式，通过智能车间改造，改变现有的生产模式和生产设备，提升企业在产业价值链中的地位。

2) 解决方案

为满足横沥镇模具产业转型升级需要，提升当地模具企业整体信息化水平，带动横沥镇模具龙头企业上线，横沥镇与航天云网合作打造了横沥模具产业云(图 10-2)。

横沥模具产业云专区集 B2B 供需对接、在线交易、模具定制、协同生产、产学

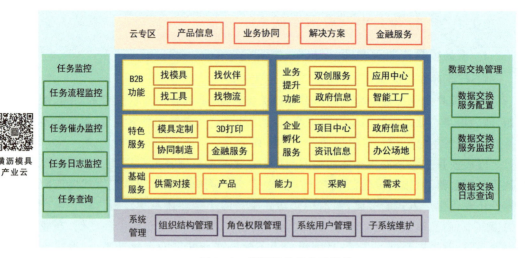

图 10-2 横沥模具产业云架构

研对接和双创服务为一体,项目建设具体目标概括为"一个专区,六大功能,N个特色服务"。践行"互联网+模具"战略,实行"一对一"解决方案的同时引导企业将营销网络化、管理云端化、效率数字化、企业智能化,推进横沥镇模具产业模式创新,增强产业聚集效应,提升品牌竞争力。开展横沥模具云制造项目对接与改造,提升模具企业整体资源的使用效率和设计制造协同能力,依据实际情况,拓展开发航天云网模具产业云制造服务平台。

(1) 建立产业供需平台,服务产业转型发展。为帮助横沥模具产业转型升级,横沥模具产业云建立了制造能力与求购能力平台。主要是生产企业与求购企业实现在线交易的平台,使企业从传统的生产模式,通过线下对自有技术的细化和定位,发展到线上同步协同发展"政产学研用金介",将企业实力展示在制造能力大厅,放大和聚焦企业的产业精工之处,提高企业的营销水平;求购服务则作为高效的实时需求窗口,将企业急需的采购信息快速呈现出来,以求快速达成交易。这将模具产业原有的线下传统经营模式,转型为与互联网的线下线上相结合的产业发展模式,在该平台上,模具企业可以发布或采购制造能力和求购需求,提升模具产业价值链的资源共享。

(2) 模具定制服务是专区倾力为企业打造的特色板块。未来模具产业将向个性化、定制化模式方向发展,模具本身的特殊用途决定了定制化是必然途径。该板块在为用户提供上传图纸、柔性生产等便捷化服务的同时也为企业扩展了营销渠道。平台上的3D打印技术为定制化企业提供3D模具制作、模具研发、产品设计、产品验证等全方位服务,孵化一批3D打印技术服务企业。

(3) 横沥模具产业云专区构建创新服务体系。产业云专区构建了以科技、创新服务为主导,金融、信息以及物流等各类专业性配套服务和高校合作的模具工业已经成为国民经济的重要基础工业,模具工业发展的关键是模具技术的进步。协同智造服务为企业在生产制造的过程中提供云排产、可视化车间等一条龙软件云服务支持,规范了企业的生产操作,提升了企业的业务操作效率。

横沥产业云专区通过运用互联网租用模式,改变传统模具行业一直以来以租代买的经营模式,减少模具企业二次技术改造,节省企业资金成本,提高企业生产管控效率。

"多校共建"打造协同创新中心,实现产业与金融、科技和人才"三融合",引入高校和科研院所的技术合作服务——"产学研"对接,为科研机构能与企业良好地互动提供一个平台,发挥高校及科研机构水准,形成科研成果向生产技术的转化。同时响应国家提倡大众创业、万众创新的战略发展思路,横沥模具产业云专区搭建了双创服务模块平台,成为小微企业和创新企业的孵化器,吸引众多高端优势产业聚集,提升模具产业创新能力发展[2]。

3) 应用效果

横沥模具产业云专区是整合模具产品全生命周期服务的综合性服务平台,是"互联网＋区域＋行业"的典型应用案例,同时也是政府主导的线上、线下协同创新的创新尝试,对互联网＋大背景下的产业和区域改革的示范效应较为明显,具有较强的可复制性。项目以提供企业智能工厂解决方案为最终目标,理论与实践相结合,引导模具企业紧跟信息技术发展趋势,发挥后发优势,引领跨领域融合创新。

横沥项目组坚持收集分析需求与功能完善相结合,通过使用横沥模具产业云专区平台,为企业开辟一条数字化、信息化的运营模式,通过企业传统生产模式的转变与升级,使企业从传统大规模生产向大规模定制的模式转变,让企业由传统的线下模式通过与互联网结合转型为线下、线上相结合的开放性产业模式。天倬模具作为横沥模具产业云专区的第一批企业用户,通过平台,其成交量明显提高。在模具定制这一特殊生产领域,平台为企业解决了找加工企业难、生产周期受限、业务忙闲不均、订单被层层转包等问题。平台接下来将开展生产线在线视频点播、设备数据智能化采集方面的深入合作研究,有望在模具行业智能化改造方面取得突破。

伴随航天云网的成长,横沥模具产业云专区还将不断丰富功能和应用,推动模具产业的数字化、智能化发展,提高横沥模具在模具行业的地位,带动模具行业整体产业价值链的转变。

2. 康居网家居云平台

1) 存在的问题

为了帮助南康家具产业升级,工业互联网平台践行者——航天云网成立家具行业专业平台——康居网。通过对南康家具行业进行调研后发现南康家具产业存在以下几个突出问题。

(1) 产业链薄弱环节有待强化,集聚效应尚待增强。南康的家具产业链条虽较完整,但不同的环节仍存在一些问题。首先,缺少设计人才,南康地处四线城市,与广州、深圳等一线城市相比缺乏吸引力,造成南康专业设计人才比例较低,企业创新能力弱。其次,产业协作配套能力不足,木材、油漆和五金等家具产业的重要配件本地供应商供给严重不足,多是从外地采购,但受区域限制,南康企业缺少购买渠道、比价途径,导致企业采购成本偏高。最后,南康家具企业品牌意识弱,配套企业之间各自为政,缺乏合作与交流,很难形成大品牌,造成区域品牌影响力不够。

(2) 定制化能力弱,难以满足市场发展趋势。近年来,随着新一代年轻消费群体的兴起,以客户为导向的生产方式逐渐成为市场发展主流,个性化定制家具越来越受到客户的追捧,当前许多南康家具企业仍然沿用传统的方式,走批量化生产之路,这种生产方式与家具市场的主流是背道而驰的。南康有家具生产企业7000多家,规模以上企业72家,以实木家具生产为主的南康家具产业缺少一个成熟的实木家具定制化平台来降低成本,释放产能。

(3) 生产车间工艺落后,未来市场竞争力不强。南康家具企业多是以生产实木家具为主,受实木家具生产方式及南康行业发展现状的制约,由于设备自动化程度不高,管理手段落后,这种粗放式的生产方式造成企业生产效率低、产品成本高,库存积压,企业在市场中的竞争力降低。为了企业的长远发展,实木家具企业必须改进生产设备,用现代的技术指导生产。

2) 解决方案

针对南康家具行业存在的问题,康居网分别从"线上""线下"途径提出了解决方案,以帮助南康家具产业升级(图10-3)。

康居网云平台

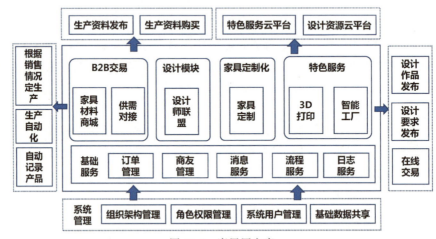

图10-3 康居网方案

(1) 打造供需产业链,补充产业链短板。首先,针对南康设计资源缺乏的问题,康居网平台建立了设计师联盟。设计师联盟平台主要是设计师与企业实现在线交易的平台,设计师可以在该平台上展示与销售自己的作品;家具企业可以在该平台上购买适合企业生产销售的设计,使企业不出南康就可享受广州、深圳等一线城市的设计资源。其次,B2B 交易商城解决了南康企业购买原料途径单一、企业间信息闭塞的问题,在该平台上,家具企业可以采购全国各地的生产原料,也可以发布自己的需求和能力,实现能力协同、资源共享。

(2) 家具定制化。家具定制化是康居网致力打造的一个重要项目,其目的是为南康有定制化业务的家具企业提供家具定制化平台,建立南康的实木定制化品牌。"实木定制"不同于一般意义上的"板式定制",后者从原材料成型、切割、分装到售后安装,已经形成标准化生产模式,而"实木定制"从家具款式、实木切割到粘贴成板等工艺都需要全新的定义与梳理才能适应新的发展。通过前期与南康企业的不断沟通,康居网推出更适合南康本地的定制化系统,可协助代理商和工厂完成从上门量尺、方案设计、在线签约再到总部柔性化生产、产品配送以及维修等服务,为用户提供一站式定制服务。在家具生产的过程中,使用户由单纯的消费者转变为"产消者",全流程参与协同制造,最终帮助南康建立南康实木定制品牌,提高产品的附加价值。

(3) 家具企业改造。为了提高南康家具的智能化水平,康居网针对南康地区的产业特点,采取层层递进模式对当地家具企业进行改造。首先,从最小的嵌入设备和基础元器件等入手,实现设备信息数据采集,让设备能够反映出自己的工作量、工作状态,实现哑设备的改造。其次,通过生产执行系统(云 MES)监控全部生产过程,使整个生产现场完全透明化,实现哑岗位的改造。最后,通过 ERP、MRP,实现对企业的全面管控,实现哑企业的改造。同时,还采用云销售系统实时了解市场销售信息,使企业能够根据市场销售情况按需制造、按需配送,使整个制造过程实现高度的柔性。此外,航天云网在南康投资建立 3D 打印体验服务中心,3D 打印替代家具打样步骤,为设计转化为产品缩短时间,减少成本,解决专业打样师傅稀缺等问题。

3) 应用效果

自 2015 起,已有"自由王国""仟亿""蓝天木业""文华家瑞""港之澳""潘峰家具"等十几家南康知名企业与康居网建立了合作,这些种子用户将带动产业上下游百余家配套企业与代理商陆续登录平台。

以江西自由王国家具有限公司为例,它从 2015 年 10 月开始使用康居网平台,不到半年时间,该平台上就收集了来自配套商和全国代理商的 1300 多条服务反馈数据。使用康居网上的各类系统不仅能够帮助企业与配套商、代理商第一时间处理消费者反馈的问题,企业还可以将出现的问题作为生产改进的依据。

2016 年 5 月 19 日,3D 打印体验中心在南康正式开馆,短短几周时间,就为南康家具企业打造家具样品 100 多件,与 200 余家企业建立合作关系,大大缩短家具企业把设计图纸转化为产品的时间,减少了成本,间接地解决了专业打样师傅稀缺等问题。

10.2 基于智慧工业互联网的区域云

面向区域公共管理、社会保障和社会组织、制造业、金融业、科学研究和技术服务业等行业,为区域工业经济发展提供网络化协同解决方案。随着改革开放的深入和全国工业经济格局的转变,各地区工业经济发展差距不断加大,在地区工业发展上主要存在规模以上工业增速放缓、传统优势产业竞争力减弱、产业组织结构不合理、中小型企业研发能力弱、政府信息服务能力不强等方面的问题。

区域级工业云平台主要针对区域公司、园区、政府的工业云建设需求,依托智慧工业互联网平台,提供区域工业云平台公共服务板块、行业及特色专区的建设服务,主要功能板块包括能力协同、工业品共享、工业资源、设备接入、工业APP、金融服务、行业专区和政府服务专区等,针对省市用户的不同需求,可进行功能的选择性配置,形成不同的功能组合。

10.2.1 区域云平台功能框架

图10-4为区域云平台功能框架。

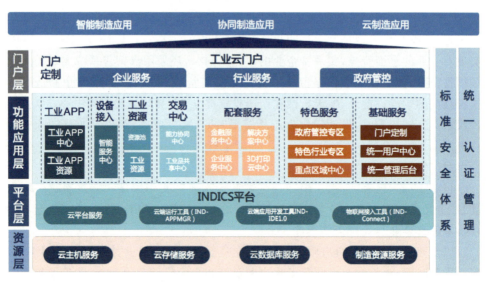

图10-4 区域云平台功能框架

通过建设云平台,实现以下效果。

制造能力云端协同:支撑制造能力和需求对接交易全过程,解决区域企业生产能力配置不合理及协同效率低等问题。

工业软件云端应用:通过提供从管理、设计研发到生产制造等各环节云端应用,满足不同发展阶段企业的信息化和数字化需求。

工业资源在线共享：汇聚专利、标准、专家、设备等工业资源，帮助企业快速弥补发展短板。

工业品供需对接：帮助企业实现工业产品的快速供需对接，提高采购、销售效率。

工业设备接入：支持企业快速接入工业产品和设备，实现对设备数据的采集、存储和监控，孵化各类工业应用。

行业或特色产业资源汇聚：针对区域优势产业、重点扶持行业和特色产业，进行定制功能建设，汇聚产业资源，促进产业链协作。

辅助政府服务：建立政府服务专区，帮助政府对区域工业经济发展状况和工业互联网数据进行监控，协助开展区域"企业上云"工作。

线下服务：通过线上、线下服务相结合，开展质量评价、智能化诊断、智能化改造、用户培训等服务。

10.2.2 区域云平台应用场景

智慧工业互联网平台是制造业数字化、网络化、智能化的重要载体，也是全球新一轮产业竞争的制高点[3]，是区域工业资源重构配置的核心。它在应用过程中汇聚大量的工业数据、模型算法和研发设计等资源及能力，通过云接入及云处理技术分散这些积累的资源，对制造企业的资源管理、业务流程、生产过程、供应链管理等环节进行优化，可实现制造企业与外部用户需求、创新资源以及生产能力的对接，能够有效促进产能优化及区域协同，同时也能支持C2M定制等新型业务，满足市场多元化需求，为供给侧改革提供助力。区域云平台主要应用于以下场景。

（1）面向传统产业集聚地中具备一定规模的制造业基础，产业结构较为合理，技术、资金力量一般，政府或企业需求不多的省份和直辖市，基于工业互联网平台技术，集成平台资源，支撑企业上云和智能化改造，帮助政府培育区域级智慧工业互联网平台。

（2）面向工业、制造业基础处于全国平均或落后水平，产业结构有待改善，技术、资金等方面基础较薄弱，经济发展较缓慢，各类补贴不完善的省份和直辖市，快速、高效地集成工业互联网平台的资源，降低平台开发成本。依据区域产业发展的基本需求，能够快速复制云平台运营模式，并通过基础服务，实现企业批量、快速上云，推动产品服务规模化效应。

（3）面向传统产业集聚地中具备一定规模的制造业基础，产业结构较合理，技术、资金力量雄厚，政府或企业需求较多，各类补贴政策较完善的省份和直辖市，基于工业互联网平台核心技术，集成平台资源，打造政府和行业特色专区，满足个性化定制需求，支撑企业上云和智能化改造，为政府提供管控及各类数据分析等服务，同时结合地方特色产业，帮助政府培育行业级工业互联网平台。

（4）面向区域重点工业企业，基于工业互联网平台核心技术，推动制造设备、生产车间和工厂的数字化、自动化、智能化改造,发展个性化定制、网络化协同和服务化转型等制造业新模式,全面提升区域企业研发设计、生产制造、企业管理和销售服务的数字化水平。

10.2.3 区域云平台应用案例

1. 贵州工业云

1)区域存在的问题分析

在贵州省工业发展过程中,存在以下几方面的问题。

(1)区域经济产业关联性和配套关系较弱。贵州省十大产业均已具备相当规模,龙头企业优势地位明显,但对于中小微型企业,除自身人/财/物资源限制之外,缺少为龙头企业配套的商业机会已经成为该类企业发展的瓶颈问题。以酒业为例,贵州省的地理资源与原材料品质优势催生了大量酿酒原料供应商及生产工坊,然而由于区域和信息等渠道的限制,上述小型供应商及工坊难以获得为省内及全国龙头酒业集团供应的商机,导致产能过剩,供求难以衔接。

(2)产业价值链整合与业务协作效率低、成本高。贵州省十大产业均已形成相对完整的产业链条,然而缺少公共、开放的产业链整合与协作平台,大/中/小型企业之间没有形成充分的专业化与分工协作关系。电力、化工产业等优势传统产业以及装备制造等先进制造业都具备自主研发能力,但关键零部件技术研发无法实现跨企业的分工协作,企业间协作研发消耗的沟通、会签等技术协调成本过高;电力、煤炭、建材、铝业以及烟酒行业等龙头企业在全省乃至全国建立了庞大的采购网络,一般龙头企业都有至少 50 家以上的配套供应商,存在由于地区限制和手段等原因,导致采购过程烦琐、询比价周期长、效率较低等问题。

(3)企业智能化、信息化基础薄弱。随着两化深度融合,数字化、网络化、智能化制造模式的发展,智能化、信息化对企业能力的提升效应日渐显著,广大贵州省工业企业,尤其是中小型企业,对服务于设计、生产、试验、售后和管理等全生命周期业务的信息化软硬件资源,如高性能计算/存储、工业软件、企业管理系统以及智能设备等企业信息化资源服务的需求日益迫切。通过调研可知,贵州省有 30% 的企业完全没有任何信息化建设;接近 50% 的企业只部署了不超过三款信息化系统;绝大部分企业已有的信息系统未能互联互通,处于信息孤岛的状态。智能化、信息化手段和工具的缺失,直接制约企业的管理和发展。

2)解决方案

针对贵州省区域、产业和工业企业的实际需求和问题,航天云网构建了以区域服务云平台、产业服务云平台和企业服务云平台为核心的贵州工业云,帮助贵州省产业和企业实现转型升级(图 10-5)。

(1)区域服务云平台。区域服务云平台由"贵州省配套网"和"工业监测平台"组成。"贵州省配套网"部署在互联网,将结合大数据及人工智能技术,为企业提供

图 10-5　贵州工业云架构

智能化的区域性配套与供求撮合服务;"工业监测平台"实现贵州省工业经济运行的监测,包括对贵州省十大产业、工业园区和规划投资、重点企业发展等监测,通过物联网技术进行工业运行数据采集,实现区域性工业经济管理和决策辅助等功能。

(2) 产业服务云平台。产业服务云平台为企业用户提供各类设计链、供应链、生产链、营销链及售后服务链上的跨企业协作服务,提升产业链上企业间协同的效率,补充相关产业链条环节,并基于"工业云"采集的各类大数据为企业提供产业级大数据增值服务,以及面向产业的金融、物流等配套服务。

(3) 企业服务云平台。企业服务云平台主要提供包括高性能计算/存储资源、工业软件资源、企业信息化系统资源、工业设备以及智能制造资源等各类资源服务在内的企业应用服务,以提升企业的信息化和智能化管理水平。

通过以上三大平台,贵州工业云为政府、行业组织和广大制造企业主要提供五大核心功能:云制造、创新创业、工业品商城、产业服务和综合服务。

云制造:为企业提供工业云的制造资源和能力,提供从研发设计、采购供应、仿真试制、生产加工、营销渠道到售后服务的云制造全产业链服务。

创新创业:为企业和创业团队共享工业云丰富的资源云池,建设线上、线下相结合的众创空间,构建低成本、便利化、全要素的线上、线下相结合的创业服务社区,营造浓厚的创新创业氛围。

工业品商城:基于电子商务为中小制造企业提供产品采购、销售、易物、租赁等 B2B、B2C 服务;为集团企业提供集中采购大客户服务。

产业服务:对十大产业的经济态势进行监测和调度,实现省经信委对各产业的网络化管理与服务。

综合服务:通过平台实现全省的行业调度、经济分析、项目报批、数据上报、投资规划等监管与服务。

3) 应用效果

贵州工业云平台注册用户已超 17 万,汇聚工业 APP 1601 个,提供智能制造解决方案 260 个,案例 142 个,平台业务也逐步向云南、广西等地推广,成为贵州省推进工业大数据发展和智能化改造的主要平台。

在区域服务方面,平台已初步实现全省工业经济运行的监测。在这个平台上,可以看到全省和各市州重点产业发展、固定投资、园区建设、省管重点企业等有关数据。

中航力源液压公司依托贵州工业云平台开展协同采购业务,带动上游 200 家供应商登云,实现透明化、阳光化采购,提升效率,降低成本;工业云平台为中航天义电梯物联网系统提供云服务器,用户可以通过该平台实时了解电梯运行、维保状态;贵阳市乌当区工业企业依托工业云平台众创空间开展企业内外部创新,把企业技术攻关、研发设计通过平台开展内创、外创和众包,加速区域协同创新。

2. 龙哈工业云

1) 存在的问题分析

作为东三省老工业基地黑龙江省的省会城市,哈尔滨市工业涵盖装备制造、食品、石化、医药四大主导产业,以及新能源、新材料、新型环保、生物、信息、现代装备制造六大新兴产业,主要在装备制造、食品和政府服务方面存在问题。

哈尔滨装备制造行业主要存在三方面的问题:①产品方面。中小型企业多为中低端产品;产品协同不足,本地配套率低;自主创新能力弱,经营模式落后,发展后劲不足。②研制过程方面。部分企业生产过程数字化程度低,手工排产,生产效率和产品质量偏低;企业运营管理粗放,成本居高不下,盈利水平低;部分传统行业产能过剩,订单不足。③服务方面。产品售后服务模式传统,服务型制造业转型存在很大空间。

哈尔滨食品行业主要存在以下四方面问题:①产品方面。产品处于价值链低端,粗加工占比高。②研制过程方面。中小型企业食品安全检验监测能力不足;企业供应链、营销链、企业运营管理粗放。③产业链方面。产业链短,同质化竞争多,附加价值有待发掘。④食品安全保障能力不足,大部分企业尚未实现食品生产、销售、流通环节的追溯管理。

哈尔滨政务管理方面主要存在以下三方面问题:①数据。数据源在企业、政府各部门形成孤岛,数据整合共享不足;数据智能化分析水平有待提高。②服手段方法。利用现代信息技术手段服务于工业企业发展有待提高；政策服务信息和企业需求不对称，服务效果受限。③科技成果转化。"产学研用金"对接不畅，科技成果转化率低。

其他方面存在的问题主要有3个：①信息化工作两极分化。一部分企业信息化工作亮点突出，但是大部分中小型企业对工业云了解不深，热情不高，需求不明确。②大部分中小型企业，尤其食品企业，比较关注销售平台，对产品本身、研制过程、服务方面关注较少。③企业对于工业互联网和智能化车间了解程度不高，与长三角、珠三角等区域同行企业差距明显。

2) 解决方案

龙哈工业云和航天云网都是基于 INDICS 平台搭建的，航天云网是工业云的总平台，是一个全国性的工业互联网平台，主要提供通用的基础功能和板块。龙哈、贵州等工业云是航天云网的子平台，是区域性的平台，一方面，继承总平台的通用功能和板块，另一方面，根据当地产业特色，延伸扩展出区别于总平台的特色功能和板块。龙哈工业云与航天云网平台采用同一架构，平台之间实现数据互通、资源共享(图 10-6)。

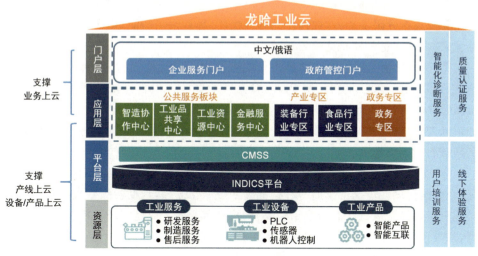

图 10-6　龙哈工业云架构

龙哈工业云建设实施内容可以总结概括归纳为"2+3+4+2+4"，即 2 个服务门户：企业服务门户、政府管控门户；3 个特色专区：装备行业专区、食品行业专区、政务专区；4 类线上公共服务：智造协作中心、工业品共享中心、工业资源中心、金融服务中心；2 种语言：中文版、俄语版；4 种线下服务：智能化诊断服务、质量认证服务、用户培训服务、线下体验服务。

(1) 4 类线上公共服务

① 智造协作中心。智造协作中心提供面向制造过程全生命周期的制造能力、

服务和需求的在线发布、搜索、选比、评价等对接交易全过程支撑功能,一方面帮助企业实现生产性资源、能力开放共享;另一方面帮助企业深度协同,弥补自身短板。

② 工业品共享中心。为工业企业提供工业产品交易环境,在线上拓展产品的销售、采购渠道,实现产品的智能推送,提高交易的精准度和效率,缩短产品的采购周期、降低成本。同时通过俄语版平台,实现产品向俄语地区的推广。

③ 工业资源中心。向工业企业提供工业软件、专利、标准、专家、设备、服务等工业资源,企业可根据实际需求进行在线租用、购买使用,帮助企业开展创新研发、生产过程改进。

④ 金融服务中心。为企业提供征信、信贷、供应链金融和融资租赁服务市场,以征信服务功能为基础,撮合融资、租赁需求用户快速对接银行、非银行贷款机构,取得融资、租赁服务。

(2) 3个特色专区

① 装备行业专区。提供协同研发、协同生产、VR体验式营销、虚拟工厂、装备资产管理等APP。能够支持企业开展跨企业、跨地域的关键技术协同攻关、众包设计业务、网络化协同研制与生产、产能精细化管理、资产智能管控等业务,通过新的业务模式提升研发能力,加速产品升级换代,释放多余产能,提升产品质量,降低运营成本,重塑企业核心竞争力。

② 食品行业专区。提供食品协作配套、防伪溯源、检验检测、云供应链、云营销链、企业KPI监控预警等APP。为食品行业企业提供食品防伪溯源、质量检验检测公共服务,提升企业供应链、营销链精细化管控水平,准确把握企业运营状态和市场走向,通过提升产品质量,赢得消费者信赖,通过数据驱动的企业运营管控实现核心竞争力提升。

③ 政务专区。通过大数据技术实现对哈尔滨地区产业布局、企业经济运行情况、企业能源消耗情况的全面、及时、准确的智能化监控,帮助各级管理机构掌握各类企业工业经济运行状态。在错综复杂、瞬息万变的工业经济环境中,依托客观数据,科学预测工业经济发展趋势,做出智慧化管理决策。

(3) 4种线下服务

① 智能化诊断服务。通过调研企业生产要素、制造资源、业务系统情况,分析技术成熟等级、识别智能化水平差距,结合行业最佳实践和企业特点,制定本企业智能制造演进路径、确立阶段化升级目标,形成智能产线、智能车间、智能工厂顶层设计,形成整体解决方案,加快推进企业智能化改造。

② 质量认证服务。依托航天质量管理经验,建立平台质量认证标准,通过客观数据和现场评估等方式,对线上企业进行质量认证,增强企业可信度。通过3级及以上认证的企业有机会成为航天科工供应商,能力、产品、企业信息在平台将获得专有标识、搜索加权,更易获取商机,并享受专属客服、专家咨询培训、供需撮合

等差异化服务。

③ 用户培训服务。结合企业转型升级、两化融合、企业上云工作,针对哈尔滨市工业企业特点,面向企业高管、中层管理人员及企业信息化的技术人员、基层人员,提供充分差异化、定制化、多形式的培训课程,分行业、多层次地开展平台用户培训服务,帮助企业用好哈尔滨工业云,重塑企业核心竞争力。

④ 线下体验服务。建设哈尔滨工业云线下体验中心,通过对先进的技术、方案和产品的展示、演示、互动体验,促进各级领导、企业家及其他参观者更加全面地了解工业云建设的意义,掌握工业云的应用方法。

3) 应用效果

龙哈工业云平台已于 2019 年 7 月建设完成,通过专家验收,展开运营工作。

在平台建设期间,本着"边建设,边推广"的宗旨,开展平台推广和哈尔滨市汽车协会企业、哈尔滨市平房区核心企业等多场企业上云培训活动。上线后,哈尔滨市工信局组织带领航天云网运营团队对 9 区 9 县进行"地毯式"上云培训,同时在齐齐哈尔市等其他城市同步开展企业上云推广活动。

平台已注册企业 1081 家,发布产品 1300 余条,完成设备接入 855 台。

以工业互联网平台为载体,推进企业智能化提升,形成面向黑龙江省、辐射东三省的企业协同发展和供销衔接体系,为强化工业基础能力与工业核心竞争力提供重要支撑和保障。

10.3 基于智慧工业互联网的园区云

园区级工业互联网平台以"园区＋工业互联网"为理念,将园区产业集聚发展与物联网、大数据和云计算等技术有机融合,通过集成与园区产业相关的跨行业、跨专业、跨部门的各类资源,建成业务管理平台和对外服务平台,打造全省产业园区应用服务生态,向园区管理机构、园区内企业和个人提供全方位应用服务支撑[1]。

10.3.1 园区云平台功能框架

图 10-7 是园区云平台的功能框架。

基于工业云平台的园区云的建设与发展,应在政府相关政策措施的引领下,以科学规划为指导,通过打造工业互联网网络、平台、安全三大体系,构建园区内部与园区外部的数据流动闭环,形成园区内部、园区与园区之间、园区与"政产学研用"各产业角色之间的协同有机生态,推动科技创新、产业生态、配套服务在园区内外的渗透及融合发展,同时通过标准体系、评价体系、前沿技术等保障园区的健康、良性发展,形成园区发展特色和发展优势。

（1）网络体系。工业园区云网络建设涉及企业网络、园区骨干网络以及公共

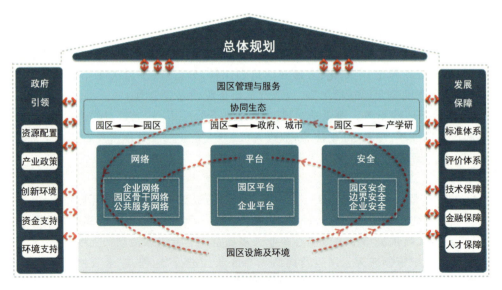

图 10-7 园区云平台的功能框架

服务网络。通过构建"高速、安全、融合、泛在"的工业互联网园区网络,提升园区的信息传输能力和信息感知能力,推动园区服务和产业协同的发展。

(2) 平台体系。搭建或引入工业云平台,与园区内部企业、园区设施和环境、园区外部"政产学研用"对接,汇聚各种在线资源,提供大数据、人工智能、微服务和开发工具、开发环境以及针对园区设施和环境的设备管理等能力,支持园区企业利用工业云平台开展资源共享协同、服务提供和应用创新。

(3) 安全体系。园区安全是在工业互联网安全框架规范的总体指导下,建立满足园区长远发展的安全体系,采用技术手段、管理手段和安全服务相结合的方式,提升园区日常运营的安全防护能力,满足园区的安全符合要求,构建安全可信的工业互联网园区。

10.3.2 园区云平台应用场景

应用场景一:针对园区管理部门利用平台提升内部管理水平的需求,平台提供各项园区内部管理服务支持。园区管理人员可以利用平台提供的园区展示、产业地图、招商信息和活动对接等功能实现一站式招商;利用平台提供的三维图形可视化场地展示提升租赁服务效率;利用企业档案与动态指标分析,实现企业集中管理;利用基于 BIM 的资产运维服务,增强建筑的智能化运营水平;利用平台基于物联网技术的能源、安防、环境和电梯等实时监控,及时发现园区存在的安全、环保管理风险,提高安全、环保管理水平。

应用场景二:针对园区内企业共性公共服务需求,平台整合各项公共服务资源,打造园区公共服务生态。园区内企业可以在平台上一站式获得政务服务、人才服务、金融服务、物流服务、停车服务及空调服务等。

应用场景三：针对园区内制造企业采购、生产、销售及运营管理需求，平台提供产品全生命周期管理服务。制造企业可以利用平台供需对接和集中采购服务功能，提高销售效率，降低采购成本；可以在工业应用市场低成本获得应用软件支持；可以利用平台提供的设备接入和智能服务，实现设备远程监控和机床4S服务，提高设备运维效率。

10.3.3　园区云平台应用案例

随着国内外环境的不断发展变化，四川省提出"51025"重点产业园区发展计划，具体为通过5年的努力，力争形成5个营业收入超过2000亿元的产业园区、10个营业收入超过1000亿元的产业园区、25个营业收入超过500亿元的产业园区。对于进入计划的园区，将在用地、资金等资源调控方面给予集中倾斜支持，以推动重点产业园区科学发展、快速发展。同时，将对纳入发展计划的产业园区建立优胜劣汰机制，实施动态调整[4]。

1）背景需求分析

（1）提升园区吸引力。随着各类园区间竞争的日益加剧，园区对于企业与资本的吸引力已从最早的选址、楼宇、政策和人力资源等因素，发展成产业聚集度、产业链完备度、人员招聘和交通物流等更深度的需求。通过园区云建设，有利于全省园区发展"一张图""一盘棋"，有利于各园区的差异化发展和管理服务水平提升，有利于各园区结合产城发展需要找到更适合自身发展需要的模式，为园区及园区企业升级转型及持续化发展提供帮助，从而提升各个园区品牌知名度、影响力、吸引力，促进各园区的协同发展。

（2）提高园区服务水平。通过园区云平台建设，可以加快政策引导，促进服务提升，打造高效、便捷、透明的园区服务体系，营造以人为本、政企协同的投资服务环境，促进"产城融合"、区域协同发展。

（3）促进园区运营管理模式升级。利用云计算技术，通过园区监督管理的数字化和指标化，为建立"随需服务"高效智能的园区管理服务体系，提升园区运营管理效能，促进节能减排，提高园区单位土地价值，实现运营管理和产业发展模式升级提供支持。

（4）可持续运营长效机制。为保障园区云平台项目的顺利建设实施，建立可持续运营的长效机制，通过建设产业园区云平台，结合大数据技术快速对接园区系统、第三方平台、互联网社会化数据资源等方式，建立多源头、多渠道、持续稳定的数据采集服务体系，为园区管理服务、智慧决策等业务应用提供持续稳定的数据支撑和服务。

2）实施方案

图10-8为四川省产业园区云平台架构。

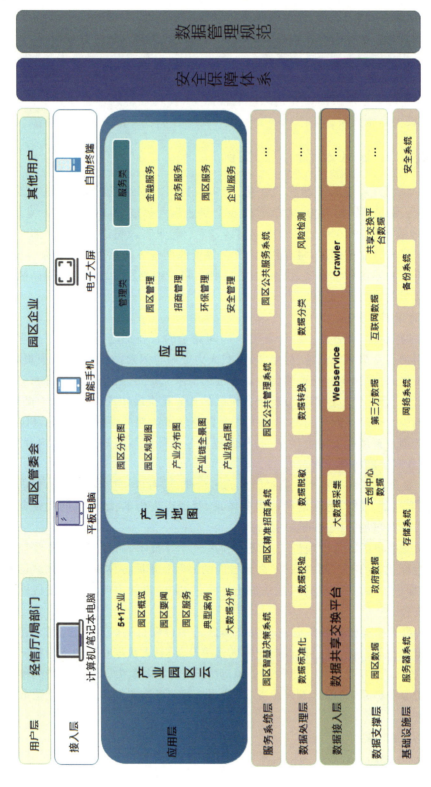

图 10-8 四川省产业园区云平台架构

（1）基础设施层。主要为四川省产业园区云平台的建设提供基础支撑，包括服务器、网络、存储等多种基础信息资源。

（2）数据支撑层。平台汇集全省各类产业园区相关数据资源，数据源包括相关政府部门数据、产业园区数据、云创中心数据、互联网数据、共享交换平台数据及第三方数据，建立多源头、多渠道、持续稳定的数据采集服务体系，为园区管理智慧决策、园区建设发展等提供持续稳定的数据支撑和信息服务。

（3）数据接入层。产业园区云服务平台各类业务数据的获取需要通过建立共享交换平台与全省各产业园区、相关政府部门等数据相关方建立接入通道，并通过大数据采集系统将各业务数据接入产业园区云服务平台。

（4）数据处理层。数据处理层对采集到的各类数据资源进行处理，为数据应用提供准备和支撑，包括业务数据标准化、数据校验、数据脱敏、数据转换、数据分类处理及业务数据风险检测等，为数据应用服务提供支撑。

（5）服务系统层。服务系统层为用户提供智慧决策、精准招商、公共管理、公共服务等系统服务。

（6）应用层。应用层为四川省经信厅等政府部门提供全省产业园区大数据可视化分析、预测和智慧决策应用服务，为相关用户提供全省产业地图、园区发展、园区优势、产业招商、金融服务、园区服务、企业服务等各种应用服务。

（7）接入层。接入层为用户提供多种不同的接入方式，如台式计算机、笔记本电脑、平板电脑、智能手机、电子大屏、自助终端等，方便用户接入平台。

（8）用户层。用户层主要是使用产业园区云服务的各类用户，包括经信厅/局部门、园区管委会、园区企业及其他各类用户。

3）效益分析

（1）经济效益。有利于提高监管效率，降低监管成本，通过园区云平台的建设，有利于园区监管服务的集约化、高效化和精细化管理，提高园区监管服务效能，降低监管服务成本，有利于提高园区综合竞争力。

（2）社会价值。通过园区云平台的建设有利于形成四川省统一的园区管理和监督体系，为提高全省产业园区监管能力和服务水平，提升园区管理服务工作整体效能，建设具有四川特色优势、符合四川省经济社会发展的"5＋1"现代产业体系，建设以人为本、创新服务型政府，促进四川省国民经济和社会健康持续发展具有非常重要的社会价值。

参考文献

[1] 工业互联网园区指南. 工业互联网产业联盟[EB/OL]. (2020-04)[2021-04-20]. http://www.miit.gov.cn/n973401/n5993937/n5993968/c7886671/part/7881176.pdf.

[2] 安筱鹏. 工业互联网平台白皮书. 工业互联网产业联盟[EB/OL]. [2021-04-20]. http://

www.miit.gov.cn/n973401/n5993937/n5993968/c6002326/part/6002331.pdf.

[3] 国务院关于强化实施创新驱动发展战略进一步推进大众创业万众创新深入发展的意见.国务院,国发〔2017〕37号[EB/OL].(2017-07-27)[2021-04-20].http://www.gov.cn/xinwen/2017-07/27/content-5213766.htm.

[4] 四川省"51025"重点产业园区发展计划.四川省人民政府,川办发[2013]44号[EB/OL].[2021-04-20].http://www.sc.gov.cn/10462/10464/10797/2013/n/6/10284722.shtml.

发 展 篇

发展篇主要从大系统的角度及智慧工业互联网技术与新技术融合的角度两方面论述了作者对发展智慧工业互联网的建议。

第11章

智慧工业互联网发展展望

随着"打造数字经济新优势""加强新型基础设施建设""发展工业互联网"等国家政策的相继推出,持续发展和完善工业互联网生态已经成为中国制造企业推进智能制造、实现转型升级的必然选择。同时,工业互联网通过与边缘计算、区块链、人工智能2.0等新兴科学技术的深入融合,赋能产业发展和区域经济发展的潜力凸显,已经成为我国数字经济发展的重要组成部分。未来,工业互联网必将成为实现我国工业经济数字化、网络化、智能化的重要抓手和重要引擎。

11.1 从大系统的角度发展智慧工业互联网

宏观地讲,智慧工业互联网是在"创新、协调、绿色、开放、共享"新发展理念的指引下,在新一代人工智能技术引领下的"人、信息(赛博)空间与物理空间"融合的"新智慧制造资源/能力/产品"智慧互联协同服务的工业互联网系统。它是一个复杂的大系统,它的成功实施涉及制造全系统及全生命周期活动中的人、技术/设备、管理、数据、材料、资金(六要素)及人流、技术流、管理流、数据流、物流、资金流(六流)集成优化。因此,它的发展必须从大系统的角度进行。宏观地讲,其发展策略如下。

在"政府引导,市场主导""创新驱动、攻克短板""问题导向,技术推动""系统规划,分步实施"等原则下,在国家、地方的战略规划和计划支持下,做到6个重视。

(1) 重视创新体系的发展,特别是以企业为中心的"政产学研金用"结合的技术创新体系的发展。

(2) 重视各类人才培养,特别是加快产教融合、复合型工业互联网领域人才培育。

(3) 重视国家/地方基础建设,特别是重视适时、安全、服务化的泛在网络(如5G、天地一体化互联网络)建设。

(4) 重视国家/地方政策的完善与落实,特别是加快推动数据产业立法,完善与落实数据开放共享机制及工业数据安全的政策;完善与落实对中/小/微型企业数字化支持政策;完善知识产权保护;完善监管政策等。

(5) 重视攻克短板,实现我国自主"技术、应用、产业"的协调发展,特别是大力开发异构工业互联网平台融通及制造工具软件相关的技术与产品；充分培育发展以数字孪生为重要载体的新一代工业 APP 专件技术与产品；重视研发支持工业 2.0/3.0/4.0 同步发展的跨领域、跨行业、跨区域工业互联网系统等。

（6）重视国内外开放合作，特别是我国自主产业链间的开放与合作。

11.2 把握"数字经济"及"新基建"的历史性发展机遇，助力智慧工业互联网发展

我国国民经济的数字化转型已成为大势所趋，"新基建"的提出更是加速了这一进程。基于当前社会经济发展新形势，工业互联网已经成为制造业企业数字化转型的有力支撑载体。持续推进工业互联网系统总体技术、平台技术和制造全产业链应用技术（特别是智慧设计、智慧生产、智慧仿真试验、智慧服务等技术）的有序创新发展，是增强制造企业竞争力，重塑行业价值链的关键所在。

工业互联网深入行业领域的应用正在不断拓展，与行业紧密结合的应用解决方案将成为重要的关注点和着力点。围绕工业互联网的创新与竞争日趋活跃，基于实际需求驱动的工业互联网关键技术和商业模式呈现出强劲的持续创新能力。工业互联网的新技术、新产品、新模式涌现，为工业经济发展开辟新道路，同时也为制造业企业数字化转型、高质量发展提供了不竭的发展新动能。

11.3 云服务应用创新能力建设，将成为工业互联网未来的重点发展内容

工业互联网是工业数据分析和应用开发的载体，在具体场景中发挥实际作用的是工业互联网平台承载的一系列工业云服务应用。平台价值不仅在于数据分析、应用开发等使能环境的构建，而且随着工业数据、机理模型、知识的沉淀，传统软件云化服务模式的兴起，基于工业互联网平台的云服务应用可以实现企业在设计、制造、交付及维护等不同阶段功能的组合集成，形成云服务应用的快速交付。

在云服务应用生态建设方面，需要更多的供应链和价值链关联企业联合起来，通过紧密配合的协同行为构建生态系统，共同推进产业发展。云服务应用生态建设涵盖三方面的内容：一是生态机制日益完善，一部分企业有望通过股权投资方式强化平台业务能力的互补增强，形成更加牢固的生态合作关系；越来越多的平台企业也将综合运用资源共享、资金扶持、收益分成等方式促进合作伙伴的培育壮大；二是生态规模持续扩大，入驻工业互联网平台的技术服务商、系统集成商和第三方开发者数量得到显著提升，平台能够为更多用户提供更加丰富的工业互联网服务应用和解决方案；三是生态边界逐步拓展，农业、金融、物流等产业主体将以平台为纽带与工业实现融通发展，探索形成更多新型合作模式。

围绕产业生态系统建设的核心要素和关键环节,以实现面向工业互联网的数据采集、汇聚、集成和分析为基础,以建设工业互联网测试验证平台为抓手,以探索合作共赢、互促共进的商业模式为导向,充分调动"产学研用"等各方的积极性和主动性,加快构建基于工业互联网的产业生态良性发展机制。可以预见,随着工业数据、机理模型和知识在平台不断沉淀,工业应用将呈现出更加开放的生态趋势,将促进工业跨行业、跨领域、跨地域的协同发展。

11.4 智慧工业互联网与新技术

1) 智慧工业互联网与 5G 技术

5G 与智慧工业互联网融合将成为支撑新工业革命的基础设施。近年来,世界各国都推动 5G 与工业互联网的融合发展,并已开展 5G+工业互联网应用的初步探索。5G 将利用其高速、低延时、大容量等特质来满足新型工业化升级网络需求,赋能制造业转型升级。5G 最大的特征是推进人/机/物海量互联,满足端到端毫秒级的超低时延和接近 100%的高可靠性通信保障,这将为工业互联网的实时控制和预警等提供技术保障。5G 前所未有的传输速度与覆盖范围将推动人/机/物的智能协同,带领制造业产生重大变革。

2) 智慧工业互联网与新一代人工智能(含数据智能)技术

智慧工业互联网能够解决生产制造过程协同共享难、复杂产品运维难等问题,打破企业信息孤岛,实现全流程、全产业链数据汇聚,与新一代人工智能(含数据智能)技术融合将促进工业数据价值创造,构建新型价值链生态。

3) 智慧工业互联网与几项新信息通信技术

云原生计算技术、现代建模仿真/数字孪生技术、区块链技术和高性能计算技术均成为智慧工业互联网使能技术,推动工业互联网应用向更灵活、安全、高效的方向发展,赋能制造新模式创新发展。

4) 智慧工业互联网与新制造技术

新制造技术是指新一代人工智能技术引领下的先进工艺、元器件、材料、质量、3D 打印、智能机器人和智能机床等。它们为智慧工业互联网提供智慧制造的基础技术。

参考文献

[1] 中国政府网.边缘计算产业联盟成立促进物联网从智能+时代工业云技术持续快速发展,不断与新一代人工梦想变现实[EB/OL].(2016-11-30)[2021-03-01]. http://www.gov.cn/xinwen/201611/30/content_5140582.htm.

[2] SWAN M. Blockchain: Blueprint for a new economy[M]. Sebastopol: O'Reilly Media,

Inc. ,2015.

[3] CHRISTIDIS K,DEVETSIKIOTIS M. Blockchains and smart contracts for the internet of things[J]. IEEE Access,2016,4:2292-2303.

[4] YUNHE P. Heading toward Artificial intelligence 2.0[J]. Engineering,2016(2):409-413.

[5] 安筱鹏.搭平台 建生态 促融合 努力开创工业云发展新局面[J].中国信息化,2017（5）：8-13.